Hanne Reinhardt

# Gebt unseren Kindern das Lachen zurück!

## Botschaften aus der Geistigen Welt

Bitte fordern Sie unser kostenloses Verlagsverzeichnis an:

Smaragd Verlag
In der Steubach 1
57614 Woldert (Ww.)
Tel.: 02684.978808
Fax: 02684.978805
E-Mail: info@smaragd-verlag.de
www.smaragd-verlag.de

Oder besuchen Sie uns im Internet unter der obigen Adresse.


Deutsche Erstausgabe Juni 2009
Abbildungen Cover:
© artSILENSEcom, Fotolia.com
Umschlaggestaltung: preData
Satz: preData
Printed in Czech Republic
**ISBN 978-3-938489-96-3**

Hanne Reinhardt

# Gebt unseren Kindern das Lachen zurück!

## Botschaften aus der Geistigen Welt

Smaragd Verlag

# Über die Autorin

Hanne Reinhardt, Jahrgang 1955, als Löwin in Köln geboren, verheiratet, Mutter eines Sohnes, wohnt, nach langen Lehr- und Wanderjahren, im beschaulichen Ostfriesland. Die Autorin, die als spirituelle Lebensberaterin, REI KI-Lehrerin der 8. Generation Usui, spirituelle Künstlerin und Medium tätig ist, schreibt seit 2007 im Auftrag der Geistigen Welt Bücher, die durch ihre einzigartige Mischung aus gechannelten Botschaften und ihrem ureigenen spirituellen Hintergrundwissen bestehen.

Erstmalig hat sie in ihrem neuen Werk „Gebt unseren Kindern das Lachen zurück!“ eine Trennung vollzogen zwischen den Durchsagen der Geistigen Welt und ihren eigenen Gedanken zu den einzelnen Themen.

# Inhalt

# Vorwort

Ihr Lieben,

hier nun mache ich endlich mein Versprechen wahr und widme mich dem Wichtigsten, das wir haben: unseren Kindern. Diejenigen, die meine vorausgegangen Bücher kennen, wissen, dass ich mehr als einmal damit „gedroht" habe, ein Buch über oder, besser gesagt, FÜR unsere Kinder zu schreiben.

Gleich vorab sei bemerkt (und zwar zur Beruhigung aller Leser), dass ich bestimmt zu keiner Zeit die perfekte Mutter für meinen Sohn war, und im Nachhinein wünschte ich mir, dass ich mein heutiges Wissen um unsere Kinder schon damals besessen hätte. Aber dem war nicht so. Zwar wuchs mein Sohn mit einer liebenden und spirituellen Mutter auf, dennoch war mir damals noch nicht klar, worauf ich hätte achten müssen. So habe ich durch Unwissenheit genauso viele Fehler gemacht wie alle anderen Eltern auch. Mein Lieblingssohn möge mir verzeihen...

Zu allen Zeiten der menschlichen Entwicklung wurde mit unseren Kindern je nach Epochen höchst unterschiedlich umgegangen. Von Gleichgültigkeit bis hin zu roher Gewalt haben die Kinder dieser Welt alles über sich ergehen lassen müssen. Liebe und Geborgenheit war lange Zeit für Kinder – wie auch für die Eltern, die schließlich auch mal Kinder waren – ein Fremdwort. Kinder wurden und werden in einigen Ländern sogar heute noch als vollwertige Arbeitskräfte angesehen.

Im asiatischen Raum haben immer noch Kinder ihre Familien zu ernähren, wobei das allerdings nichts mit Lieblosigkeit den Kindern gegenüber zu tun hat, sondern vielmehr aus der Not heraus geschieht. Kinderprostitution ist dort keine Seltenheit. Täglich verhungern auf unserer Erde unsere Kleinsten, und täglich weinen sich Kinder die Augen aus dem Kopf, weil ihnen Schreckliches angetan wird.

So viele Kinder leben auch heute noch auf der Straße und müssen selbst für ihr kleines Leben kämpfen. Sie alle wachsen ohne elterliche Fürsorge und Liebe auf. Oliver Twist lebt also immer noch, und so ist und war die Geschichte der Kinder eine höchst traurige. Traurig deswegen, weil heutzutage die gesamte Menschheit darum weiß und sich nicht aufgerufen fühlt, etwas zu ändern. Immer noch werden Kinder versklavt, verkauft, missbraucht, missachtet, abgegeben usw. Viel zu früh müssen und mussten sie erwachsen werden, viel zu früh erleiden und erlitten ihr Herz und ihre Seele Kummer, Leid und Schmerz.

Der Wandel kam für eine kurze Zeit nur sehr langsam, was mit dem Bewusstsein der Menschen zu tun hatte. Mehr und mehr begriffen die Menschen, dass Kinder ein Recht auf eine unbeschwerte Kindheit haben sollten, und man begann, Kinder Kinder sein zu lassen.

Ja, es gab sie, die glücklichen Kindertage, aber lange währten sie nicht. Zwar sieht es so aus, als würden unsere Kinder heutzutage glücklicher und sorgloser aufwachsen als jemals zuvor, aber das ist ein Trugschluss. Sie haben zwar vermeintlich alles, was sie zum Leben brauchen, aber leider mit zunehmender Tendenz der trostlosen Arbeitsmarktlage in unserem Lande auch das nicht mehr, und viele Eltern neigen heutzutage dazu, ohne es selbst zu merken, die Rollen zu vertauschen.

Viele Eltern lassen sich und ihren Tagesablauf von ihren Kindern bestimmen und schon die Kleinsten selbst entscheiden, was sie tun wollen, um sich dann darüber zu wundern, dass sie ihnen auf dem Kopf herumtanzen. Das, liebe Eltern, hat mit liebevoller Erziehung nichts mehr zu tun. In Wahrheit überlasst ihr eure Kinder nämlich nur sich selbst. Anstatt ihnen eine Orientierung zu sein, ein Halt und ein Vorbild, übertragt ihr schon euren kleinsten Kindern Entscheidungen, die sie gar nicht treffen können und auch nicht sollten.

Hier eine typische Szene:

Mutter will mit Töchterchen nach draußen; es ist Winter, und Töchterchen soll sich warm anziehen. Das Einpellen hat schon Schweiß und Nerven gekostet, weil Töchterchen zuerst partout das rosa Sommerkleidchen anziehen wollte... Nun steckt das Töchterchen immerhin in seinem Mäntelchen, und Mutter fragt:

„Ann-Kathrin, möchtest du das rosa Mützchen aufsetzen oder das rote?“

Töchterchen (drei Jahre alt) spricht:

„Wille kein Mütschen!“

Mutter: „Ann-Kathrin, es ist aber doch kalt draußen, und deine Öhrchen werden ganz kalt. Du musst eine Mütze aufsetzen.“

Töchterchen stampft mit dem Fuß auf und sagt laut:

„Will aber nich!“

Mutter hält nun einen ewig langen Vortrag über die Vorteile einer Mütze, und das Töchterchen hüpft derweil vor Langeweile im Flur herum.

Mutter am Ende ihres Monologs: „So, Ann-Kathrin, nun sag mir, welche Mütze du aufsetzen möchtest."

Töchterchen fängt an zu kreischen:

„Will aber kein Mütschen! Geh weg, du bisss doof!"

Mutter, am Rande der Verzweiflung, fängt wieder an, ihrem Töchterchen zu erklären, warum es besser wäre, eine Mütze aufzuziehen...

Töchterchen hört wie beim ersten Mal gar nicht mehr hin, aber als die Mutter mit einer Mütze gefährlich nahe auf sie zukommt, fängt es wieder an zu kreischen: „Will aber nich," und verpasst der Mutter einen saftigen Tritt vors Schienbein usw.

Das Ende ist klar. Töchterlein wird gewinnen und natürlich ohne Mütze in die Kälte hinausgehen, dafür aber vielleicht eine saftige Erkältung oder Mittelohrentzündung mit nach Hause bringen.

So oder ähnlich gestalten sich Tag für Tag Kleinkriege, die nicht nur die Nerven aller Beteiligten kosten, nein, sie sind auch noch völlig unnütz und sinnlos. Einem Kind lang und breit erklären zu wollen, warum es etwas machen soll oder nicht, strapaziert unsere Kinder nur unnötig. Sie sind schlichtweg damit überfordert. Zwar können Kinder nie genug Geschichten und Märchen hören, aber ihnen bei jeder Gelegenheit Endlosmonologe aufzutischen, geht über ihren Verstand. Und natürlich machen sie das einzig Richtige. Sie schalten ab!

Vor einigen Jahren gab es europaweit eine Umfrage in Sachen Kindererziehung. Wir alle wissen, dass Kinder gerade in Frankreich, Italien und Spanien sehr beliebt und stets willkommen sind. Aber die wenigsten wissen, dass uns diese Länder in Sachen Kindererziehung belächeln.

Einmütig gaben alle zu verstehen, dass sie ihre Kinder von Herzen lieben und diese gewiss viele Freiheiten haben, aber, und nun kommt es:

So sehr sie ihre Kinder auch lieben, wenn es um die Erziehung geht, machen alle Befragten gegenüber ihren Kindern klare Ansagen, und zwar ohne Wenn und Aber und ohne lange zu debattieren. Genauso sollte es sein. Kein Wunder, dass über uns gelacht wird.

Kinder können noch nicht wissen, was gut für sie ist. Dafür sind wir, die Eltern da, um es ihnen zu sagen. Es gehört zu unserer Verantwortung, klare Ansagen zu machen, damit ein Kind vor Gefahren geschützt ist. Lange Monologe helfen einem Kind nicht, zudem führen sie auch zu nichts. Wenn wir das Beispiel von Ann-Kathrin wieder aufnehmen, so ist es einfach unverantwortlich, ein Kind im Winter ohne Mütze aus dem Haus zu lassen. Worüber muss denn hier so lange debattiert werden? Eltern haben die Verantwortung für ihre Kinder. Basta!

Einige der „neuen Eltern“ haben die Verantwortung für ihre Kinder einfach irgendwo abgegeben. Und der Lohn dafür? Das sind Kinder, die unsere Nerven bis auf das Letzte strapazieren. Kinder, die überall auffallen, weil sie nie gelernt haben, sich auf ein soziales Miteinander einzustellen. Kinder, die keine Grenzen kennenlernen und später zu ebensolchen grenzenlosen Erwachsenen werden, um sich dann mit Gewalt zu holen, was sie haben wollen.

Die Art, wie unsere Kinder vielerorts aufwachsen, wie sie er- oder, besser gesagt, verzogen werden, stößt mir schon lange auf, und so habe ich mehr als einmal darüber nachgedacht, ein Buch zu schreiben, aus dem hervorgeht, was unsere Kinder von uns erwarten dürfen. Aber – und das sei hier auch gleich gesagt, auch wenn ich normalerweise ein Mensch bin, der mit einer guten Portion Humor und mit viel Toleranz ausgestattet ist, so geht mir beides verloren, wenn ich darauf schaue, was mit unseren Kindern gemacht wird. Was bedeutet, dass ich, wenn es um Kinder geht, keinen Spaß verstehe, weswegen dieses Buch entgegen meiner anderen Werke sicherlich nicht so humorig werden wird.

Kinder sind wie Rohdiamanten. Um aus ihnen strahlende Wesen zu machen oder, besser gesagt, ihren Glanz zu erhalten, bedarf es liebevoller Fürsorge, eines geordneten Tagesablaufs mit festen „Ritualen“ und Regeln, aber auch der Selbstverständlichkeit, dass Kinder sich so entfalten dürfen, wie es ihrem Wesen entspricht. Um es kurz zu machen, Kinder-„Erziehung“ ist eine wahre Gratwanderung.

Man mag es nicht glauben, aber ich habe mich schon vor etlichen Jahren gefragt, wieso man im normalen Alltagsgeschehen für alles eine Lehre oder ein Studium mit dazugehöriger Prüfung ablegen muss – nicht aber für das wichtigste Gut, das wir haben: für unsere Kinder.

Jeder kann und darf Kinder in die Welt setzen, ganz egal, ob er überhaupt in der Lage ist, so ein himmlisches Wesen zu führen, nämlich, es kindgerecht, liebevoll und fürsorglich zu begleiten...

Es mag hier nun der Eindruck entstehen, als wenn ich der Meinung wäre, alle Menschen wären so. Natürlich stimmt das nicht! Aber da ich in diesem Buch aufzeigen möchte, woran unsere Gesellschaft krankt, komme ich nicht darum herum, all dies aufzuführen. Tatsächlich würde ich sagen, dass es weitaus weniger „faule Äpfel" gibt, als es sich hier anhört, aber vergesst nicht, dass ein einziger fauler Apfel die Kraft hat, eine ganze Kiste gesunder Äpfel schlecht werden zu lassen. Wenn wir dem keinen Einhalt gebieten, werden wir in naher Zukunft alle zu faulen Äpfeln!

Nicht zuletzt widme ich mich endlich diesem Thema auch deswegen, weil die Geistige Welt mich regelrecht dazu drängte und erfahrungsgemäß nicht eher „Ruhe" gibt, bis ihrem Wunsch entsprochen wird.

Und es gibt einen gravierenden Unterschied zu meinen anderen Büchern. Ich weiß nämlich nicht so genau, was ich schreiben „soll", werde also genau wie Sie als Leser auf eine Reise geschickt, deren Verlauf ich nicht kenne. Zwar wird sich mein natürlicher, gesunder Menschenverstand zu Wort melden, aber erstmalig wird die Geistige Welt auch einiges dazu zu sagen haben und hier zu Wort kommen.

Es mögen vielleicht einige Widersprüche auftauchen, aber aus höherer Sicht sind es dennoch keine. Die Geistige Welt spricht aus einem ganz andern Blickwinkel, als wir Menschen es können, sodass wir denken, sie würde sich widersprechen. Dem ist nicht so, was ich in meiner langjährigen Erfahrung mit der Geistigen Welt immer wieder feststellen durfte.

Nehmen wir also ihre Aussagen gemeinsam hin, und damit deutlich wird, was die Geistige Welt zu den einzeln Themen zu sagen hat, bin ich aufgerufen worden, ihre Worte kursiv darzustellen.

Begeben wir uns nun zusammen auf eine Reise, die uns die **Perlen des Universums**, unsere Kinder, und damit das Mysterium des LEBENS neu entdecken lässt.

Herzlichst,
Hanne Reinhardt

# Ungewollte Schwangerschaft

„Herzlichen Glückwunsch, Sie sind schwanger."

Diesen Satz hören Millionen von Frauen von ihrem Arzt, und für ebenso viele Frauen ist dieser Satz Musik in ihren Ohren, mit Ausnahme der Frauen, die „ungewollt" schwanger wurden.

*So lasst euch sagen, dass es kein „ungewollt" schwanger gibt.*

*Jede Seele, die, auf welchen Wegen auch immer, auf der Erde inkarniert, entspricht damit dem Göttlichen Plan. Und das sogar, wenn sich gegen die hereinkommende Seele entschieden wird, das eine oder andere menschliche Wesen sich also gegen ein Kind entscheidet. Wisst, das euer höchstes Gut euer freier Wille ist. So ist es nur natürlich, dass jede Frau das Recht dazu hat, sich entgegen ihrer ursprünglichen Planung im Himmel auf Erden anders zu entscheiden. Ebenso, wie sie auf der Erde dank ihres freien Willens das Recht hat, die Erfahrung zu machen, dass eine geschlechtliche Vereinigung die Voraussetzung für neues Leben ist. Euer Leben besteht doch nur aus Erfahrungen, aus denen ihr lernen könnt. Jederzeit und immerzu lernt ihr. So verhält es sich auch, wenn es darum geht, neues Leben entstehen zu lassen oder aber, sich dagegen zu entscheiden. Ungewollt schwanger zu werden ist also nicht möglich. Vielmehr geschieht das aus menschlicher Unbedachtheit oder aber aus der jugendlichen Unwissenheit heraus, und glaubt uns, wenn wir sagen, alles stimmt trotzdem mit dem Göttlichen Plan überein.*

*Glaubt uns auch, wenn wir sagen, dass keine Seele jemals zu Schaden kommt. Jeder von euch ist in seiner Seelenessenz unangreifbar, also nicht zu zerstören. So leiden viele eurer Frauen und Mädchen darunter, wenn sie sich gegen ein Kind entschieden haben. Wisst, dass die Seele längst wieder bei uns ist und auf die nächste Gelegenheit wartet, auf die Erde zu gehen. Wisst auch, dass eure Vorstellung vom Leben nicht richtig ist. Die Frage, wann Leben entsteht und wann nicht, ist in unseren Augen völlig umsonst gestellt und erhitzt nur unnötig eure Gemüter. Denn die Wahrheit ist, dass ihr, wie jede Seele auch, ewig lebt.*

*Geburt und Tod sind eure Bezeichnungen für den gleichen Vorgang. Beides sind Ereignisse, die einen Wechsel von einer Dimension zur anderen anzeigen. Zu keinem Zeitpunkt kommt ihr aus dem Nichts und fangt plötzlich oder irgendwann an zu leben, genauso wenig, wie ihr irgendwann einmal nicht mehr existiert. Ihr lebt, und zwar immer. So, wie eine Geburt keine neue Seele hervorbringt, so wenig stirbt eine Seele wenn sie wieder von der Erde geht.*

*Verdunkelt also nicht eure Herzen mit Traurigkeit, Selbstvorwürfen und dergleichen, wenn ihr euch gegen ein hereinkommendes Leben entscheidet, denn wisst, dass die Seele lange vorher schon wieder zu uns zurückgekehrt ist. Wir bitten euch, auch andere Seelen nicht mehr für ihr Tun zu verurteilen, auch solltet ihr mit der ewigen Streit-*

*frage aufhören, ab wann Leben entsteht, da das Leben selbst ewig ist. Euer so festgefahrenes Glaubenssystem reißt euch nur in die Be- und Verurteilung anderer hinein. Wir bitten euch, das nicht mehr zu tun.*

*Jedes Wesen hat seinen freien Willen, so auch die hereinkommenden Seelen. Viele von ihnen suchen genau diese Erfahrung, und manchmal kommt es sogar vor, dass eine Seele, die hereinkommen möchte, in ihrem Übereifer die Situation nicht richtig einschätzt, aber dennoch schon vorher damit rechnet, wieder schneller bei uns zu sein, als sie vorhatte.*

*Manche Seelen wollen aber auch genau diese Erfahrung machen, und zwar die einen, wie die anderen (feines Lächeln), also bitte, verurteilt keine menschliche Seele mehr, die sich dazu entschließt, das hereinkommende Wesen nicht willkommen zu heißen. Wisst, dass alles, was geschieht, mit der Zustimmung der liebenden Quelle geschieht und somit in kosmischer Ordnung ist. Wisst auch, dass das Leben unzerstörbar ist. Der Tod ist nur eine Illusion. So ist es nur eine menschliche Illusion zu denken, ihr hättet getötet. Das ist nie der Fall. GOTT ist das ewige LEBEN, GOTT ist LIEBE, immer und immerdar. Da, wo ihr über andere richtet, seid ihr nicht in GOTT. Unsere Quelle kennt weder Verdammen noch Verurteilen.*

Welch ein Trost steckt in diesen Worten!

Tatsächlich liegt also allem, was geschieht, ein großer Plan zugrunde. Frauen, die „ungewollt" schwanger wurden oder werden, wissen nun, dass sie damit ihrem ursprünglichen Lebensplan gefolgt sind, aber gleichzeitig erfahren sie mit dieser Botschaft, dass trotz ihres geschriebenen Lebensvertrags Änderungen möglich sind, dank des freien Willens, den wir von GOTT geschenkt bekommen haben. Noch tröstlicher ist es zu erfahren, dass keine Seele jemals zerstört werden kann. Wer, aus welchen Gründen auch immer, einen Abbruch vornimmt, zerstört „nur“ die Behausung der Seele, nicht aber die Seele selbst.

*Wisst, dass das Leben unzerstörbar ist. Der Tod ist nur eine Illusion. So ist es nur eine menschliche Illusion zu denken, ihr hättet getötet. Dies ist nie der Fall. GOTT ist das ewige LEBEN, GOTT ist LIEBE, immer und immer und immerdar. Da, wo ihr über andere richtet, seid ihr nicht in GOTT. Unsere Quelle kennt weder Verdammen noch Verurteilen.*

Was könnte ich dem hinzufügen?

Egal, ob es sich um einen Abbruch handelt oder um andere Methoden, ein Menschenleben auszulöschen – niemals ist es ein Töten, wie wir es als Menschen verstehen. Es ist also in Wahrheit unmöglich zu töten, da die Seele unsterblich ist. Interessant ist der Satz:

*Da, wo ihr über andere richtet, seid ihr nicht in GOTT.*

Das bedeutet für mich, dass niemand das Recht hat, über andere Menschen zu richten. Und doch ist unsere Welt voll von Menschen, die andere Menschen be- und verurteilen. Egal, ob es sich um staatliche „Diener“ wie Richter handelt, oder ob wir uns die vielen Gelegenheiten ansehen, in denen wir alle immer schnell dabei sind, uns ein Urteil über andere zu erlauben.

*Dort, wo ihr über andere richtet, seid ihr nicht in GOTT.*

Das bedeutet auch, dass GOTT niemals über uns richtet. Wer über andere richtet, kann folgerichtig nicht in der Energie GOTTES stehen, da GOTTES Energie unermüdliche, reine, sich immerzu verströmende LIEBE ist.

Liebe kennt kein Verurteilen. So nimmt GOTT an allem, was wir tun, regen Anteil, würde uns aber niemals für unser Tun in die von den Menschen erfundene Hölle schicken. Wer sind wir, dass wir uns anmaßen, über andere zu richten?

„Was siehest du aber den Splitter in deines Bruders Auge und wirst nicht gewahr des Balkens in deinem Auge?“ ( Matthäus 6.7)

Wie wir sehen, ist das wohl ein altbekanntes Thema.

Aber wir wollen nicht abschweifen, schließlich soll es in diesem Buch um unsere Kinder gehen.

Bei der Frage, wieso heutzutage schon Kinder Kinder bekommen, und was es damit auf sich hat, bekam ich diese Antwort:

*Wisst, dass eure heutigen Kinder leider keine Kinder mehr sein dürfen. Sie leben in einer Gesellschaft, die ihnen spätestens beim Eintritt in die Schule absolute Härte abverlangt. Von Kindern, die sich gerne bewegen, weil sie den Fluss des Lebens noch in sich spüren, wird von einem Tag auf den anderen verlangt, über Stunden stillzusitzen und ihre Köpfe mit Wissen vollzustopfen. Schon in den Kindergärten wird damit angefangen, Kinder in die Bewegungslosigkeit hineinzuzwängen. Und schauen wir noch weiter zurück, so sehen wir, dass in vielen Elternhäusern der natürliche Bewegungsdrang eines Kindes aus unterschiedlichen Gründen unterdrückt wird.*

*Ihr müsst zugeben, dass sich eure Schulsysteme dramatisch verändert haben. Eure Kinder, unsere wunderbaren Perlen des Universums, werden unter enormen Leistungsdruck gestellt, was dazu führt, dass sie viel schneller erwachsen werden, als es normal ist. Gleichzeitig tragen eure Medizin und Ernährung dazu bei, dass Kinder sich zumindest körperlich schneller entwickeln, als es noch vor wenigen Jahren der Fall war. Was aber ganz entscheidend dazu beiträgt, eure Kinder schon in sehr jungen Jahren die Sinne für die Sexualität zu öffnen, ist eure Medienwelt. So zurückhaltend die frühere Menschheit einmal mit diesem Thema umging, so offen wird heute darüber gesprochen. Daran ist nichts Verwerfliches, hat es die Menschheit doch ein Stückchen freier gemacht. Dennoch halten wir es für keine gute Idee, dass eure Medien so offen mit diesem Thema umgehen. Es gibt kaum noch einen Film, der keine sogenannten Bettszenen enthält. Ebenso gibt es kaum eine Zeitschrift, in der eure Kinder nicht mit diesem Thema konfrontiert werden, von eurem Internet ganz zu schweigen. Ihr selbst stoßt sie förmlich mit der Nase darauf, und das immer und immer wieder. So ist es kein Wunder, dass es schon zwölfjährige Mütter gibt, sofern sie das neue Leben austragen.*

*Die Liebe und die mit ihr einhergehende Vereinigung ist zu etwas mutiert, was mit ihr überhaupt nichts zu tun hat. Sie ist reduziert worden auf den rein körperlichen Akt und damit von der Liebe abgespalten. Das ist auch der Grund, warum gerade auf diesem Sektor so viel Schmutz zu sehen ist.*

*Wir müssen es hier so klar sagen. Und werden sicherlich noch öfter zu diesem Thema Stellung nehmen. Die Frage war ja, wieso eure Kinder schon so früh auf die Idee kommen, die Sexualität kennenlernen zu wollen. Gäbe es also eure Gedankenlosigkeit nicht, die sich in euren Zeitschriften und anderen Medien widerspiegelt, die alle für eure Kinder zugänglich sind, gäbe es wohl kaum ein vorzeitiges Interesse dafür. Und würdet ihr eure Kinder nicht immerzu überfordern, dann dürften sie noch das sein, was sie sind: Kinder. So spiegeln eure Kinder nur euer verantwortungsloses Verhalten wider, was nicht bedeutet, dass wir euch hier Vorwürfe machen. Vielmehr wollen wir euch sagen, dass nicht eure Kinder schuld daran haben, sondern ihr das erntet, was ihr durch Unbedachtheit gesät habt.*

Womit meiner Meinung nach diese Frage nur zu gut beantwortet ist...

# Die „Neuen“ Kinder

Kinder sind nichts anderes als neu hereinkommende Seelen. Wir, die Erwachsenen, waren auch alle einmal Kinder und kamen wie sie aus den höchsten Höhen, um hier dieses Leben zu verbringen. Wir alle sind von unserem wahren Wesen her reine Lichtenergie. Wir sind alle Aspekte GOTTES und kommen immer mit der Absicht auf die Erde, GOTTES Aspekt, nämlich die LIEBE, auf die Erde zu bringen. Leider unterliegen wir allesamt einer Amnesie, aber auch dem menschlichen Kollektivbewusstsein, sodass unsere wunderbaren Absichten recht schnell scheitern. Und so entfernen wir uns immer weiter von unserem Ursprung.

Übrigens lässt sich anhand eines Menschenlebens die Entwicklung der gesamten Menschheitsgeschichte ablesen. Jedes Neugeborene ist noch vollkommen an die Geistige Welt angeschlossen, so, wie die ersten Menschen noch im direkten Kontakt zu GOTT und seiner Welt standen. Je tiefer die damaligen Lichtwesen in die Materie eintauchten, umso dichter wurde der Vorhang zwischen beiden Welten. Je mehr wir uns als Kinder an das Erdendasein gewöhnen, umso mehr vergessen wir unseren Ursprung.

Als Erwachsene wollen wir in der Regel nichts mehr von mystischen Dingen hören, geschweige denn, uns darüber Gedanken machen, welchem wahren Ursprung wir wohl entstammen. Auch die Menschheit insgesamt hat eine Zeit der absoluten Dunkelheit hinter sich gebracht.

Nicht umsonst spricht man von dem Dunklen Zeitalter. Wo die Liebe wegfällt, kann nur das Dunkel regieren, was erklärt, wie es möglich war, dass Dinge wie Hass, Neid, Gewalt, Versklavung anderer, Kriege, Folter und Zerstörung auf die Erde kommen konnten.

Auch wir machen in der Regel diese Dinge in ähnlicher – Gott sei Dank – abgeschwächter Form in unserem Leben durch. Diese dunkle Zeit, in der sich die Menschen von GOTT verlassen fühlen oder nie daran dachten, es könnte IHN geben, hatte aber, um hier gleich eventuellen Vorurteilen entgegenzuwirken, ihre Berechtigung. Alles, was geschah oder geschieht, passiert nur, weil wir als Lichtwesen alles erdenklich Mögliche ausprobieren wollten, selbst die Abkehr von der Quelle. Hätten wir GOTTES unerschütterliche Liebe und seinen ebenso unerschütterlichen Glauben an uns nicht gehabt, wir wären höchstwahrscheinlich heute nicht da, wo wir sind. ER hat jeden unserer Schritte bewacht, hat alles mitgetragen und uns in unseren dunkelsten Zeiten immer wieder hohe Lichtwesen auf die Erde geschickt. Und ja, mit Hilfe aller Propheten, die alle von SEINEM, das auch unserer Reich ist, gesprochen haben, schaffte es die Menschheit, sich wieder dem Licht zuzuwenden.

Am Ende eines jeden Lebens besinnen wir uns alle darauf, dass es etwas anderes, etwas viel Höheres geben muss, als wir ein Leben lang angenommen haben.

Heute leben wir in der Epoche des Erinnerns. Und so befindet sich die Menschheit heute größtenteils in einem Modus des Erwachens. Das Wort Modus beinhaltet ja schon, dass etwas steht, also festgefahren ist. Zwar befinden wir uns alle in dieser Aufwachphase, aber irgendwie scheint es nicht wirklich weiterzugehen.

Wenn ein höher entwickeltes Wesen als wir, das, sagen wir einmal vor über 2000 Jahren schon einen Blick auf die Menschheit geworfen hätte und nun rein interessenhalber nach so langer Zeit nach den Bewohnern von Mutter Erde schauen würde, was würde es wohl zu sehen bekommen? Es würde feststellen, dass sich nicht viel verändert hat, außer den Methoden. Es würde sehen, wie wir hier munter Tiere unter elenden Bedingungen züchten, nur damit wir sie später essen können, es würde sehen, wie gedankenlos wir mit Mutter Erde umgehen (auch mit ihren Gaben!), es würde kriegerische Auseinandersetzungen sehen, Menschenrechtsverletzungen, Macht und Gier der „Großen“ dieser Welt, Verschwendungssucht der Reichen, und im Gegenzug dazu den Hunger und das Elend vieler Völker, und es würde natürlich auch sehen, wie wir mit unseren Kindern umgehen. Vor so viel Ungleichgewicht könnte es nur die Flucht ergreifen. Wahrscheinlich wäre es sogar fassungslos, wenn es erkennen müsste, dass sich außer den Methoden rein gar nichts verändert hat. Es wüsste aber auch, dass es keinen Sinn hätte, die Missstände im Außen abzubauen, denn alles, was sich uns im Außen präsentiert, ist nur ein Abbild dessen, was sich in unserem Inneren bewegt.

Folglich muss die Wandlung in unserem Inneren erfolgen. Wir müssen zuerst uns selbst ändern, bevor wir etwas im Außen verändern können. Das bedeutet, dass wir jetzt die Pflicht haben, aus unserem Modus des Erwachens herauszutreten und zu handeln. Damit uns das auch gelingt, gibt es neue Sendboten des Himmels: unsere sogenannten Kristallkinder. (Keine Frage, das höhere Wesen wird wohl an richtiger Stelle über uns gesprochen haben.) Diese Kinder sind alle von einem viel höheren Bewusstsein, als das jemals bisher der Fall war. Sie kommen nämlich schon als Wissende zu uns. Das heißt, ihre Seelen sind dem Modus des Erwachens entstiegen und befinden sich in der reinen Schöpferenergie, weshalb sie auch so klar sind und den Namen Kristallkinder bekommen haben. Im Gegensatz zu uns kommen sie mit der vollen Erinnerung an die Geistige Welt zu uns, die sie nicht mehr, wie bis jetzt üblich, verlieren, und haben wunderbare Fähigkeiten.

Um hier gleich auszuschalten, dass so was wie ein Wettbewerb stattfinden kann und sich zukünftige Eltern damit brüsten, ein Kristallkind zu haben, und andere traurig darüber werden, dass sie anscheinend nicht dieses Glück hatten:

**Alle Kinder, die hereinkommen, egal, ob Kristallkinder oder nicht, verdienen unsere besondere Aufmerksamkeit!**

*Wisst, geliebte Eltern, jedes Kind ist ein Juwel. Ihr habt das auf der energetischen Ebene erkannt und fälschlicherweise angenommen, dass nun eine neue Generation hereinkommt. In gewisser Weise stimmt das, aber auch wieder nicht.*

*Einigen von euch sind von unserer Seite nur die Augen geöffnet worden, WAS eure Kinder sind. Es war euer Wunsch, die Wahrheit über eure Kinder zu erfahren, die auch die Wahrheit über euch ist. Sie und ihr seid GOTTES funkelnde Juwelen.*

*Durch euer neues Bewusstsein euren Kindern gegenüber bekamen viele Seelen erst die Erlaubnis, als das hereinzukommen, was sie immer schon waren: reine Energie GOTTES.*

*Wisst, dass ihr mit eurem neuen Bewusstsein den Neuen Kindern die Erlaubnis gegeben habt, so rein und klar hereinkommen zu dürfen. Wir freuen uns, dass ihr ihre Klarheit erkannt habt und wünschen uns, dass ihr in jedem Kind den Kristall entdeckt. Nennt eure Kinder ruhig weiterhin Kristallkinder, aber verfallt nicht in die irrige Annahme, dass es unter den Neuen Kindern, wie überhaupt unter Kindern, Unterschiede gibt. Jede Seele, die seit den Neunzigerjahren eurer Zeitrechnung hereinkommt, ist eine Seele des Lichts. Das mag verwirrend für euch sein, aber nehmt es so an.*

In der Tat klingt das erst einmal verwirrend, auch auf mich. Ich sagte ja schon, dass wir diese Reise gemeinsam machen...

Aber wenn ich darüber nachdenke, kann es gar nicht anders sein. Alle Kinder kommen rein und unschuldig zur Welt, und alle sind zumindest die ersten zwei bis drei Lebensjahre an die Geistige Welt angeschlossen. Sind nicht wir, die Eltern, diejenigen, die ihnen all ihre Erinnerungen absprechen? Wie oft sehen wir, dass unsere Kinder mit imaginären Freunden spielen, lachen und sich auch unterhalten. Wir als Erwachsene, die wir oftmals den Glauben an Märchen, Mythen und Zauberwelten verloren haben, wir wissen es doch besser, nicht wahr? (Wir sind ja schon länger auf der Welt, sodass wir die Wahrheit kennen...) Also stoppen wir unsere Kinder und reden ihnen erfolgreich ein, dass sie sich alles nur einbilden und kein Fünkchen von dem, was sie erleben, wahr sein kann. Ja, Schande über unser Haupt! Verdunkeln wir doch damit eigenmächtig das Herz der kleinen Seelen, sodass sich langsam, aber sicher der Schleier des Vergessens über die Kinderherzen legt. Tatsächlich sind alle Kinder Kristalle, und wir sind oder, besser gesagt, waren diejenigen, die diesen Kristallen ihren Glanz genommen haben.

Interessant finde ich, dass die Geistige Welt davon spricht, dass jetzt nur noch reine Kristallkinder anzutreffen sind. Das bedeutet für mich, um den scheinbaren Widerspruch in dieser Aussage aufzuklären, dass alle Kinder **Perlen des Universums** sind, aber in früheren Zeiten ihren Glanz noch nicht entfalten durften. Natürlich, alles hängt ja immer vom menschlichen Bewusstsein ab. So waren wohl viele unsere Kinder schon immer Kristallkinder, hatten aber noch nicht die Erlaubnis, ihre Fähigkeiten zu behalten. Mit steigendem Bewusstsein der Menschen durften Kinder endlich so zu uns hereinkommen, wie sie immer schon waren. Das bedeutet für mich auch, dass der frühere „Kampf" um die Erde aufgehört hat.

Da wir uns ja in einer dualen Welt bewegen, brauche ich hier niemandem zu erklären, dass es ein Hin und Her zwischen Hell und Dunkel gab. Das letzte Ereignis und der meiner Meinung nach letzte Versuch der Dunklen Seite, doch noch die Oberhand zu gewinnen, war, die sogenannten Indigokinder in den Achtzigerjahren ins Rennen zu schicken. Diese Kinder sind/waren ebenfalls mit allen Fähigkeiten ausgestattet wie die jetzigen Kristallkinder. Nur, und das muss hier gesagt werden, werden/wurden diese Fähigkeiten sehr oft nicht zum Wohl der Menschheit eingesetzt. Eltern, die ein Indigo Kind zu Hause haben, werden wissen, wovon ich hier spreche. Ich sage hier nicht, dass diese Kinder oder, besser gesagt, Seelen wirklich schlecht sind, nein, sie haben nur wie jede Seele auch, eine Aufgabe im großen Spiel übernommen. Ausgestattet mit großen Fähigkeiten und einem hohen Bewusstsein kamen sie höchstwahrscheinlich hierher, um das Ruder doch noch herumzureißen.

Vergesst nicht, dass immer mehr Menschen in dem Aufwachmodus waren, was bedeutet hätte, dass die Menschheit schneller erwacht wäre, als es der Dunklen Seite lieb gewesen wäre. All das gehörte zum Spiel, ausgetragen auf höchster Ebene. In Wahrheit sind die Dunkle wie auch die Helle Seite EINS. So sind die Indigokinder nicht wirklich schlecht oder gar böse zu nennen, sie sind nur schwierig.

*Wisst, dass eure Indigokinder Seelen sind, die mit ihrer Ankunft auf der Erde eine schwierige Aufgabe zu lösen haben. Sie sind, wie eure Neuen Kinder auch, mit einem erwachten Bewusstsein ausgestattet. Auch bringen sie die gleichen Fähigkeiten mit wie eure kommenden Kristallkinder. Ihr himmlischer Auftrag liegt darin, die Menschheit zu prüfen. Da alles einander bedingt, sind es Seelen, die auch sich selbst prüfen wollten. Richtig ist, dass sie aus dem Schatten herausgetreten sind, richtig ist auch, dass ihr Leben für sie selbst die größte Prüfung ist. Denn die Prüfungsfrage lautet: Halten sie an der Dunkelheit fest, oder finden sie zurück ins Licht? Genau diese Frage geht euch alle an. So sind die Indigokinder die Antwort auf euer Selbst. Geht liebevoll mit ihnen um, denn viele befinden sich in einem Zwiespalt.*

Wenn ich diese Aussage richtig verstanden habe, so sind Indigokinder diejenigen, die so etwas wie eine Prüfung ablegen. Zwar kommen sie aus dem Schatten (der Dunklen Seite), bekommen aber mit ihrem Erdendasein die Chance, sich dem Licht zuzuwenden. Daher auch das Geschenk all ihrer Fähigkeiten.

Dass Indigokinder sich selbst als sehr zwiespältig empfinden, macht auch Sinn. Ihrem Ursprung nach entspringen sie der Nacht (daher der Name Indigo = Blau) und wollen hier zum Licht finden. Nun kommt es also darauf an, ob sie ihre Fähigkeiten dazu gebrauchen, Eltern und den Rest den Menschheit an den Rand des Wahnsinns zu treiben, oder aber, ob sie lernen, sich und ihre Fähigkeiten zum Positiven einzusetzen.

Interessant ist auch die Parallele zwischen ihnen und uns. So spiegeln sie uns nur wider, was momentan in unserem Innerem vorgeht, denn auch wir haben uns noch nicht entschieden, welchen Weg wir gehen wollen. Auch wir wissen immer noch nicht, wofür wir uns entscheiden wollen. Die Prüfung besteht also darin, was wir in Zukunft wollen. Streben wir endlich dem Licht zu, oder wollen wir weiterhin im Dunklen herumtappen?

So habe ich also fälschlicherweise mit meinem begrenzten Menschenverstand immer angenommen, dass unsere Indigokinder nur hereingekommen sind, um uns zu schaden. Nun liegt es an mir, mich bei allen Indigokindern in aller Form zu entschuldigen. Sie sind als Spiegelbild unseres Bewusstseins hereingekommen, zeigen uns also, wo wir gerade selbst stehen, und gleichzeitig versuchen sie ihren persönlichen Aufstieg. Kein Wunder, dass die Geistige Welt uns rät, liebevoll mit ihnen umzugehen. Viele von uns befinden sich genau wie sie in der sogenannten Zwickmühle. Wollen wir aus dem Modus des Erwachens heraustreten? Und wenn ja, welchen Weg wollen wir gehen?

Und noch ein Aspekt kommt hinzu: Indigokinder spiegeln uns unsere eigenen Schattenseiten wider. Sie „zwingen" uns in gewisser Weise, uns unseren eigenen Schatten zu stellen, indem wir hinschauen müssen. Durch diese Kinder ist es schlichtweg unmöglich, die eigenen Schatten nicht mehr sehen zu wollen. Erst wenn wir den Mut haben hinzusehen, wird der Schatten seinen Schrecken verlieren, denn dahinter befindet sich reines Licht. Interessant, wirklich.

Um ehrlich zu sein, finde ich es jetzt schon unglaublich spannend, dieses Buch zu schreiben. Für mich ist es fantastisch zu erleben, wie die Geistige Welt meine Sicht der Dinge geraderückt. So ist jetzt schon abzusehen, dass dieses Buch ein Buch voller „Widersprüche" sein wird. Allein schon durch meine Sichtweise und die Sicht der Geistigen Welt. Manch einer würde sich jetzt fragen, ob er nicht seine Glaubwürdigkeit aufs Spiel setzt, wenn seine Ansichten so wie hier widerlegt werden. Ich nicht, im Gegenteil: Ich finde es wunderbar, solche hilfreichen Botschaften zu bekommen, die auch mich veranlassen umzudenken. Schließlich erweitere ich damit auch **mein** Bewusstsein. So bin ich der Geistigen Welt unendlich dankbar, dass sie mir ihre Sicht der Dinge mitteilt. Und nur zu gerne teile ich diese Erfahrung mit euch.

Aber zurück zu unseren Neuen Kindern.

Aus menschlicher Sicht gesehen sind sie für uns etwas Besonderes. Was liegt näher, als diesen Kindern (wie natürlich auch allen anderen Kindern) unsere besondere Aufmerksamkeit zu schenken.

Unhabhängig davon, ob wir mit einem Kristallkind beschenkt wurden oder nicht, verdienen alle Kinder unsere ungeteilte Aufmerksamkeit und Fürsorge. Wir haben ja nun gehört, dass es in Wahrheit keine Unterschiede gibt, sondern einzig unser Bewusstsein den neuen Seelen erlaubt hat, ihre gesamten Fähigkeiten mitzubringen und sie behalten zu dürfen. Behandeln wir alle Kinder mit der gleichen Aufmerksamkeit, so geben wir allen die Erlaubnis, ihre Tore zur Geistigen Welt offenzulassen.

Den Indigokindern helfen wir damit sogar, sich schneller für das Licht entscheiden zu können.

Je mehr wir unser Bewusstsein für die **Perlen des Universums** öffnen, umso mehr Seelen dürfen mit ihrer

Klarheit zu uns hereinkommen. Je bewusster und klarer wir sind, umso klarer werden auch unsere Indigokinder. So ist es also an uns, gerade unsere Indigokinder nach besten Kräften zu unterstützen und sie anzuleiten. All das erfordert ein hohes wie neues Bewusstsein.

☆☆☆☆☆

# Das neue Bewusstsein

Zum neuen Bewusstsein gehört auch, dass man die Kontrolle darüber behält, ob man ein Kind empfangen möchte oder nicht.

Zu allen Zeiten gab es genügend Methoden der Empfängnisverhütung, und in längst vergangenen Zeiten wurde kein Kind in die Welt gesetzt, ohne vorher die bestmöglichsten Voraussetzungen für eine neue Seele zu schaffen. In alter Zeit, also zum Beispiel in Atlantis, wurde sich sogar nur zu diesem Zweck vereint. Man nutzte die körperliche Liebe nicht als reinen Lustgewinn, wie es heute oft der Fall ist, sondern war sich bewusst, dass dieser wunderbare Akt der Erschaffung neuen Lebens gilt. Immer traf man sich in Liebe und gegenseitiger Achtung, aber diese Achtung und Liebe empfand man auch schon für die hereinkommende Seele, und so wurde dieses Ereignis niemals dem Zufall überlassen. Die Atlanter zum Beispiel waren in ihrer Blütezeit noch voll an das universelle Wissen angeschlossen und beachteten immer den richtigen Zeitpunkt für die kommende Seele, damit diese die besten Voraussetzungen bekam. So bezogen sie all ihr kosmischen Wissen mit ein, um jeder Seele gerecht zu werden.

All das ist uns schon lange verlorengegangen. Wir fragen keine Weisen aus dem Morgenland mehr und lassen uns auch von Astrologen keine Berechnungen mehr anfertigen, um herauszufinden, wann der günstigste Zeitpunkt für die Zeugung ist. Dabei ist gerade der Zeitpunkt für ein neues Leben von Wichtigkeit. Für alles gibt es den richtigen Zeitpunkt.

*Wisst, dass die sexuelle Energie nicht das ist, was ihr heute darunter versteht. Sie war und ist etwas sehr Erhabenes und sollte es auch wieder werden. Rein sexuelle Tätigkeiten werden euch niemals befriedigen, weswegen viele Menschen sich auf immer neue Verbindungen einlassen. Es treibt sie der Hunger nach Erfüllung, zurück aber bleibt eine Leere. Seht, ihr könnt die Erfüllung, die ihr sucht, nicht allein auf dem sexuellen Sektor finden. Ihr strebt danach, wieder EINS zu werden, denn in eurer Erinnerung wisst ihr genau, wie sich das anfühlt.*

*Verlagert eure Sehnsucht danach nicht mehr nur auf die Ebenen der Sexualität, sondern sucht die Erfüllung in der LIEBE. Vereinigungen aus rein sexuellem Antrieb machen euch nicht besser als die Tiere. Jede Vereinigung, die aus Liebe geschieht, ist dagegen ein Schritt in die höheren Sphären. Nur dann könnt ihr sicher sein, der Liebesschwingung immer näherzukommen. Rein körperliche Vereinigungen geschehen mittlerweile aus Neugier und sogar Langeweile und sehr oft aus einer tiefen Leere heraus. Wir fragen euch. Habt ihr nichts Besseres zu tun? Sicher habt ihr das. Erinnert euch daran, dass ihr alle Kinder des EINEN seid, und erinnert euch wieder an eure GÖTTLICHKEIT. Viel Schmutz und Elend dürften so von der Erde verschwinden.*

Dem kann ich mich nur anschließen.

Ja, ich muss hier sogar einmal eine halbe Lanze für die katholische Kirche brechen. Viele von euch wissen, dass mir die Institution Kirche nicht behagt, aber dennoch findet man einiges, was durchaus Sinn macht. So auch die Regel der Kirche, dass sich nur Menschen, die verheiratet sind, sexuell betätigen dürfen. Dieser Regel liegt ein altes, längst vergessenes atlantisches Wissen zugrunde und setzt voraus, dass immer LIEBE im Spiel ist, jedoch ist das leider zu einem falschen Dogma herangewachsen. Denn keineswegs muss man verheiratet sein, um sich in LIEBE zu vereinen. Aber der Grundgedanke, nämlich, sich nicht wahllos miteinander zu verbinden, ist korrekt. Auch der Gedanke der katholischen Kirche, dass eine körperliche Vereinigung nur zum Zwecke, neues Leben zu erschaffen, gestattet ist, stammt aus der alten Zeit. Leider ist dieses Gedankengut über all die Jahrtausende verfälscht worden, denn richtig ist, sich nur mit dem Gefühl der gegenseitigen Liebe zu vereinen! Aber gut, es ist ja hinreichend bekannt, dass selbst die strenggläubigsten Christen sich selten daran gehalten haben.

Der Satz *„Vereinigungen aus rein sexuellem Antrieb machen euch nicht besser als die Tiere“*, ist mir zunächst quer aufgestoßen und prompt erklärt die Geistige Welt:

*Tiere haben ein anderes Bewusstsein als ihr. Versteht uns bitte richtig. Wir achten und ehren jedes Tier und lieben jede Kreatur. Seht, auch sie wissen, wann der richtige Zeitpunkt gekommen ist und zeigen euch somit die Gesetzmäßigkeit des Lebens. Trotzdem vermehren sie sich nur aus einem Selbst- und Arterhaltungstrieb heraus. Das unterscheidet sie von euch. Ihr habt ein anderes Bewusstsein, und dessen solltet ihr euch bewusst werden.*

Entschuldigt, aber ich kringele mich hier gerade vor Lachen. Mein Philosoph, der mich bei allen meinen Büchern begleitet, flüstert mir gerade ins Ohr:

„Wer nur auf Sex aus ist, kann ja für das nächste Leben einen Antrag stellen, ob er nicht als Kaninchen zurückkommen darf!"

Ja, das ist der von mir so oft zitierte Humor der Geistigen Welt. Unglaublich, oder? Es freut mich umso mehr, dass ich das hier direkt mit einbinden kann und darf. Na denn, nun aber genug gelacht. Zurück zur Familienplanung.

Um das Gesagte hier einmal kurz zusammenzufassen: Wenn wir also den richtigen Zeitpun kt und auch den richtigen Partner abwarten, haben wir die besten Voraussetzungen, neues Leben kontrolliert aber, noch wichtiger, liebevoll willkommen zu heißen. Damit beugen wir sogar einer Überbevölkerung vor.

Ist es nicht merkwürdig, dass in alten Mythen, Sagen und Märchen oft davon gesprochen wird, dass Eltern immer nur EINE Tochter oder EINEN Sohn hatten? Selbst GOTTVATER schickte uns seinen EINZIGEN Sohn auf die Erde. Zufall? Nein. Um einer Seele das Bestmögliche zu geben, sie nach besten Kräften zu unterstützen, zu bilden, zu fördern und zu begleiten, liegt es auf der Hand, dass man sich nur einem Kind widmen sollte.

Bitte, liebe (zukünftige) Eltern, regt euch jetzt nicht auf. In diesem Buch geht es nur darum, ein neues Bewusstsein zu erlangen. Ich gebe hier nur wieder, was mir gesagt wird. Und für mich ist dieser Gedanke mehr als logisch. Ist es nicht so, dass Eltern, selbst wenn sie die größte Liebe in ihrem Herzen für alle ihre Kinder tragen, sich dennoch nicht jedem einzelnen Kind so widmen können, wie es nötig wäre? Es bleibt immer etwas auf der Strecke, weil es gar nicht anders zu schaffen ist. Egal, ob es nun zwei Kinder sind, drei oder mehr. Jedes Kind, das zum ersten Kind dazu kommt, ist von vornherein ein Rivale für das erste.

Haben nicht alle von uns mehr oder weniger unter unseren Geschwistern zu leiden gehabt? Sei es, dass uns die Verantwortung für sie übertragen wurde, sei es, dass wir von unseren Geschwistern gepiesackt wurden. Und haben wir nicht alle darunter gelitten (sei es bewusst oder unbewusst), dass wir nie die ungeteilte Aufmerksamkeit und Liebe von unseren Eltern bekommen haben?

Am Schlimmsten haben es die sogenannten Sandwichkinder, also die mittleren. Sie schwimmen irgendwo zwischen dem Erst- und Letztgeborenen und gehen oft total unter.

Da jedes Kind eine andere Charakterstruktur hat, liegt es auf der Hand, dass die Erziehung unterschiedlich sein muss, was unter Geschwistern zwangsläufig zu Neid, Eifersucht, bis hin zu Hass führen kann. Warum also unschuldig hereinkommende Seelen solchen Situationen aussetzen? Hier erhebt sich übrigens die Frage, wie man Zwillingsgeburten sehen sollte. Da ja beide Seelchen gleichzeitig inkarnieren und somit zum selben Zeitpunkt in das neue Elternhaus einziehen, entfällt hier jegliche Art von Rivalität. Zwillinge erregen immer besondere Aufmerksamkeit, und das zu Recht. In der Tat sind sie etwas Besonderes, weil sich hier zwei Seelen zusammengetan haben, die gemeinsam auf **einem** Inkarnationsstrahl zur Erde reisen. Wer als Zwilling geboren wurde, ist entweder derjenige, der zugestimmt hat, jemanden per Anhalter mitzunehmen, oder derjenige, der den Daumen hochgehalten hat. Die Anhalter sind unschwer zu erkennen, weil sie in der Regel die Ruhigeren oder Schüchternen sind. Und genau das ist mit ein Grund, warum Seelen überhaupt auf die Idee kommen, sich einer oder auch mehreren Seelen (Drillinge usw.) anzuschließen. Sie sind Angsthäschen, aber ebenso oft haben sie einfach keine Lust, sich allein im Mutterbauch zu langweilen. Und der dritte Aspekt, und meiner Meinung nach der häufigste für Zwillings- oder Mehrlingsgeburten, ist der, dass es sich oft um Seelen handelt, die sich so lieben, dass sie keine Sekunde voneinander getrennt sein wollen. Dieses Band der Liebe ist genau das, was wir bei Zwillingen immer wieder zu spüren bekommen und das aus ihnen etwas so Besonderes macht.

Aber zurück zum Thema. Die Welt hat sich gewandelt. Es besteht keine Notwendigkeit mehr, eine zahlreiche Kinderschar sein Eigen zu nennen. Das Universum oder, besser gesagt, wir selbst haben, noch in der in der Geistigen Welt lebend, angefangen, dem einen Riegel vorzuschieben, indem wir uns dort vornahmen, auf Kinder zu verzichten. Trotzdem wünschen sich viele Paare dann hier auf der Erde verzweifelt ein Kind und lassen nichts unversucht, um diesen Wunsch wahr werden zu lassen. Gäbe es den heutigen Stand der Medizin nicht, müssten diese Paare sich damit abfinden, keine Kinder zu bekommen. So aber wird sich mit steigender Tendenz in die Gesetzmäßigkeit des Universums eingemischt und damit dem GÖTTLICHEN Willen, aber auch der eigenen, im Jenseits getroffenen Entscheidung widersprochen.

*Wisst, dass ihr alle euren freien Willen habt, und wisst, dass wir euren freien Willen niemals antasten würden.*

*So geschieht es immer wieder, dass ihr auf höchster Ebene zugestimmt habt, auf Kinder zu verzichten, aber dieses auf der Erde wieder verwerft. Ist es euer Wille, ein Kind entgegen eurer Lebensplanung haben zu wollen, so müssen wir das akzeptieren. Nicht immer, aber sehr oft.*

*Versteht, dass karmische Bedingungen es oft nicht zulassen, eurem Willen zu entsprechen. Je nach Wichtigkeit (ihr würdet Schweregrad sagen) müssen wir manchmal hart bleiben. Aber auch das geschieht mit eurer Zustimmung. Vergesst nicht, dass euch nur das Wissen darum verlorengegangen ist.*

*Ihr seid so tief in die Materie abgetaucht, dass ihr mit Leib und Seele dem Irdischen zugetan seid. Es besteht absolut kein Grund, darin zu verzweifeln. Zu eurem Trost sei gesagt: Nehmt die Dinge an, und es wird euch leichter ums Herz. Oft habt ihr andere Aufgaben im Leben, als Eltern zu werden. Und ebenso oft könnt ihr als Kinderlose anderen Kindern ein Licht sein, indem ihr ihnen ein Zuhau-*

*se gebt oder wunderbare Pädagogen, Kinderärzte oder Therapeuten werdet. Kinderlose Paare tragen, wenn keine karmischen Verpflichtungen bestehen und keine menschlichen Anstrengungen unternommen werden, doch noch zur Elternschaft zu gelangen, dazu bei, den Ausgleich zu schaffen. Wenn die Menschheit erkannt hat, dass es wirkungsvoller ist, sich voll und ganz und mit Leib und Seele nur einem Kind zu widmen, wird es keine ungewollt kinderlosen Paare mehr geben.*

Vielleicht denken ja viele von euch, wenn wir nur noch Einzelkinder haben, wie sollen sie dann den sozialen Umgang mit anderen lernen? Vereinsamen unsere Kinder dann nicht? Dazu kann ich aus meiner Sicht nur sagen, es mag heute den Anschein haben, aber die Geistige Welt spricht immer wieder davon, dass wir unsere festgefahrenen Strukturen komplett ändern müssen. Aus heutiger Sicht wäre es sogar fatal, Einzelkinder zu bevorzugen, weil sie tatsächlich kaum eine Chance hätten, sich sozial auf andere Kinder einzustellen. Da viele Eltern entweder damit beschäftigt sind, arbeiten zu gehen oder ums nackte Überleben kämpfen, blieben viele Einzelkinder heutzutage auf der Strecke. Hätten sie ihre Geschwister nicht, wäre es schlecht um sie bestellt.

Wohl gemerkt, in diesem Buch geht es darum, wie wir in ZUKUNFT handeln sollten. Dennoch kann mit der Zukunft JETZT und HIER schon begonnen werden. Der erste Schritt ist: Geht aus eurer Isolation heraus.

# Isolation der Herzen

*Mit Traurigkeit in unserem Herzen sehen wir, wie jeder Einzelne von euch sich von seinen Brüdern und Schwestern abgrenzt. Euch ist das Gefühl für die Gemeinschaft verlorengegangen, ja, ihr habt sogar Angst davor, anderen euer wahres Selbst zu offenbaren…*

*Jeder von euch zieht sich in sein eigenes Schneckenhaus zurück. Wisst ihr denn nicht, dass ihr alle EINS seid? Ihr seid mit jedem Menschen auf eurer Erde verbunden, warum also diese Ängstlichkeit, sich anderen zuzuwenden?*

*Wie viel leichter könnte euer aller Leben aussehen, wenn ihr wieder zurück zur Gemeinschaft finden würdet. Versteht, dass wir hier nicht von Gruppenbildung sprechen, sondern von Gemeinschaft. Mehr und mehr habt ihr euch im Laufe eurer Geschichte voneinander entfernt, was dazu geführt hat, dass viele von euch unglücklich sind. Niemand braucht seine Last alleine zu tragen. Wenn es euch wirklich schlecht geht, sucht ihr Hilfe weit im Außen anstatt in eurem Umfeld. Auch wenden sich viele von euch uns zu, wo doch die Hilfe so nahe liegt.*

*Findet zur Gemeinschaft zurück, jeder in seinem Lebensbereich, und viele eurer heutigen Probleme werden sich in Luft auflösen. Habt ihr die Stärke der Gemeinschaft wiederentdeckt, werden eure zukünftigen Kinder niemals einsam oder alleine sein. Erinnert euch des alten Wissens, dass es für alles EINE Stätte gab. So gab es in alter Zeit für jedes alltägliche Miteinander spezielle Räume: Räume zum Ausruhen, Räume zum Arbeiten, und vieles mehr.*

*Vor allem gab es dadurch RAUM für Begegnungen und ein harmonisches Miteinander. Einsamkeit war gänzlich unbekannt. Viele von euch leiden seelisch und körperlich unter der Einsamkeit. Wir bitten euch, tretet aus eurer Einsamkeit und der mit ihr einhergehenden Isolation hervor. So legt ihr den Grundstein für eine frohe und angemessene Zeit.*

Wie wahr, wie wahr..., wir haben völlig vergessen, wie es sich anfühlt, in Gemeinschaften zu leben. Jeder für sich genommen ist, wenn ich es einmal salopp ausdrücken darf, zu einem Einzelkämpfer mutiert. Ist es da ein Wunder, dass Krankheiten wie Depressionen, wie überhaupt psychische Erkrankungen, rasant ansteigen? Schon unsere Kinder sind davon befallen. Unsere Kleinsten spüren ganz genau, dass unsere Welt rau, rüde, egoistisch, ja, lieblos ist. Sie vermissen das liebevolle Gemeinschaftsgefühl. Kinder haben einen viel besseren Zugang zum Morphogenetischen Feld als wir Erwachsene. Wir können uns also noch so liebevoll um unsere Kinder kümmern, sie fangen die Schwingung der Menschheit auf.

Wer ist nur jemals auf die Idee gekommen, dass jeder für sich selbst zu sorgen hat? Ich kann nur vermuten, dass es eine neue Spielvariante gewesen sein muss, die ausprobiert werden wollte. Nun, sie ist nicht haltbar, weil sie zu viele von uns in die Vereinsamung stürzt. Kinder waren früher Teil der Gemeinschaft, „gehörten“ also allen. Man war sich noch dessen bewusst, dass Kinder niemals Besitztum sein können, sondern wertvolle Seelen sind, die die Gemeinschaft mit ihrer Anwesenheit bereicherten. Alle Kinder wurden gemäß ihrer mitgebrachten Talente gemeinschaftlich gefördert und auch erzogen, was sie zu Wesen heranwachsen ließ, die sich geborgen fühlen konnten, und es ihnen ermöglichte, sich als selbstsichere, in sich ruhende Wesen zu entwickeln.

Ist es nicht so, dass viele Eltern heute ihre Kinder als Besitztümer ansehen und sich verbitten, dass andere sich in ihre Erziehung einmischen? Wo sind die Zeiten hin, wo in kleinen Gemeinschaften ein Auge auf alle Kinder geworfen wurde? Wo wir Kinder noch genau wussten, welche Streiche milde lächelnd hingenommen und wo uns Grenzen aufgezeigt wurden? Mal ehrlich, wenn wir uns mit elf Jahren getraut hätten, uns mit einer Zigarette in der Hand zu zeigen, wäre da nicht wenigstens einer aus der Dorf- oder Straßengemeinschaft an uns herangetreten und hätte uns die Leviten gelesen (unabhängig davon, dass wir erst gar nicht auf die Idee gekommen wären)? Ja, so war das. Die Ältern unter uns sind alle auch von der Gemeinschaft mit erzogen worden. Heute ist das undenkbar.

Eltern betrachten ihre Kinder als ihren persönlichen Besitz und verbitten sich jegliche Einmischung, was fatale Folgen hat. Nicht nur, dass viele Kinder schon zu Hause keine Grenzen mehr aufgezeigt bekommen, auch das gesamte Umfeld ist zum Schweigen verdonnert. Auch lassen so manche Erziehungsmethoden zu wünschen übrig, und vieles davon könnte abgeschwächt werden, wenn man die Gemeinschaft wieder zuließe.

## Besitztum?

*Kinder sind Seelen, denen ihr einen Platz auf der Erde verschafft. Manchmal sind es Wesen, die aus eurer himmlischen Seelenfamilie stammen, euch also auf Seelenebene bekannt sind, manchmal sind es aber auch Wesen aus anderen Seelenverbänden. Aber immer sind es eigenständige Seelen, die mit eurer Hilfe hereinkommen können. Sie gehören euch nicht, und im Grunde eurer Herzen wisst ihr das auch.*

*Zwar mag euch die Seele kindlich erscheinen, weil sie im zerbrechlichen Körper eines Kindes wohnt und dadurch euer Beschützerinstinkt und euer Besitztumsdenken geweckt werden, aber dennoch ist kein Kind, auch euer Kind nicht, euer Besitz. Ihr schafft nur die biologischen Vorraussetzungen für ein neues Leben, aber das neue Leben gehört euch nicht. Ihr seid diejenigen, die für eine Weile diese Seele geschützt aufwachsen lassen und ihr Sicherheit, Geborgenheit und Liebe gebt. Aber kein Kind gehört euch. Jedes Kind ist genau wie ihr eine eigenständige Seele, und außer der Biologie, die ihr miteinander teilt, sind keine Ähnlichkeiten vorhanden. Alle Eltern dürfen und sollten sich geehrt fühlen, wenn eine Seele durch sie hereinkommen will, aber verabschiedet euch von dem Gedanken, dass eure Kinder euch gehören. Wenn ihr euch dessen bewusst werdet, dass Kinder Gäste in euren Häusern sind, werdet ihr anders mit ihnen umgehen, nämlich mit viel mehr Verantwortung und immerwährender Freude. Ihr werdet nicht mehr über sie bestimmen oder sie vernachlässigen, sondern wärt neugierig darauf, in welcher Pracht sich ihre Blütenblätter entfalten wollen. Verabschiedet euch also von eurem Besitzdenken, das in Wahrheit nur eine Illusion ist. Kein Wesen kann jemals ein anderes Wesen besitzen. Euch wird immer nur gegeben, aber besitzen könnt ihr nichts, einzig euch selbst und euer Bewusstsein.*

*Und GOTTES Liebe. Das ist unermesslich mehr, als ihr euch vorstellen könnt. Seid in Zukunft liebevolle, neugierige und offene Begleiter „eurer" Kinder. Drängt sie nicht in Situationen, die ihnen nicht angemessen sind, die zwar zu eurem Leben gehören, aber nicht zu euren Kindern. Denn seht, oft kommen Kinder zu euch, um euch etwas zu lehren. Wie können sie ihren Lebensplan erfüllen, wenn ihr freier Wille so begrenzt wird?*

*Achtet den freien Willen eurer Kinder, achtet sie als das, was sie sind: großartige Wesen, die auf eurer Erde zwar klein anfangen, aber einen großartigen Auftrag mitbringen. Ihren eigenen Lebensplan. Die einfachste Lösung, mit euren Kindern in Zukunft umzugehen, lautet: LIEBT sie, und zwar bedingungslos.*

Immer schon habe ich die Meinung vertreten, dass Kinder uns nicht gehören. Umso „geschockter" war ich, feststellen zu müssen, wie rigoros über unsere Kinder bestimmt wurde und auch vielerorts immer noch wird.

Dank meines Alters kenne ich genügend Erwachsene, die zum Beispiel einen anderen Beruf erlernen mussten, als sie ursprünglich wollten. Und das nur, weil es die Eltern so wollten. Viele Ältere unter uns erinnern sich wahrscheinlich mit Wehmut daran, was sie ursprünglich lernen wollten, wovon ihnen dann aber die Eltern abgeraten haben. Und so finden sich nicht selten Erwachsene in Berufen wieder, die sie nicht lieben, was sehr fatal ist. Denn alles, was wir ohne Liebe tun, wendet sich früher oder später gegen uns, weswegen es auch so viele Menschen gibt, die berufsunfähig geworden sind.

Um einmal kurz bei dem Wort „Beruf" zu bleiben.

Ein Beruf ist etwas, zu dem man sich be-rufen fühlt. Also etwas, das in unserem Herzen angelegt ist. Wer dieser Herzensbotschaft folgt, liegt also immer richtig. Schon allein deswegen sollten Eltern sich davor hüten, ihren Kindern zu sagen, was sie lernen sollen oder nicht.

Jeder, der nicht mit Hingabe oder Liebe in seinem Beruf steht, *arbeitet* nur, was niemals Erfüllung bringen kann. So ist es ein Unding, wenn unsere Kinder unsere einstigen Träume leben müssen, denn auch das ist oft zu finden. Ehrgeizige Eltern verfolgen ehrgeizige Pläne, und nicht selten werden Kinder bis an den Rand der Erschöpfung getrieben. Dazu zählen auch die Prestigeaktivitäten wie zum Beispiel Ballett für kleine, oftmals unbegabte Hupfdohlen, Tennis, Reiten, Schwimmen, Musik und Gesangsunterricht, um hier nur einige aufzuzählen.

Man ist ja schließlich Wer und zeigt es anhand der Kinder, die schon, sobald sie laufen können, in irgendwelche Vereine gesteckt werden. Das gehört zum Prestige... leider wird nur eines vergessen: nämlich die Kinder zu fragen, ob sie das überhaupt wollen.

Kinder als Besitz anzusehen und zu denken, als Eltern hätte man das Recht dazu, über sie zu bestimmen, ist also der völlig falsche Ansatz. Wurde und wird der freie Wille eines Kindes auf diese Weise mißachtet, gibt es leider eine andere Form des Nicht-Beachtens:

Denn manchden Eltern scheint die Entwicklung ihrer Kinder egal zu sein, sodass diese sich den lieben langen Tag selbst überlassen bleiben, was bedeutet: Sie werden buchstäblich auf allen Ebenen vernachlässigt.

☆☆☆☆☆

# Vernachlässigung

Die Vernachlässigung, von der ich hier spreche, hat zur Folge, dass unsere Kinder, die ja als **Perlen des Universums** zu uns kommen, keine oder kaum noch menschlichen Werte vermittelt bekommen. Manche Eltern fühlen sich in Sachen Kindererziehung völlig überfordert, sodass von Anfang an gar keine Erziehung mehr stattfindet. Antiautoritäre Erziehung nannte man die unseligen Anfänge der heutigen Entwicklung. Dabei war der Grundgedanke, wie bei allen neuen Ideen, ein wirklich guter. Man wollte Kindern endlich mehr Mitspracherecht einräumen, sie schon als vollständige Mitglieder der Gesellschaft ansehen, aber vor allem Rücksicht auf den Willen des Kindes nehmen, damit es sich frei entfalten kann. Leider hat sich der ehrenwerte Grundgedanke verselbstständigt, und zwar dahingehend, dass viele Kinder vor lauter falsch verstandener freier Entwicklung in vielen Familien über die Eltern herrschen.

Entschuldigung, bei aller Liebe zu Kindern, aber das kann und darf so nicht sein. Eltern haben nun einmal die Verantwortung, aus kleinen Erdenbürgern Menschen zu machen, die sich in die Gesellschaft einfügen können. Die Menschheit ist trotz der gegenteiligen Entwicklung nun einmal eine Gemeinschaft, und jeder Mensch sollte lernen, die Gefühle anderer nicht zu verletzten, Rücksicht auf andere zu nehmen und für ein harmonisches Miteinander Sorge zu tragen.

Kinder müssen geformt werden; auch wenn sie ihrem Ursprung nach, wie wir alle, Lichtwesen sind, müssen sie dennoch erst lernen, sich in die Welt, in der sie nun leben, einzufügen. Was nicht bedeutet, dass wir ihren freien Willen nicht mehr berücksichtigen sollten.

Ihr müsst einfach wissen, dass menschliches Bewusstsein und die im menschlichen Körper wohnende Seele zweierlei sind. Damit die Seele sich vollständig entfalten kann, muss das menschliche Bewusstsein in die richtigen Bahnen gelenkt werden. Wird das versäumt, wird es schwierig für die Seele, ihren Weg zu finden.

Eltern, die ihren Kindern keine Erziehung mehr angedeihen lassen, sind denkbar schlechte Begleiter dieser Seelen. So **müssen** frühzeitig Grenzen gesetzt werden, auch brauchen Kinder feste Rituale. Der gute alte Brauch, immer zu gleichen Zeiten Mahlzeiten gemeinsam einzunehmen, ist in vielen Familien nicht mehr zu finden. Ja, viele Kinder gehen auf Grund dessen sogar OHNE ein Frühstück zur Schule. Für ein Mittagessen bekommen einige bestenfalls ein paar Euro in die Hand gedrückt, und was ein Kind in der Zwischenzeit macht, ist vielen Eltern egal.

So fällt auch nicht auf, dass Kinder nicht mehr zum Abendbrot nach Hause kommen und sich bis spät in die Nacht draußen auf den Straßen herumtreiben. Himmel, es kann doch nicht normal sein, dass wir heute zwölf- bis dreizehnjährige und noch jüngere Kinder nachts mit Bierflasche in der einen Hand und Zigarette in der anderen in Parkanlagen buchstäblich herumlungern sehen. Da komme ich doch wieder auf den Gemeinschaftssinn zurück, der schon angesprochen wurde. So etwas wäre schlichtweg unmöglich, wenn es ihn gäbe. Stattdessen fühlen sich viele nicht berufen, einzuschreiten. Ebenso verhält es sich, wenn offensichtlich Kinder verwahrlosen oder misshandelt werden. Viele schauen einfach weg. „Was geht uns das an? Sollen wir uns da einmischen?" Ganz genau, das ist der erste Schritt zu einer Gemeinsamkeit. Ja, bitte, mischt euch ein. Lieber einmal zu viel eingemischt, als auch nur einmal zu wenig.

Ich empfinde die späte Reue aller Wegschauer als glatten Hohn, und in solchen Momenten verlässt mich meine gesamte Spiritualität. Da bleibt mir jeder verständnisvolle Gedanke fern. Für Missstände solcher Art kann und werde ich auch niemals Verständnis aufbringen (man möge mir verzeihen). Vernachlässigung, egal, auf welcher Ebene sie stattfindet, ruft in mir oft nur Entsetzen und manchmal auch (sorry) kalte Wut hervor. Und zwar deswegen, weil ich genau weiß, was wir all den kostbaren Seelen damit antun.

Das muss aufhören. Und zwar auf allen Ebenen!

Wer seine Kinder den ganzen Tag vor dem Fernseher oder dem Computer sitzen lässt, hat nur eine andere Form der Vernachlässigung gefunden. Wer sie zudem zu Cola, Chips und Fastfood greifen lässt, anstatt ihnen eine gesunde Ernährung zukommen zu lassen, der legt in seinen Kindern schon die Ursachen für spätere Krankheiten an. Kinder einfach nur noch nebenbei mitlaufen zu lassen hat mit wahrer Elternschaft nichts zu tun. Wer sich für Kinder entscheidet, muss sich dessen bewusst sein, dass er eine Verantwortung übernimmt. Von daher ist es mir, wie schon eingangs erwähnt, ein Rätsel, wieso es überhaupt erlaubt ist, Jedermann und Jedefrau Kinder in die Welt setzen zu lassen, ohne zu prüfen, ob sie dieser Verantwortung gewachsen sind.

So ist unsere heutige Gesellschaft ein Spiegelbild dessen, was in vielen „Familien" vor sich geht. All die Fälle von Verwahrlosung und Misshandlungen von Kindern zeigen uns „nur" den inneren Kern unserer Gesellschaft. Mit Eintritt in den Kindergarten geben einige Eltern die Verantwortung für ihre Kinder vollends ab. Später sollen dann die Lehrkräfte das nachholen, was Eltern versäumt haben... die Erziehung nämlich. Das kann nicht funktionieren, denn: „Was Hänschen nicht lernt, lernt Hans nimmer."

Die andere und fast schon beliebtere Alternative der Vernachlässigung ist die, dass Kinder ganz bewusst alle Freiheiten bekommen, die sie nur wünschen. Sie werden von Anbeginn ihres Erdendaseins in alles mit einbezogen, was die Erwachsenen tun. So sieht man Mütter in Restaurants ihre Kinder stillen (nicht dass ich etwas gegen den Anblick hätte, aber das Wort Stillen kommt von Stille, was bedeutet, dass gerade Babys in Stille und Ruhe ihre Nahrung zu sich nehmen sollten). Babys werden schon auf Flugreisen mitgenommen, wie auch schon Kleinkinder spätabends mit ihren Eltern in Restaurants gesehen werden. Unterhalten sich Erwachsene, so sind auch immer die Kinder mit dabei, so, wie Kinder ganz offen mitbekommen, wenn sich die Eltern streiten. Immer und überall sind die Kinder zugegen, und das, obwohl sie aus der Welt der Erwachsenen herausgehalten werden sollten.

Aber es kommt noch schlimmer, denn es hat sich eingeschlichen, dass Kinder schon sehr früh zu allem, was geschehen soll, gefragt werden. So dürfen Kinder entscheiden, was sie anziehen, und darüber entscheiden, was gegessen wird, darüber entscheiden, was tagsüber gemacht wird, und sie entscheiden darüber, wann sie ins Bett gehen wollen.

Kürzlich telefonierte ich mit einer Bekannten, deren dreizehnjähriges Kind sich einige Minuten vorher siedendheißes Fett über die Beine geschüttet hatte. Anstatt sich das Kind zu schnappen und zum Arzt oder ins Krankenhaus zu fahren, versuchte die Mutter dem Kind (natürlich ergebnislos) klarzumachen, dass es besser wäre, zum Arzt oder ins Krankenhaus zu fahren. Und sie ließ zu, dass sich das Kind stattdessen unter die kalte Dusche stellte. Ihr könnt euch vorstellen, wie ich darauf reagiert habe..., aber darauf läuft es hinaus, wenn Eltern sich nicht dort, wo es angebracht ist, durchsetzen können.

Da ich seit einigen Jahren nebenberuflich im Einzelhandel tätig bin, bekomme ich hautnah mit, in welchen Stresssituationen sich Eltern wie Kinder befinden. Früh erlebte ich, wie schon Dreikäsehochs ihre Mütter schlugen, vors Schienbein traten, um sich bissen und einen Heidenaufstand machten, wenn die Mutter das Spielzeug, was die Knirpse selbsttätig in den Einkaufswagen geschmuggelt hatten, nicht mitbezahlen wollte. Mit dem Resultat, dass, um kein noch größeres Aussehen zu erregen, am Ende doch dem Willen des Kindes entsprochen wurde, nur damit es Ruhe gab. Früh schon sagte ich mir, dass ich das, wenn ich einmal Kinder hätte, anders handhaben würde. Und die Gelegenheit dazu bekam ich dann auch.

Als mein Junge im zarten Alter von drei Jahren meinte, er müsse sich aus Protest im Laden auf den Boden schmeißen und so laut kreischen, dass es auch noch im Lager des Geschäfts zu hören war, zahlte ich in aller Seelenruhe an der Kasse, ging dann zu meinem Sohn, der auf das Heftigste auf den unschuldigen Ladenboden mit Händen und Füßen einschlug, und sagte nur: „Mama geht jetzt." Blitzschnell war er auf seinen kurzen Beinchen und kam mir, ohne zu weinen oder zu maulen, hinterher. Geht doch!

Heute, wo ich die Menschen buchstäblich „behüte" – ich arbeite stundenweise in einem Hutgeschäft –, erlebe ich ähnliche unglaubliche Szenen. Nämlich, dass schon die Kleinsten sich weigern, eine Mütze überhaupt auch nur aufzusetzen, geschweige denn stillzuhalten, ihre Eltern treten, kräftig auf sie einschlagen oder auch nur verbal angiften. Oft genug gehen Eltern verlegen lächelnd mit den Worten aus dem Laden raus: „Heute ist nicht sein/ihr Tag. Wenn er/sie keine Lust hat, ist es zwecklos, heute eine Mütze zu kaufen." Und das, obwohl die alte Mütze offensichtlich zu klein ist oder das Kind gar keine trägt und draußen Minusgrade oder wüstenähnliche Hitzezustände herrschen. Es gibt unendlich viele Dinge, die Kinder überhaupt nicht entscheiden können!

Eltern, die ihren Kindern einen derartig freien Lauf lassen, sind die Eltern, deren Kinder den ganzen Tag um sie herum sind und sie und natürlich auch ihre Nerven (wie auch die Nerven aller anderen) jeden Tag aufs Neue strapazieren. Das ist Stress pur für alle Beteiligten, und zwar von morgens bis abends. Viele Mütter fallen abends um 23:00 Uhr völlig erschöpft auf ihr Sofa und sind froh, wenn ihre Kinder endlich schlafen. Dabei wollen die Kinder mit ihrem Verhalten nichts anders erreichen, als endlich einmal klare Linien und Grenzen erfahren. So etwas sollte nicht passieren. Kinder sollten uns Freude machen, aber wenn wir die Rollen vertauschen, müssen wir uns nicht wundern, wenn sie zu „Monstern" mutieren.

*Wisst, ihr geliebten Wesen, dass eure Kinder euch brauchen. Sie brauchen eure liebevolle, starke Führung, und dennoch sollten sie frei sein. Haltet sie aus allen Ereignissen, die mit euch zu tun haben, heraus. Lasst sie wieder das sein, was sie sind: Kinder! Die Welt der Erwachsenen ist viel zu rau für eure Kinder, daher benötigen sie euren besonderen Schutz.*

*Wir sehen, dass viele Kinder, ja die, meisten Kinder, viel zu früh erwachsen werden, so, wie wir auch sehen, dass viele Perlen des Universums zu Wackersteinen werden. Ein Kind ist wie ein Acker. Es will in Form gebracht werden, und alles, was angelegt wird, sollte Früchte tragen dürfen. So, wie ein Acker gepflegt werden will, damit die Saat aufgehen kann, so solltet ihr eure Kinder pflegen. Gewährt ihnen zur rechten Zeit das, was sie benötigen, um heranwachsen zu können, aber befreit sie auch von Unkraut.*

*So, wie ein Acker nach der Aussaat in sich ruht, damit die Saat aufgehen kann, so lasst eure Kinder auch in Ruhe heranwachsen. Jeder Acker ist eine eigene Welt mit eigenen Gesetzmäßigkeiten, so auch eure Kinder. Lasst ihnen ihre Welt, so lange es möglich ist, aber verliert sie nie aus den Augen. Lasst ihnen immer eine sanfte Führung angedeihen. Ihr seid die Gärtner im Garten der Kinder.*

*Würdet ihr euren Garten nicht auch vor allem schützen, was ihm schaden könnte? Und wärt ihr nicht immerzu bemüht, euch um eure Gärten zu kümmern? Wie viele von euch widmen sich mit Hingabe ihren Gärten. Diese Hingabe wünschen wir uns für unsere Perlen. Lasst sie nicht einfach liegen, und überlasst sie auch nicht sich selbst. Haltet sie aus eurer Welt fern (Anmerkung: Erwachsenenwelt), denn Kinder sind mit euch nicht gleichzustellen. Zwingt eure Kinder nicht dazu, kleine Erwachsene zu werden. Sie sollten keine Entscheidungen treffen müssen, die die eurigen sind. Versteht, dass das kindliche Bewusstsein ein völlig anderes als das eurige ist. Bezieht ihr eure Kinder in eure Welt mit ein, führt das oft zu tiefer Verunsicherung, Ängsten und Nöten. Aber auch das Gegenteil ist der Fall. An, wie ihr sagt, altklugen Kindern ist nichts Anmutiges mehr zu finden, aber auch nichts Kindliches mehr. Bewahrt unseren Perlen die Kindheit! Wie eure Schmuckperlen möchten sie täglich mit euch in Berührung kommen, um ihren vollen Glanz entfalten zu können. Perlenketten, die nicht getragen werden, also sich selbst überlassen sind, verlieren ihren Glanz. Für euch bedeutet dieser Vergleich: Widmet euch ihnen mit Leib und Seele, aber ladet ihnen nicht zu viel Verantwortung auf.*

*Mit Traurigkeit haben wir feststellen müssen, dass das*

*glockenreiche Kinderlachen auf Mutter Erde immer weniger wird. Dabei gibt es nichts Schöneres, im Himmel wie auf Erden, als ein Kind lachen zu hören . Eure Kinder lachen nicht mehr. Wie ihr übrigens es auch viel zu selten tut. Gebt euch und gerade euren Kindern das Lachen zurück. Wenn wir hier von der Freiheit der Kinder sprechen, so meinen wir damit die Freiheit der Herzen. Zu keiner Zeit haben wir davon gesprochen, Kinder ohne Regeln und Werte aufzuziehen. So wie Wir es auch nicht befürworten, Kinder sich selbst zu überlassen. Ihr seid die ersten Lehrer eurer Kinder. Lehrt sie alles, was ihr wisst, und erinnert euch daran, dass ihr auf höherer Ebene eine Verpflichtung eingegangen seid. Nämlich die Verpflichtung, euch euren Kindern nach besten Gewissen und Wissen zu widmen.*

Das hätte ich nicht besser beschreiben können.

Ja, geben wir unseren Kindern ihren Stellenwert zurück. Lassen wir sie wieder voll und ganz Kinder sein dürfen. Ist es denn wirklich erstrebenswert, Kinder in alles, womit wir Erwachsene uns auseinandersetzen, mit einzubeziehen? Und mal ehrlich, haben wir das mit der freien Entfaltung eines Kindes nicht völlig missverstanden, indem wir unseren Kindern keine Grenzen mehr aufzeigten? All die Kinder, die wir heute als auffällig bezeichnen, und die ständig wachsende Jugendkriminalität zeigen doch nur zu deutlich, dass wir weit über das Ziel hinausgeschossen sind.

Egal, ob wir unseren Kindern alles durchgehen lassen, indem wir uns nicht mehr darum kümmern, sie zu erziehen, oder ob wir sie in alles, was wir tun, mit einbeziehen, beides sind Formen von Vernachlässigung. In beiden Fällen lassen wir unseren Kindern nämlich vollkommen freien Lauf. So dürfen wir uns nicht wundern, wenn uns unsere Kinder entweder über den Kopf wachsen oder sie, wie in anderen Fällen, eben abrutschen. Kinder brauchen Regeln. Kinder brauchen Rituale. Kinder brauchen Grenzen. Kinder brauchen LIEBE! Erfahren sie das alles nicht, werden sie zu Erwachsenen, die keine Regeln und keine Grenzen kennen. Wohin das führt, wage ich nicht einmal zu beschreiben.

So ist es tatsächlich eine Gratwanderung, Kinder erziehen zu wollen. Auf der einen Seite sollten Kindern in ihrem Raum (kindliche Ebene) leben dürfen, und auf der anderen Seite sollten sie von uns liebevoll begleitet und geführt werden. Und das geht nur mit liebevollen, aber klaren Ansagen. Ein Kind kann noch nicht zwischen „Gut" und „Böse" unterscheiden. Ein Kind weiß noch nicht, wie unsere Gesellschaftsstruktur und unser soziales Miteinander beschaffen sind. Ebenso wie es nicht weiß, was HEISS bedeutet, bis es die Erfahrung gemacht hat.

Der einfachste Weg, Kindern den sozialen Umgang beizubringen, ist auf „Fehlverhalten" Konsequenzen folgen zu lassen. Viele Eltern drohen immer nur damit, zum Beispiel „Wenn du das noch einmal machst, dann..." Nur leider kommt dieses DANN so gut wie nie. Daraus folgert der kindliche Verstand, dass es ja doch alles machen kann, was es will, weil es niemals die ausgesprochene Konsequenz zu spüren bekommt. Das, liebe Eltern, ist schlichtweg das Schlechteste, was ihr euren Kindern antun könnt. Ein Kind muss Grenzen erfahren dürfen! Nur so kann es seine eigenen Grenzen kennenlernen, und nur so lernt es, was erlaubt ist und was nicht.

Wie viele Kinder verlieren wir, weil sie sich später grenzenlos selbst überschätzen. S-Bahn-Surfer, rasende Motorrad- oder Autofahrer, Extremsportler, usw. Und wie viele Kinder verlieren wir an Drogen jeglicher Art? Alles das, weil wir es versäumt haben, ihnen Grenzen aufzuzeigen und ihnen damit einen Halt zu geben.

Wir selbst tragen also dazu bei, dass unsere Kinder kein Gefühl mehr dafür entwickeln können, was richtig oder falsch ist. Ist es da ein Wunder, dass unsere Welt immer gefühlskälter wird? Pardon, nicht die Welt wird gefühlskälter, nein, der Mensch. Wurde sich zu meiner Zeit auf den Schulhöfen mal geprügelt, so wurde immer damit aufgehört, wenn einer der Kontrahenten auf dem Boden lag. Heute wird dann erst recht drauf- und reingetreten. Und es gipfelt dann darin, dass alles auch noch gefilmt und ins Internet gestellt wird. Das kommt dabei raus, wenn Kinder keine Grenzen mehr kennenlernen. Der Respekt und die Achtung dem anderem Leben gegenüber verschwinden, sodass Jugendliche heute, was den Grad ihrer Gewalt anbelangt, grenzenlos sind.

Wenn die Geistige Welt davon spricht, dass aus den **Perlen des Universums** Wackersteine gemacht werden, verstehe ich genau, was sie damit meint. Denn – wenn einige Eltern sich nicht mehr dazu berufen fühlen, ihre Kinder an die Hand zu nehmen und ihnen Schritt für Schritt das

Leben und seine Gesetzmäßigkeit zu erklären, verlieren sie ihren wunderbaren Glanz, und ihre Herzen verhärten sich. Hören wir also damit auf, unsere Kinder in jeglicher Form zu vernachlässigen.

Selbstverständlich gibt es immer noch genügend Eltern, die sich in allen Bereichen um ihre Kinder kümmern. Sie haben nur leider einen doppelt schweren Stand, nämlich den, gegen die Masse ankämpfen zu müssen. Gerade ihre Kinder fallen oft in das Beuteschema derer, die schon verroht sind, und erfahren schon in Kindergärten (von den Schulen ganz zu schweigen) Ablehnung und auch schon Gewalt. Das liegt daran, dass sie sofort auffallen. Sie sind offensichtlich anders als die anderen, und das ruft bei den anderen hervor, diese Kinder bekämpfen zu müssen. Ein Kind, das sich von anderen bedroht fühlt und auch bedroht, eingeschüchtert oder auch misshandelt wird, sollte immer auf die Hilfe der Erwachsenen zählen dürfen. Aber leider hat sich auch hier ein Wandel vollzogen. Ganz sicher darf die Zeit, in der Lehrkörper und Pädagogen (sowie auch die damaligen Väter) noch zum Stock griffen, niemals wiederkommen. Aber die Tendenz, dass sich Außenstehende aus der Miterziehung herauszuhalten haben, muss wieder aufgehoben werden.

Fragt man Lehrer von heute, ob es an ihrer Schule Gewalt gibt, ist es für mich erschreckend, wie viele dem schon fast lässig zustimmen. So, als wenn es das Normalste der Welt wäre. Auch kenne ich genügend Lehrer, die Angst haben, zu ihrem eigenen Unterricht zu gehen. Angst, weil sie der Schüler nicht mehr Herr werden, und Angst, weil sie nie wissen, ob nicht einer der Schüler mit einer Waffe zum Unterricht erscheint. Auch hier erleben wir wieder das umgekehrte Verhältnis. Erwachsene lassen sich von Jugendlichen bestimmen und geben damit wiederum ihre Verantwortung ab. Hier erleben wir nur im größeren Maßstab das, was Eltern durch Vernachlässigung ihrer Kinder heraufbeschwören.

☆☆☆☆☆

## Verantwortung

*Wisst, geliebte Wesen, dass eure Kinder zu keiner Zeit Gewalt erleben sollten. Kommt es dennoch vor, so seid ihr aufgerufen, diesen Zustand abzuschaffen. Verschließt nicht eure Augen vor der Wahrheit und bedenkt bitte, dass eure Welt härter geworden ist, eure Kinder eures Schutzes folglich doppelt und dreifach bedürfen. Lasst nicht zu, dass ihre Seelen vor Angst erstarren. Ihr seid die Einzigen, die ihnen helfen können, also tut es, und zwar uneingeschränkt!*

*Wir wissen, dass sich vieles zum Nachteil entwickelt hat. Wisst, das dieses aber nur eurem Bewusstsein dient. Erkennt ihr das Unrecht, oder verschließt ihr eure Augen? Wir bitten euch, sie zu öffnen. Nur wenn ihr hinseht, wisst ihr, was geschieht. Schaut besonders aufmerksam auf eure Kinder. Sie verändern sich, sobald sie Probleme haben. Seid ihnen die Zuflucht, die sie brauchen, und dann geht hin und beseitigt die Ursache. Wir bitten euch, geht zurück in eure Verantwortung. Hört damit auf, nicht mehr hinzuhören und nicht mehr hinzusehen. Damit tut ihr euch, euren Kindern und eurer Entwicklung keinen Gefallen. Hiermit sprechen wir nicht nur die Eltern an, sondern euch alle.*

*Nehmt das Zepter der Verantwortung, das schon so lange brachliegt, wieder auf, und ihr werdet sehen, dass es zum Wohl für die ganze Welt sein wird.*

Mangelnde Verantwortung auf allen Ebenen ist also die Ursache für vieles, was wir alle, aber gerade unsere Kinder, erleben müssen. Es mag sein, dass vielen Menschen gar nicht mehr auffällt, wie verroht oder gewalttätig unsere Welt geworden ist (wobei ich hier noch einmal darauf hinweisen möchte, dass „Welt“ zu sagen vollkommen falsch ist. „Menschheit“ muss es richtigerweise heißen), aber wie heißt es so schön: Es ist nie zu spät. So sollten wir wieder als Gemeinschaft zusammenhalten. Kinder müssten also dem Allgemeinwohl unterliegen, was bedeutet, dass Eltern wie Pädagogen am gleichen Strang ziehen.

Unser heutiges Dilemma besteht darin, wie ich ja schon erwähnte, dass sich jede Familie abkapselt und nach ihren eigenen Gesetzen lebt. Einmischung von Außen ist nicht mehr gefragt, und so sind wir zu den heutigen Zuständen gekommen. Natürlich können und sollen wir keineswegs alle Kinder gleich erziehen. Das ist vollkommen unmöglich, aber wir sollten uns, was unsere sozialen Strukturen anbelangt, gemeinsamen erzieherischen Grundregeln „unterwerfen“ und diese uneingeschränkt weitergeben.

So sollte zum Beispiel das Kinder- und Jugendschutzgesetz nicht nur auf Tafeln ausgehängt, sondern auch GELEBT werden. Wir wissen alle, wie einfach es für Kinder ist, die an Alkohol oder Zigaretten herankommen wollen, sich diese Dinge auch zu beschaffen, und das trotz unseres Jugendschutzgesetzes! Wie aber kann es überhaupt dazu kommen, dass Kinder!, ich betone Kinder!, auf die Idee kommen, sich Alkohol, Zigaretten und Drogen beschaffen zu wollen? Und wieso ist es für sie so leicht, an derartige Dinge heranzukommen? Tests haben ergeben, dass die Erwachsenen sich mit den Worten herauswinden: „Ich habe gedacht, er/sie wäre schon 16/18 Jahre alt." Dabei gilt gerade in diesem Fall: Denken ist keineswegs wissen.

Hört bitte damit auf, euch darauf zu verlassen, dass die Kinder schon das richtige Alter haben. In Wahrheit ist nämlich jedes Alter das falsche, egal, zu welcher Droge gegriffen wird. Und hört bitte damit auf, zu Gunsten des Umsatzes nicht auf das Alter der Kinder zu achten. Übernehmt hier ganz klar die Verantwortung für die Kinder. Und zwar nicht nur für eure eigenen, sondern für alle Kinder, die euren Laden betreten.

Da wir gerade beim Thema Zigaretten und Alkohol sind. Noch immer besteht hierzulande eine gewisse Nachsicht dem Alkohol gegenüber. Alkohol ist in unserer Gesellschaft das Getränk Nr. 1. Zu jeder Gelegenheit wird Alkohol gereicht, und ist gerade keine Gelegenheit da, so wird kurzerhand eine erfunden, um die Berechtigung zu haben, „ein Fass aufzumachen." Angefangen vom Feierabendbierchen, Wochenendgelagen, Geburtstagen, Hochzeiten, Trauerfeiern, Weihnachten, Geschäftsabschlüssen–, alles wird hierzulande begossen, und das oft vor den Augen unserer Kinder. Wir, die Erwachsenen, sollten unseren Kindern ein Vorbild sein und sind es in diesem Fall natürlich auch. Wir machen ihnen vor, dass es anscheinend völlig normal ist, bei jeder Gelegenheit Alkohol zu trinken. Wie sonst wohl sollten Kinder auch nur auf die Idee kommen, sich selbst Alkohol zu beschaffen?

Es ist schon traurig genug, dass so viele Erwachsene zu dieser Droge greifen, noch trauriger aber ist es, mit anzusehen, wie Kinder darunter leiden, wenn ihre Eltern alkoholabhängig geworden sind. Geht hin und fragt ein Kind, das dieses Elend mit ansehen musste. Unter Alkoholeinfluss passieren oft die schlimmsten Dinge. Sei es, dass der Vater die Mutter verprügelt und die Kinder gleich dazu, sei es, dass die Mutter sich, Kinder und Haushalt vollkommen vernachlässigt, sei es, dass Missbrauch mit allen Familienmitgliedern betrieben wird und, und, und. Unter Alkoholeinfluss geschehen die abscheulichsten Dinge, und Kinder, die in solch einem Milieu leben müssen, kommen aus der Angst und der Verzweiflung nicht mehr heraus. Sie haben niemanden, dem sie sich anvertrauen können (in einem gewalttätigen Elternhaus kann kein Vertrauen wachsen), niemanden, der ihnen im positiven Sinn ein Vorbild ist. Lallende und torkelnde Eltern (oder gar gewalttätige), die nicht mehr ansprechbar sind, sind alles andere als ein Vorbild und niemand, an den sie sich in ihrer Not wenden können.

Und sie leiden große Not. Jeder Tag und jede neue Nacht lässt sie innerlich erzittern. Sie lieben ihre Eltern, sind aber, weil sie Kinder sind, macht- und hilflos. So viele Kinderseelen zerbrechen schon in jungen Jahren, weil sie sich nicht trauen, mit irgendjemandem über ihre Situation zu sprechen. Viele jugendliche Kriminelle entstammen solchen Familien, und wenn sie auffällig geworden sind, passiert etwas Merkwürdiges. Die Psychologen treten auf den Plan und tun das, was den Kindern vor Jahren geholfen hätte: Sie nehmen sie in SCHUTZ! Bezeichnenderweise ausgerechnet dann, wenn es gar keine Veranlassung mehr dazu gibt, sie zu beschützen. Denn über die Jahre hat sich das Ganze umgekehrt, und die Gesellschaft müsste inzwischen vor den Jugendlichen geschützt werden. Und so bekommen heutzutage viele kriminelle Jugendliche dank der psychologischen Gutachter das Gefühl vermittelt, dass in Wahrheit ja nur ihre „unfähigen“ Eltern daran schuld sind, dass sie auf die schiefe Bahn geraten sind. In diesen Fällen wird nur dafür gesorgt, dass (wiederum) keine Verantwortung für das eigene Tun übernommen wird.

Das, verehrte Psychologen, kann nicht das Ei des Columbus sein. Sicher stammen viele auffällig gewordene Jugendliche aus verkorksten Elternhäusern, aber das ist noch lange kein Freischein für sie, selbst gewalttätig zu werden und anderen Angst und Schrecken einzujagen. In eurer Verantwortung liegt es, genau das den Jugendlichen klarzumachen, aber nein, ihr schiebt stattdessen die Verantwortung auf das Elternhaus.

Da haben wir sie wieder, die fehlende Verantwortung. Wohin mein Auge blickt, sehe ich Bürger, die sich vor jeglicher Verantwortung drücken. Wie soll sich jemals etwas in unserer Gesellschaft verändern können, wenn nicht jeder bereit ist, Verantwortung zu übernehmen? Und wenn es nur die Verantwortung für sein eigenes Tun ist. Nun gut, wenn sogar unsere Politiker (in neuester Zeit auch unsere Banker) für all den Bockmist, den sie verzapfen, nicht zur Verantwortung gezogen werden, wieso sollte sich der kleine Mann dazu aufgerufen fühlen? Unsere Gesellschaft hat sich nicht gerade zu einer Vorzeigegesellschaft entwickelt. Und unsere Politiker spiegeln uns nur im Außen wider, woran es uns, also der Gesellschaft, im Inneren mangelt: an Verantwortung.

So, wie wir unseren Kindern nicht mehr die Beachtung schenken, die sie so nötig bräuchten, so gehen unsere Politiker weltweit über ganze Völker hinweg. Auch sie fragen nicht, was das Volk sich wünschen würde, sondern verlangen einfach nur immer mehr von uns. Dabei sollten sie zu unserem Wohl entscheiden, und nicht wir zum Wohl der Politiker.

Auch wir verlangen von unseren Kindern, dass sie, uns entsprechend, einfach nur mitlaufen, was dazu führt, dass sie viel zu früh erwachsen werden. Politiker sehen in erster Linie nur sich selbst und die Macht, die sie behalten wollen. Viele (wohlgemerkt, Gott sei Dank längst nicht alle) Eltern von heute sehen ebenfalls nur noch sich selbst. Oft bringt das die immer größere Verarmung mit sich, aber genau so oft geschieht es, dass Eltern mit aller Macht ihr gewohntes Leben beibehalten wollen. Den Kindern bleibt nichts anderes übrig, als sich den Umständen anzupassen. So, wie wir zähneknirschend jeden neuen unsinnigen Beschluss unserer Politiker hinnehmen müssen.

Wie ihr seht, ist die Politik ein wunderbarer Spiegel unserer Gesellschaft. So, wie die Politiker am Wohl des Volkes vorbeiregieren, sind sich viele Eltern ihrer Verantwortung ihren Kindern gegenüber nicht mehr bewusst. Zu einem Kind JA zu sagen bedeutet, sein eigenes Leben zumindest für eine Zeit lang dem Kind anzupassen.

*Erinnert euch, ihr unsere über alles geliebte Wesen, an jedem Tag eures Lebens des Gefühls, wie es war, euer Kind das erste Mal in den Armen zu halten! Das ist für alle Mütter und Väter ein ganz besonderer Augenblick. Aber auch für euer Kind. Für eine kurze Weile öffnet sich buchstäblich der Himmel, und eure Seelen verbringen viel Zeit damit, sich auszutauschen. Für alle ist es ein unbeschreibliches Gefühl, weil ihr in dieser Zeit dem Himmel so nahe seid. Ihr seid jedes Mal ergriffen von dem, wie ihr es nennt, Wunder des Lebens. Und das ist es auch. Ihr bekommt alle in diesem Augenblick einen Hauch von der Ewigkeit zu spüren.*

*Eure Kinder kommen aus unserer Welt, genauso, wie ihr einstmals herabgestiegen seid, und bringen euch die Schwingung unserer Welt mit, weshalb dieses Ereignis etwas so Besonderes ist.*

*Erinnert euch jeden Tag daran, wie es war, euer Kind zum ersten Mal in den Armen zu halten! Wenn ihr das tut, wird euer Beschützerinstinkt nie versiegen. Ihr werdet mit allen euren Kräften dafür sorgen, dass eurem Kind nichts geschehen wird, das ihm schaden könnte. Wenn ihr euch immer wieder vor Augen führt, dass eure Kinder unter eurem Schutz stehen, kommt die verlorengegangene Verantwortung von alleine zu euch zurück.*

*Seht, egal, ob ihr ein Kind oder mehrere habt, sie alle haben sich voller Vertrauen in eure Hände begeben. Missbraucht nicht das Vertrauen dieser Seelen, indem ihr sie sich selbst überlasst. Hütet sie wie euren Augapfel. Begleitet sie in und durch alle Lebensphasen, habt Achtung und auch Dankbarkeit in eurem Herzen für dieses Geschenk.*

*Wisst, dass euch mit jedem Kind ein Schatz gegeben wird. Hütet eure Schätze, indem ihr eure Kinder liebevoll und mit voller Aufmerksamkeit zu irdischen Schätzen erzieht. Eure Kinder leben nur für eine kurze Weile bei euch, seid ihnen in dieser Zeit die Stütze, die sie brauchen, um glänzende Juwelen zu werden. Wir sehen so viele Jugendliche und Kinder, die teils aus Verzweiflung, teils, weil sie nicht anders können, straffällig werden. Gibt es etwas Schlimmeres als Kinder, die mit eurem Gesetzt in Konflikt kommen, nur weil die Umstände sie dazu zwingen?*

*Wir sehen, dass gesellschaftlich vieles im Argen liegt und ihr dadurch selbst schwere, fast unlösbare Probleme habt, was uns veranlasst, euch zu sagen, dass eure gesellschaftliche Struktur einer völligen Überholung bedarf.*

*Vieles von dem Elend liegt an der Struktur eurer Gesellschaft. So sind eure Politiker dazu aufgerufen, ein jeder für sich im eigenen Land, sich endlich dem schwächsten Glied der Kette zu widmen: euren Kindern! Und euren Familien! Die Macht, die ein Politiker in seinen Händen hält, lässt ihn den Blick für das Wesentliche nicht mehr erkennen. Je länger ein Politiker an der Macht ist, umso mehr verlagert sich sein Blick. Somit verlieren alle Politiker über kurz oder lang die Bodenhaftung, was dazu führt, dass gesellschaftliche Strukturen und Strömungen nicht mehr wahrgenommen werden und ihr alle euch im Stich gelassen fühlt.*

*Und so ist es auch. Eure Politiker denken schon lange nicht mehr an euch und euer Wohl, trotzdem verlasst ihr euch immer noch auf sie. Wohin eurer blindes Verlassen geführt hat, spürt ihr jetzt alle. Aber am schlimmsten betroffen sind eure Kinder, unsere Perlen.*

*Sie bekommen die unsinnigen Beschlüsse eurer Politiker als Este zu spüren. Es gibt keinen wirklichen Schutz für eure Kinder, so gibt es auch bis heute keinen Beschluss, dass da, wo Kinder leben, Eltern automatisch von der Gesellschaft in der sie leben, solange unterstützt werden, wie Kinder mit allem, was sie brauchen, bei ihnen aufwachsen und leben. Sei es, dass immer genug Geld vorhanden ist, sei es, dass für das Wohl der Seelen gesorgt wird. Wir sehen, dass der Trend zum Alleinerziehen immer größer und damit für diejenigen, die alleineerziehen müssen, die Last immer erdrückender wird. Und wir bitten euch, endlich eure Augen zu öffnen.*

*So sehen wir mit Traurigkeit, dass viele Kinder mit anderen Kindern, denen es (noch) besser geht, nicht mehr mithalten können. Wir sehen viele alleinerziehende Eltern, die vor Kummer und Sorgen nicht mehr in den Schlaf kommen.*

*Gerade aber Kinder wollen dazugehören und nicht im Abseits stehen. Sich ärmer zu fühlen als andere trägt nicht dazu bei, ein Kinderherz zu erhellen.*

*Kinder, die mit nur einem Elternteil groß werden, fühlen sich sowieso schon ärmer als andere. Lasst sie nicht auch noch an Leib und Seele verarmen.*

*Lasst euch sagen, dass wir auch hier um einen Wandel bitten.*

*Öffnet eure Augen! Und seht, worauf es wirklich ankommt.*

*Eure Gesellschaft muss damit aufhören, sich über das HABEN zu definieren. Es kommt nicht darauf an, wie viel ein Mensch besitzt, sondern darauf, was er IST. Ihr wer-*

*det eure Politiker nicht ändern, aber ihr könnt euch und euer Denken ändern. Ihr alle HABT ein LEBEN. Dies ist ein göttliches Geschenk. Ihr alle, ein jeder von euch, hat seine ureigene Begabung, ihr alle seid Kinder unseres Vaters im Himmel. Vor ihm seid ihr alle gleich wertvoll.*

*Verabschiedet euch von dem Gedanken, dass es auch nur einen Menschen gibt, der besser ist als ihr. Nur weil jemand eine Yacht oder eine Luxusvilla besitzt, ist er noch lange nicht besser. Erinnert euch der wahren Werte und vermittelt diese euren Kindern. Stärkt sie von innen heraus. Das einzige HABEN eines jeden Menschen und sein größter Schatz ist das LEBEN.*

*Manch' einer mag sich fragen, warum er sich gerade in eurer Zeit inkarniert hat. In einer Zeit, wo die Armut unaufhaltsam um sich greift. Versteht, dass ihr genau zu diesem Zeitpunkt hier sein wolltet!*

*Diese Zeit, und wir versichern euch, dass sie gerade erst begonnen hat, hilft euch, euch an die wahren Werte zu erinnern.*

*Schon einmal sprachen wir davon, erinnert euch wieder der Gemeinschaft, niemand ist dazu verdammt, mutterseelenallein diese schwere Zeit durchzustehen.*

*Wenn eure Politiker keine Verantwortung mehr für euch übernehmen, so erkennt die Botschaft dahinter. Ihr alle seid aufgerufen, sie selbst in die Hand zu nehmen.*

*Ihr habt ein schönes Sprichwort: Hilf dir selbst, so hilft dir GOTT. Und darum möchten wir euch bitten: Helft euch selbst, indem ihr alle euer inneres Licht, das GOTTES Licht ist, erstrahlen lasst und aufeinander zugeht. Über-*

*denkt eure festgefahrenen Gesellschaftsstrukturen und entscheidet aus eurem Herzen heraus. Politiker sind auch nur Menschen. Warum lasst ihr euch von anderen Menschen führen, wo ihr doch alle selbst eine innere Führung besitzt?*

*Wir sehen, dass viele von euch noch nicht bereit sind, die Verantwortung für sich selbst zu übernehmen. Auch sind viele von euch noch viel zu sehr in ihrem alten Muster verhaftet. Und so mögen sich einige fragen: Wie soll das gehen, was soll werden, wenn wir die alte Struktur aufbrechen, was soll werden, wenn es keine Politiker mehr geben wird? Wir sagen euch, diese Zeit wird dennoch kommen. Dann nämlich, wenn alle Menschen erkannt haben, dass Geld und die daraus erwachsene Wirtschaft etwas völlig Unwichtiges ist, dass es albern ist, für ein Stück von Mutter Erde Geld bezahlen zu müssen, das sie freiwillig vor eure Füße legt, oder gar für lebensnotwendige Dinge wie Wasser und Wärme bezahlen zu müssen. Das ist nicht der Plan unseres Vaters im Himmel gewesen. Aber Dank eures freien Willens habt ihr angefangen, Handel zu treiben und euch dem Geld auszuliefern.*

*Die, die zwischen den Welten vermittelt"* (Anmerkung: Die Geistige Welt spricht mich mit meinem indianischen Namen aus meinen Vorleben an) *hat schon in jungen Jahren erkannt, dass Geld die Ursache allen Übels ist und hat es treffend, wenn auch nicht gerade schmeichelhaft, so ausgedrückt: „Derjenige, der das Geld erfunden hat, gehört noch im Nachhinein erschlagen." Da wir wissen, wie sie das meinte, und da sie damals noch sehr jung war, nehmen wir ihr das nicht übel. Sie hat ganz klar erkannt, dass die Jagd nach dem Geld zu Abhängigkeit und in eine völlig falsche Richtung geführt hat.*

*Eure Gesellschaft orientiert sich an Äußerlichkeiten, was zwangsläufig zur Abhängigkeit geführt hat. Die jetzt hereinkommenden Zeiten des, wie ihr sagen würdet, Mangels sind in Wahrheit kein Mangel. Ihr tut gut daran, das zu erkennen, denn ihr werdet nur von unnötigem Ballast befreit, was euch den Blick für das Wesentliche, für das, was wirklich zählt, gewährt: die LIEBE.*

*Versteht, dass nur die Liebe in der Lage ist, euch glücklich zu machen. Das gleiche gilt für eure Kinder. Alles, was sie wollen, ist eure Liebe, und diese uneingeschränkt. Kinder, die aus ganzen Herzen geliebt werden, können noch so „arm“ sein, sie kennen dennoch ihren Wert.*

*Öffnet also eure Herzen für die Liebe und lasst Altes getrost gehen. Unser Vater und wir werden schon dafür sorgen, dass keines unsere Lichter (Seelen) vor Kummer ausgeht. Es sei denn, ihr wählt es so.*

*So lasst zu, dass ihr von einer Kraft geliebt werdet, die unermesslich ist. Verabschiedet euch von euren Strukturen und Gesetzen, geht aufeinander zu und nehmt so bereitwillig die neue Eigenverantwortung an.*

*Ihr habt noch so ein wundervolles Sprichwort: „Wer sich auf andere verlässt, der ist verlassen.“ Spürt ihr, was wir damit sagen wollen? Zu sehr und zu lange habt ihr euch auf andere verlassen. In vergangenen Zeiten haben andere eure Söhne in Kriege geschickt und euch damit unendliches Leid angetan. Hunger, Krankheit, Schrecken und Elend ist so über viele Menschen gekommen.*

*Heute greifen andere in eure Geldbörse, ja, sogar in eure ureigene Privatsphäre, und stürzen euch auf diese Weise ins Unglück.*

*Lasst es doch einfach nicht mehr zu, dass andere über euch bestimmen. Erkennt, dass dies eine unhaltbare Situation ist. Nicht einmal unser Vater im Himmel bestimmt über euch. Im Gegenteil, ER schenkte euch euren freien Willen, warum werft ihr diesen freien Willen einfach so weg?*

*Ihr alle tragt unendliche Macht in euch, jeder Einzelne. So habt ihr auch die Macht, Dinge zu verändern. Und wenn ihr es nicht für euch tun wollt, so doch für unsere Perlen, für eure Kinder! Auf dass sie auf Erden das sein dürfen, was sie sind: GOTTES Geschöpfe, die sich dessen voll und ganz bewusst sind.*

*Wenn jedes Kind in seinem Herzen die Sicherheit trägt, ein göttliches Wesen zu sein, das nicht nur von uns und unserem Vater unendlich geliebt wird, sondern auch von seinen Eltern und der Gemeinschaft, in der es lebt, so wird daraus später ein wahrhaft leuchtender Erwachsener, der dazu beiträgt, aus sich selbst heraus die Welt zu erhellen. Und Dinge wie Drogen oder Kriminalität oder Missbrauch der Liebe verschwinden gänzlich von der Erde.*

Sicherlich wird es noch einige Zeit dauern, bis wir diese hier beschriebenen, paradiesischen Zustände bekommen. Aber wenn wir alle anfangen, JETZT und HIER umzudenken, dann erreichen wir, dass die Welt wieder das wird, was sie einmal war: ein Ort zum Wohlfühlen. Um dieses Ziel zu erreichen, müssen wir bei denen ansetzen, die später die Zukunft der Welt gestalten werden: unseren Kindern.

Die Geistige Welt sprach in der vorangegangen Botschaft von der inneren Stärkung unserer Kinder. Es ist abzusehen, dass der Tiefpunkt der allgemeinen Verarmung noch lange nicht erreicht ist, und so ist es unendlich wichtig, jetzt schon zu wissen, wie wir mit ihr umgehen sollten.

Tatsächlich leben wir in einer Gesellschaft, die sich innerhalb kürzester Zeit an Äußerlichkeiten umorientiert hat. „Schuld" daran sind unsere vorangegangenen Generationen, die durch Kriege und den damit einhergehenden Entbehrungen das Ziel hatten, es möge ihnen und ihren Kindern einmal besser gehen.

Zwar wurde wirklich hart für sein Geld gearbeitet, aber es wurde sich auch einiges dafür gegönnt. Die ersten Urlaubsreisen (vorzugsweise nach Italien) wurden unternommen, und auch die ersten Zweitwagen standen vor so manchem Haus. Fast zeitgleich begann die Emanzipation der Frau, und viele Frauen wollten nicht mehr das Heimchen am Herd sein. So kam es, dass es schon in den Sechzigerjahren die ersten sogenannten Schlüsselkinder gab. Für mich waren das damals bestaunenswerte Wunderkinder. In meinen jugendlichen Augen hatten sie unverschämtes Glück. Nämlich frei zu sein. Sie standen nicht unter der ständigen Beobachtung ihrer Mütter, denn die waren ja arbeiten. Das müsste doch himmlisch sein, endlich einmal etwas tun und lassen zu dürfen, ohne dass ein Erwachsener da war und einen ausbremste.

Ja, so dachte ich als Jugendliche. Wie viel Glück ich damit hatte, eine Mutter zu haben, die immer für uns Kinder erreichbar war, sollte sich mir erst später erschließen. Denn wenn ich so zurückdenke, konnten wir Kinder mit allen unseren Ängsten, Sorgen und Nöten, aber auch mit unserer Freude jederzeit zu unserer Mutter gehen und uns mitteilen. Wir brauchten nicht sehnsüchtig darauf warten, dass sie nach Hause kam, um alles loszuwerden, sie war immer und sofort für uns da.

Während damals die sogenannten Schlüsselkinder eher zu den Ausnahmen zählten, ist es heute eine Ausnahme, wenn Mütter sich dafür entscheiden, zu Hause zu bleiben. Zwar nutzen viele die Babypause und nehmen sich ein Jahr lang eine Auszeit vom Beruf, aber dennoch versuchen viele Frauen, wieder in ihren Beruf reinzukommen, und wenn das nicht klappt, wird nach anderen beruflichen Möglichkeiten gesucht. Dabei ist es so, dass viele Mütter in Wahrheit viel lieber zu Hause bei ihrem Kind oder ihren Kindern bleiben würden, aber die Wirtschaftslage erfordert es, dass beide Elternteile arbeiten gehen müssen.

Eine Familie ist tatsächlich auch ein Wirtschaftsunternehmen, wenn auch nur ein kleines. Und so ist der Hinweis der Geistigen Welt, dass Familien mit Kindern einen gesellschaftlichen Anspruch auf Hilfe jeder Art bekommen sollten, so verkehrt nicht.

Seien wir mal ehrlich, allein vom Kindergeld kann man unmöglich einem Kind alles geben, was es braucht. Wir wissen alle, was anständige Bekleidung kostet, und wir wissen alle, was Nahrungsmittel inzwischen kosten. Nicht zu vergessen die Kindergartengebühren, Schulbücher und die Unternehmungen, die von den Schulen angeboten werden, die aber wiederum die Eltern eine Stange Geld kosten.

Gerade Kinder, die ein Recht auf ausgewogene Ernährung haben sollten, bekommen diese oft nicht, weil das Geld hinten und vorne nicht reicht. Und gerade Eltern, deren Kinder doch so schnell aus allem herauswachsen, sollten die Mittel gegeben werden, sie ihren Größen angemessen einkleiden zu können. Da ist tatsächlich ein Umdenken gefragt.

Aber leider gibt es auch den umgekehrten Fall. Nämlich, dass das bisschen Geld, das zur Verfügung steht, für nutzlose Dinge wie Spielkonsolen für PCs usw. ausgegeben wird. Noch schlimmer, lieber wird dafür gesorgt, dass Eltern wenigstens ihre Zigaretten und ihren Alkohol bekommen, als dass ihre Kinder etwas Vernünftiges auf dem Tisch haben. Auch das gibt es.

Wir dürfen nicht vergessen, dass unsere Gesellschaft sich immer mehr auf die Habenseite verlagert hat, und so gilt es heute, dieses Haben zu erhalten. Und das auf Kosten der Kinder. Das kann und darf so nicht sein. Schon allein deswegen müsste es einen **echten** Familienschutz geben.

Unsere Politiker reden ja immer viel von der Familie, aber wirklich unterstützt wird keine. Das, was sie bereit sind zuzuschießen, reicht für unsere Kinder nicht aus. Wie sagt man so schön? Es ist zum Sterben zu viel und zum Leben zu wenig. Und damit meine ich nicht nur die finanzielle Lage vieler Familien.

☆☆☆☆☆

# Zuwendung

Vielen Kindern fehlt es am Wesentlichen, an der richtigen Zuwendung nämlich. Wie sollen Kinder etwas über Werte erfahren, wenn niemand da ist, der sie ihnen vermittelt? Viele Eltern und Pädagogen fühlen sich nicht mehr in der Lage, Kinder auf den richtigen Weg zu bringen. Zwar werden Kinder mit allen materiellen Dingen überhäuft (dort, wo es der Finanzhaushalt noch zulässt), aber alles das hat in Wahrheit kein Gewicht. Kinder brauchen innere Werte, um so Halt in unserer Welt zu finden. Instinktiv spüren sie, dass ihr überladenes Kinderzimmer keinen Pfifferling wert ist, weswegen sie auch nur allzu schnell jegliches Interesse daran verlieren. Stattdessen begeben sie sich auf die Suche und fallen (logischerweise) viel zu früh in die Erwachsenenwelt ein.

Und diese Welt? Lässt sie unsere Kinder das finden, was sie suchen? Liebe und Geborgenheit nämlich? Mitnichten. Wir wissen alle, dass die Erwachsenenwelt oft keine schöne ist. Hektik, Stress, Existenzsorgen, Arbeit, Beziehungskrisen usw. bestimmen unseren Alltag. Und dort, wo Krankheit in Form von Alkoholismus herrscht, ist wahrhaftig nichts Wertvolles für unsere Kinder zu finden.

Wir müssen verstehen lernen, dass wir immer noch Vorbilder für unsere Kinder sind. Sie orientieren sich nach wie vor an uns. Somit muss hier ganz klar gesagt werden: Wenn Kinder schon sehr früh abrutschen oder in irgendeiner Form auffällig werden, dann hat es immer auch etwas mit uns zu tun. Und wenn es nur daran liegt, dass wir ihnen aus Zeitmangel nicht die nötige Zuwendung geben können, die sie so nötig brauchen.

Wahrscheinlich würde man mich für das, was ich gleich sage, steinigen, sofern es diese Art von Strafe noch geben würde. Aber ich vertrete und vertrat schon immer die Meinung, dass Mütter zu ihren Kindern gehören. Tatsächlich höre ich einen Aufschrei durch unser Land gehen... dennoch bleibe ich bei meiner Meinung. Wobei es mir letztendlich nicht allein auf die Mütter ankommt, es können selbstverständlich auch die Väter zu Hause bleiben. Hauptsache, unsere Kinder haben eine feste Bezugsperson. Darauf kommt es mir an. Denn, wie wollen wir die Entwicklung unserer Kinder im Auge behalten, wenn wir nie da sind?

Die Geistige Welt sprach in einer vorherigen Botschaft davon, dass Kinder mit einem Garten zu vergleichen sind. Wenn wir unseren Garten nur brachliegen lassen und uns zu wenig um ihn kümmern, müssen wir uns nicht wundern, wenn er verwildert. Auf diese Weise wird jedem Garten seine Schönheit genommen. Vernachlässigung und fehlende Zuwendung sind also das reinste Gift für unsere Kinder.

Ich persönlich finde es sehr traurig, dass es unzählige alleinerziehende Mütter und Väter gibt, die von der Gesellschaft so gut wie keine Unterstützung bekommen und deswegen zusätzlich gleich mehrere Jobs annehmen müssen, damit sie sich und ihre Kinder über Wasser halten können. Wie viele Alleinerziehende arbeiten sich so an den Rand der Erschöpfung. Somit hat die Geistige Welt vollkommen recht, wenn sie sagt, dass unsere gesamte Gesellschaftsstruktur eines Wandels bedarf. Ich stimme ihr ebenfalls vollkommen darin zu, wenn sie sagt, dass gerade Eltern die bestmögliche Unterstützung jeder Art erfahren sollten. Ganz besonders Alleinerziehende. Sie vollbringen manchmal schier Unglaubliches und fühlen sich zu Recht von unserer Gesellschaft in Stich gelassen.

Eltern wie Kinder leiden unter fehlender Zuwendung. Viele Eltern von heute haben als Kinder schon keine Zuwendung mehr erfahren, wie sollten sie also in der Lage sein, ihren Kindern Zuwendung zu geben? Das wirklich Fatale aber daran ist, es fällt kaum noch jemandem auf, dass etwas im Argen liegt. So kann ich mir durchaus vorstellen, viele Eltern und die, die es werden wollen, werden über meine Denkanstöße empört sein. Nun, das kann ich verkraften, denn ich weiß, dass sie aus Unwissenheit so reagieren. Sie vermissen ja nichts und denken tatsächlich, dass sie ihren Kindern alles angedeihen lassen, was sie doch selbst so kennen gelernt haben. Das muss doch richtig sein, nicht wahr?

Nun, wenn es denn so richtig wäre, gäbe es die Alarmzeichen nicht: Anstatt sich unsere Gesellschaft die Zeit nimmt und einmal genauer hinschaut, stöhnt sie zwar über die Kriminalität der Jugendlichen, schüttelt den Kopf über die Art, wie Jugendliche sich ins Koma saufen (Entschuldigung, aber ein anderes Wort gibt es dafür nicht), lamentiert, wenn ihre Töchter schon mit dreizehn Jahren schwanger werden, schleppt ihre Kinder von einem Therapeuten zum anderen, weil sie auffällig sind, aber fragt sich nicht, WOHER das alles kommt.

In Wahrheit ist unsere Gesellschaft krank, nicht unsere Kinder. Sie werden nur in eine kranke Gesellschaft hineingeboren und müssen auf ihre Weise damit fertig werden. So lautet die erste Regel, um das Ruder noch herumzureißen: Nehmt euch eurer Kinder an. Gebt ihnen die Zuwendung, die sie brauchen. Aber, und das erscheint mir sehr wichtig, geht dabei aus eurer Isolation heraus. Wendet euch auch anderen zu. Wie wir ja schon gehört haben, sind unsere Politiker alles andere als bodenständig. Sie haben den Sinn für die Realität schon längst verloren. Wir aber, wir leben in dieser Realität. Und WIR sind es, worauf es ankommt. Nicht einige wenige Grauröcke.

Wenn wir anfangen, uns anderen zuzuwenden, werden wir feststellen, dass viele das gleiche Los haben. Was liegt näher, als sich gegenseitig zu unterstützen? Sich gegenseitig zu helfen? Ihr werdet sehen, wenn ihr damit anfangt, euch anderen zuzuwenden, wird das Leben erheblich einfacher für euch. Erinnert euch daran, dass die Geistige Welt empfahl, die Gemeinschaft wieder zu entdecken. Das ist meiner Meinung auch der einzige Weg, die jetzige Struktur der Gesellschaft aufzubrechen.

Es braucht keine prophetischen Gaben, um jetzt schon sagen zu können, dass sämtliche Wirtschaftssysteme den Bach runtergehen werden. Die Hände in den Schoß zu legen und darauf zu hoffen, dass in letzter Sekunde doch noch Rettung naht, wäre das Allerdümmste, was man tun sollte. Wollt ihr sehenden Auges dabei stehen und eure Kinder ins Unglück rennen lassen? Was für eine Welt hinterlasst ihr ihnen? Eine Welt voller Duckmäuser?

Entschuldigung, das hatten wir schon. Man denke da nur an das finstere Mittelalter. Früher waren es die Lehnsherren, Fürsten oder Könige, die ein ganzes Volk knechteten, heute heißen sie Politiker...

So viel Kummer, Leid und Missbrauch könnten vermieden werden, wenn wir besser hinschauen würden. Das gleiche gilt für unsere Kinder. Würden wir uns ihnen zuwenden und ihnen damit unsere ganze Aufmerksamkeit schenken, würden wir sofort „ungute“ Veränderungen wahrnehmen. Deswegen ist es so wichtig, dass Kinder wenigstens eine feste Bezugsperson haben. Bezeichnenderweise müssen das nicht einmal Mütter oder Väter sein, obwohl es der Idealzustand wäre. Wichtig ist letztlich nur, dass Kinder beständig einen Menschen um sich haben, der immer für sie da ist, wenn sie jemanden brauchen. Sie sollten nicht darauf warten müssen, bis die Eltern abends nach Hause kommen, um ihre Seelen von kindlichem Druck zu befreien, zumal die Eltern in der Regel nach ihrem Arbeitstag selbst so fertig sind, dass sie gar nicht mehr richtig zuhören können. Kinder haben ein Recht darauf, wenigstens eine Bezugsperson ständig um sich zu haben.

Kinder in die Welt zu setzen und sich dann nicht oder kaum um sie zu kümmern, lässt mich fragen, wozu man sich überhaupt für ein Kind entschieden hat. Wer nicht bereit ist, sein Leben für ein Kind zu ändern, der sollte sich dreimal überlegen, ob er diesen Schritt gehen will oder nicht. Kinder sind nämlich keine Gegenstände, die man sich anschafft, um sie dann achtlos liegenzulassen. Kinder sind zarte Wesen, die nun einmal nicht anders können, als sich an ihren Eltern zu orientieren. Kinder brauchen uns! Und das von ihrem ersten Atemzug an.

Kein Wunder, dass die Geistige Welt uns rät, uns immer daran zu erinnern, wie es war, als wir unser Kind das erste Mal in den Armen halten durften. Wir sollten versuchen, uns diese Glückseligkeit zu erhalten.

Ich bin realistisch genug, um zu wissen, dass das mit Sicherheit nicht für alle Zeiten funktioniert. Kein Mensch ist in der Lage, ständig und immerzu in diesem Zustand zu schweben. Aber wir können eins machen: Wir können unsere Liebe zum Kind aufrechterhalten. Je mehr Liebe wir ihm geben, umso glücklicher wird unser Kind.

Niemals sollten wir vergessen, dass wir alle aus der Liebe kommen und gerade unsere Kleinsten sich nach Liebe sehnen, denn sie bringen das Bewusstsein für diese Liebe noch mit. Liebe und Zuwendung ist EINS. Allem, was wir lieben, wenden wir uns auch mit ganzem Herzen zu.

*Wisst, geliebte Wesen, dass unsere Perlen euch nötig brauchen. Sie kommen als schutzlose Wesen zu euch und liefern sich voller Vertrauen aus. Missbraucht ihr Vertrauen nicht, indem ihr sie sich selbst überlasst.*

*Wie sollen sie jemals zwischen „Gut“ und „Böse“ unterscheiden lernen, wenn es ihnen niemand mehr sagt? Wer bringt ihnen die Werte bei, auf die es ankommt? Wie sollen sie mit allen ihren Sorgen fertig werden, wenn keine Arme zur Stelle sind, die sie auffangen, und keine Ohren, um hinzuhören?*

*Wisst, dass unsere Perlen eine ausgeprägte Phantasie haben, und wisst auch, dass ihr kindliches Bewusstsein anders als das eurige ist.*

*Keiner von euch sollte jemals kindliche Sorgen und Nöte belächeln oder sie nicht hören wollen. Eure Kinder, unsere wunderbaren Perlen, sollten zu jeder Zeit einen von euch zur Verfügung haben. Wir sehen, dass es oft nicht möglich ist, weil die Umstände eures Lebens das nicht zulassen. Wenn dem so ist, versucht, eure Kinder in feste Hände zu geben. Sei es, dass ihr sie für den Zeitraum eurer Abwesenheit zu den Großeltern gebt oder ihr eine zuverlässige Vertrauensperson für sie findet.*

*Wir sehen, dass in manchen Familien der Überlebenskampf so groß ist, dass für die Kinder kaum noch Zeit da ist und somit jegliche Zuwendung entfällt. Noch einmal erinnern wir hier daran, dass eure Gesellschaftsstruktur verändert werden muss. Dort, wo Kinder leben, sollte es keinen Kampf ums Überleben geben. Versteht, dass dieser Überlebenskampf die Ursache für viele Verbrechen ist. Verbrechen an Kindern, die, daraus resultierend, später selbst Verbrechen begehen.*

*Wir bitten euch, werft einmal nur einen einzigen wachen Blick auf eure sogenannten sozialen Brennpunkte. Wir sehen dort Menschen, die am Rand eurer Gesellschaft leben. Ausgestoßen, einsam und sich selbst überlassen. Vor unserem Vater im Himmel sind alle Menschen gleich.*

*Für IHN spielt es keine Rolle, ob jemand arm oder reich, klug oder, wie ihr es nennt, dumm ist. Er liebt alle Seelen.*

*Wir verlangen nicht von euch, dass ihr diejenigen, die am Rand eurer Gesellschaft leben, lieben sollt, aber wir bitten euch, genau hinzusehen.*

*Es liegt nun einmal in der Natur des Menschen, dass er alles, was er nicht haben möchte, ablegt. So hat eure Gesellschaft den vermeintlich sozial Schwachen einen Bereich zugeteilt, weg von ihr. Dort wuchern diese Brennpunkte wie Krebszellen, jederzeit bereit zu explodieren. Und sie werden explodieren. In dem Raum, den ihr ihnen zugeteilt habt, tun sie das schon. Dort ist Gewalt an der Tagesordnung. Ihr seid entsetzt, wenn ihr über die Medien von Dingen wie sexuellem Missbrauch an Kindern oder tödlich verlaufenden Alkohol- oder Drogenexzessen erfahrt, dabei solltet ihr froh sein, dass sich das alles immer noch größtenteils weit von euch entfernt abspielt.*

*Wenn ihr nicht rechtzeitig aufwacht, wird eine Zeit kommen, wo sich die Ärmsten der Armen gegen euch auflehnen. Und dabei wollen sie alle nur das Eine: Wie ihr, wollen sie in Würde leben dürfen. Viele von ihnen leben so würdelos, dass sie gar nicht anders können, als darüber in Wut zu geraten.*

*Alles Schreckliche, worüber ihr euch entsetzt, sind nur unterschiedliche Ausdrucksformen der inneren Verletztheit dieser Seelen. Bezeichnenderweise leben genau dort weitaus mehr Kinder als unter euch. Diese Kinder werden auch einmal erwachsen sein, was meint ihr, wohin das führt?*

*Somit ist ein Wandel in eurer Gesellschaft dringend erforderlich. Versteht, dass alles, was um euch geschieht, immer nur das widerspiegelt, was in euch selbst vorgeht. So ist jeder von euch in Wahrheit genauso aus der Gesellschaft ausgestoßen, wie es eure Ärmsten sind. Es ist euch nur noch nicht bewusst. Jeder von euch ist eine Insel, so auch eure Kinder. Lasst sie nicht vereinsamen. Es löscht das Licht ihrer Seelen.*

☆☆☆☆☆

# Missbrauch auf unterschiedlichen Ebenen

Hier nun komme ich zu einem Thema, das schrecklichste überhaupt: der Missbrauch an unseren Kindern.

Die Geistige Welt hat mir zu verstehen gegeben, dass alle Fälle von öffentlich gewordenem Missbrauch an Kindern nur die Spitze des Eisbergs sind. Unendlich viele Kinder leiden Tag für Tag unter der Macht und der Ohnmacht der Erwachsenen in ihrem Umfeld. Auch erklärte die Geistige Welt mir, dass Missbrauch auf weit mehr Ebenen liegt, als wir alle annehmen. Wir horchen immer nur dann auf, wenn eines dieser Kinderschicksale aufgedeckt wird, aber fallen uns die alltäglichen Missstände auf? Wie reagieren wir, wenn wir sehen, dass Kinder auf der Straße von ihren Müttern (tatsächlich sind es vermehrt die Mütter) angebrüllt, geschüttelt oder gar geschlagen werden? Reagieren wir, wenn wir hautnah mitbekommen, dass Kinder in ihrem Wesen unterdrückt werden? Reagieren wir darauf, dass unsere Kinder mit Stress überhäuft werden? Was sagen wir zu dem Leistungsdruck, dem schon unsere Kleinsten ausgesetzt werden?

Neulich sah ich in einer Talkshow ein Ehepaar, das Werbung in eigener Sache, nämlich für ihren ins Leben gerufenen Elite-Kindergarten namens „Little Giants“ machte. Angeblich hatten sie erkannt, dass schon die Kleinsten ach so lernbegierig wären. Ganz freiwillig würden die Kleinsten der Kleinen bei allen „Angeboten“ mit Spaß und

Freude mitmachen. Selbstverständlich ist der geringste Anspruch an die Kleinen, dass sie zweisprachig betreut werden. Drei-, viersprachig wäre wünschenswert. Und ebenso selbstverständlich würden alle Kinder spielerisch an das Wissen herangeführt – und die Kinder alles „freiwillig“ mitmachen würden. Nun, das ist kein Kunststück, wo doch die Kleinsten dieses Kindergartens noch nicht einmal sprechen können...

Die anderen Kinder haben ebenfalls keine Wahl. Sie passen sich also nur gezwungenermaßen widerspruchslos den Umständen an, wie dann der eingespielte Film auch beeindruckend zeigte. Die Kinder waren alles andere als freiwillig bei der Sache.

Die zentrale Frage ist doch: WIE ist es nur möglich? Woran liegt es, dass wir gar nicht merken, was mit unseren Kindern gemacht wird? Woran liegt es, dass Kinder so gar keine Lobby haben? Zwar wird viel von Kinderschutz geredet, aber dabei bleibt es auch in vielen Fällen. So ist auch unser Schulsystem zu etwas herangewachsen, das Kindern nur noch Stress bereitet. Kinder einem trockenen Lernprogramm auszusetzen, dass ihnen nur noch die Köpfe rauchen, erstickt im Keim die natürliche Wissbegier eines Kindes.

Auch hier komme ich mit einem aktuellen Beispiel.

Fast jeder kennt die Sendung von Cordula Stratmann „Das weiß doch jedes Kind“. Diese Sendung zeigt uns allen deutlich, dass das, was unsere Kinder in den Schulen lernen, in Wahrheit keinen Pfifferling wert ist. Denn wäre es ein Wissen, das für uns alle von Wichtigkeit wäre, wüssten auch die Erwachsenen noch darum. Zudem haben viele Erwachsene noch einen ganz anderen Lehrstoff hinter sich gebracht, sodass von vornherein ein Ungleichgewicht zwischen den Kontrahenten herrscht und dieser Wettbewerb vollkommen indiskutabel ist. Aber gut, zum Thema Schule wird sich die Geistige Welt später noch Wort zu melden.

Kehren wir zurück zu der Frage, wie es möglich ist, auf so vielen Ebenen Missbrauch an Kindern auszuüben?

Nun, diese Frage ist ganz einfach zu beantworten. Es ist uns überhaupt nicht bewusst, dass es sich hier um Missbrauch handelt. Kaum einer erkennt, dass in einem Kind eine ausgereifte Persönlichkeit steckt. Wir sehen einfach nicht den „harten" Kern in diesen zarten Wesen. Damit meine ich, jedes Kind ist vom ersten Atemzug an eine eigenständige Persönlichkeit.

Anstatt nun herausfinden zu wollen, WER in Gestalt eines Kindes zu uns gekommen ist, fangen wir an, das Kind nicht so anzunehmen, wie es ist, sondern formen es nach unserer Lebensanschauung und unserem Lebensstil um. Was übrigens nichts mit Erziehung zu tun hat, im Gegenteil. Nicht das Kind sollte sich uns, sondern wir sollten uns unseren Kindern anpassen! Das ist schon mal der **erste Missbrauch**. Und das geschieht nur, weil wir nicht erkennen dass wir einen Gast beherbergen. Womit wir wieder beim Thema Besitztum wären. Hier noch einmal: Kinder gehören uns nicht!

Der **zweite Missbrauch** an Kindern ist, wenn sie keine Erziehung mehr genießen. Egal, ob sie sich selbst überlassen bleiben oder sie in alles, was die Erwachsenen tun, mit einbezogen werden, so oder so ist es ein Missbrauch an der Kinderseele, weil wir ihnen eine glückliche, unbeschwerte KINDHEIT verwehren.

Der **dritte Missbrauch** ist, dass viele der Kinder von heute mit allem Materiellen versorgt werden, bis das Kinderzimmer aus allen Nähten kracht (zumindest dort, wo die finanzielle Lage es noch zulässt), ihnen aber dafür die elterliche Liebe und Fürsorge nicht entgegengebracht wird. Dort werden Kinder nur noch versorgt.

Im umgekehrten Fall bleiben viele Kinder aus sozial schwachen Familien ebenfalls auf der Strecke, weil die Eltern damit beschäftigt sind, ihren Jammer in Alkohol zu ertränken. Diese Kinder werden ebenfalls nicht mehr umsorgt und müssen in katastrophalen Zuständen groß werden.

Der **vierte Missbrauch** ist, die Fürsorgepflicht als Eltern nicht mehr wahrzunehmen. Würden Eltern ein Auge auf ihre Kinder haben, würden wir heutzutage keine Elfjährigen nachts im Park auffinden und unsere Kinder nicht so abrutschen, wie sie es tun.

Der **fünfte Missbrauch** an Kindern ist, ihnen keine Werte mehr zu vermitteln. Kinder, die zu Drogen greifen und in die Kriminalität abrutschen, tun das nur, weil ihnen jeglicher Halt fehlt. Ja, sie wissen nicht, wie wertvoll sie selbst sind, geschweige denn ahnen sie, was jedes andere Lebewesen wert ist.

Der **sechste Missbrauch** an Kindern bezieht sich darauf, dass wir ihnen nicht mehr zugestehen, Kinder sein zu dürfen. Kinder von heute sind kleine Erwachsene, aber keine Kinder mehr. Wie sagte die Geistige Welt? Das helle Kinderlachen wird immer weniger. Wie wahr, als Sechsjährige lackiert man sich heutzutage ja lieber schon die Fingernägelchen, als sie ausgelassen über die Wiesen hüpfen zu lassen – (wie auch, wenn kaum noch Wiesen für unsere Kinder da sind, die sie auch betreten dürfen?).

Der **siebte Missbrauch** an Kindern ist, ihnen die elterliche Zuwendung vorzuenthalten. Wo sind zum Beispiel die Mütter hin, die ihren Kindern noch Märchen oder Geschichten vorgelesen haben? Still und heimlich ersetzten irgendwann die Hörkassetten die Stimme der Mutter (oder des Vaters), sodass Kinder ALLEIN mit einer ihnen fremden Stimme ins Land der Träume gleiten mussten und müssen. Seinen Kindern keine Zeit mehr zu schenken und sie quasi aus der Konserve zu füttern, ist keineswegs das, was Kinder wollen.

So ist der **achte Missbrauch** an Kindern, keine Zeit mehr für Zärtlichkeit und Nähe für sie zu haben. Zärtlichkeit und Nähe bindet, sodass Kinder, die dies noch erfahren dürfen, ein wunderbares Band mit ihren Eltern verbindet. In solchen Familien brauchen Eltern keine Angst zu haben, dass sich ihre Kinder jemals im Ton vergreifen oder ihre Eltern gewaltsam bedrohen würden, wie es ja auch schon oft genug vorkommt.

Der **neunte Missbrauch** an Kindern ist, ihre Würde anzutasten. Jedes Kind hat seine eigene Würde. Gebt eure Kinder niemals der Lächerlichkeit preis, nehmt ihre Sorgen und Ängste ernst und seid ihnen der Halt, den sie benötigen. Selbst wenn ihr das größte Angsthäschen auf der ganzen Welt hättet, macht es niemals vor anderen lächerlich, so, wie ihr auch niemals im Beisein von euren Kindern mit anderen über sie sprechen solltet. Steht nicht schon in unserem Grundgesetz: Die Würde des Menschen ist unantastbar? Also bitte, gebt euren Kindern die Würde zurück.

Die **zehnte** Art von **Missbrauch** an Kindern ist die Lieblosigkeit, die viele von ihnen erfahren müssen. Ich sehe so viele Kinder in meinem Umfeld, die tatsächlich nur zu funktionieren haben und täglich ihr Bestes geben und dennoch in den Augen ihrer Eltern nie genug tun. Sicher sollten Kinder ihre kleinen Aufgaben haben, aber sie sollten nicht in die Rolle der Erwachsenen gedrängt werden oder gar nur noch irgendwelche Aufgaben FÜR die Eltern erledigen. Kinder sind weder billige Haushaltskräfte, Betreuer für Geschwister oder die Eltern, noch verantwortlich für einen reibungslosen Familienablauf. Auch sollten Kinder nicht den lieben langen Tag sich selbst überlassen bleiben und abends ebenso einsam ins Bett gehen müssen. All das ist eine Lieblosigkeit ohne Grenzen.

Kinder sollten immer die Möglichkeit haben, wann immer sie unsere Nähe brauchen, uns auch ansprechen zu dürfen. Das bedeutet, dass Menschen, die sich dafür entscheiden, Kinder zu bekommen, sich darüber klar sein sollten, tatsächlich auch FÜR ihre Kinder da zu sein. Wer Kinder in die Welt setzt, um sie dann den lieben langen Tag abzuschieben, sei es in Kinderhorten, oder sie einfach sich selbst überlässt, der sollte keine Kinder bekommen. Denn es ist lieb- und herzlos, seine Kinder so zu vernachlässigen. Jeden Morgen solltet ihr eure Kinder knuddeln, bis sie quietschen, tagsüber solltet ihr ihnen immer wieder eure Liebe zeigen und auch spüren lassen, und abends sollten eure Kinder mit eurer warmen Stimme oder in euren warmen Armen einschlafen dürfen. Denkt immer daran: Eure Kinder haben nur EUCH. Sie lieben euch bedingungslos, warum könnt ihr das nicht auch?

Und der **elfte Missbrauch** an Kindern besteht darin, dass eine ganze Gesellschaft tatenlos zusieht oder, besser gesagt, überhaupt nicht mehr merkt, wie schlecht es um unsere Kinder bestellt ist.

Der **allerschlimmste Missbrauch** an Kindern aber ist der, wenn Kinder täglicher Gewalt ausgesetzt sind und sexuellen Missbrauch erfahren müssen.

Wie krank muss ein menschliches Gehirn sein, um so etwas tun zu können? Kinder, unschuldige kleine Kinder, werden grün und blau – nicht selten zu Tode geschlagen, müssen verhungern oder verdursten, oder werden auf grausamste Weise zu Spielbällen perverser Erwachsener. Und zu 90% erfolgt dieser Missbrauch aus dem eigenen Familien- und nahen Bekanntenkreis. Wie ist es nur möglich, dass niemandem im näheren Umfeld, oft genug über einen langen Zeitraum, auffällt, was mit den Kindern geschieht? Ach ja, das hatten wir ja schon, weil niemand sich einmischen möchte...

Tatsächlich ist gerade sexueller Missbrauch wie auch Gewalt an Kindern (egal, ob psychischer oder physischer Natur) immer noch ein Tabuthema in unserer Gesellschaft. Was das anbelangt, spielt eine ganze Gesellschaft Vogel Strauß, weil nicht sein kann, was nicht sein darf. Aber und nun komme ich zu einem ganz wichtigen Punkt. Oft genug hören wir ja von Fällen, in denen die eigenen Väter ihre Töchter missbrauchen, und ebenso oft hören wir, dass die Mütter nichts bemerkt haben wollen.

Als ich mit meinen Psychologiestudien anfing, befasste ich mich sehr ausgiebig mit diesem Thema, und heute kann ich sagen, wenn Mütter behaupten, nichts davon mitbekommen zu haben, lügen sie! Gerade Mütter, die ja mit einem besonderen Band mit ihren Kindern verbunden sind, spüren (auch wenn sie es tatsächlich nicht nachweisen können), dass da etwas „läuft", das nicht in Ordnung ist. Auf der unbewussten Ebene wissen sie also sehr genau um den Missbrauch. Oft verhält es sich sogar so, dass viele Mütter im Stillen froh darüber sind, weil es sie von ihren ehelichen Pflichten entbindet. Aber ebenso viele, die nur eine Vermutung haben, wollen gar nicht genauer hinsehen, weil das Thema für sie viel zu schrecklich ist, und übertragen somit stillschweigend ihren Kindern auch noch den letzten Rest ihrer eigenen Verantwortung.

Das meine ich, wenn ich von einem Rollentausch spreche: Erwachsene übertragen das, was ihre Aufgabe wäre, auf ihre Kinder, und oft genug macht diese Übertragung nicht vor der Schlafzimmertür halt.

Natürlich gibt es auch die Fälle, wo Mütter den Missbrauch hautnah mitbekommen und auch nichts dafür tun, ihr Kind zu schützen. Das sind Frauen, die von ihren Männern psychisch so heruntergewirtschaftet worden sind, dass sie nicht mehr wissen, was zur Normalität gehört und was nicht. Viele reagieren auch aus Angst nicht auf den Missbrauch. Angst vor dem Mann, Angst um ihr Leben, Angst vor dem Umfeld und Angst vor der Zukunft. Zwar wissen sie alle, dass ihre Familie in einem Albtraum steckt, wissen aber keinen Ausweg.

Die Leidtragenden?

Sind, wie immer, die Kinder!

Jede Frau, die von sich behauptet, dass sie ihren Mann, der sie und die Kinder schlägt oder gar missbraucht, doch ach so liebt, spricht in Wahrheit aus einer falschen Wahrnehmung heraus. Denn keineswegs kann man in solchen Fällen von Liebe sprechen, sondern hier handelt es sich um reine Abhängigkeit. Liebe hat niemals etwas mit Gewalt zu tun. Dort, wo Gewalt, in welcher Form auch immer, geschieht, ist die Liebe weit entfernt. So sollten Familien tatsächlich unter einem besonderen Schutz stehen, denn oft brauchen zuerst die Erwachsenen Hilfe. Und zwar bitte, bevor Kinder in die Welt gesetzt werden.

Ich kann hier nur jeder Frau raten, und auch den Männern(!), denn mittlerweile steigt die Zahl der Frauen, die ihre Männer regelmäßig verprügeln, sofort die Konsequenzen zu ziehen, wenn der erste „Ausrutscher" erfolgt ist. Hört auf, darauf zu warten, dass die schönen Anfangszeiten eurer Liebe jemals wiederkommen werden. Ich versichere euch, das wird nicht geschehen. Im Gegenteil, eurer Leid wird größer, und später wird eurer Leid das eurer Kinder. Tut euch das nicht an, und euren Kindern erst recht nicht. Hier ein Spruch, den ich vor Jahren kreiert habe:

„Hoffen und Harren macht Frauen zu Narren."

Das trifft es auf den Punkt. Hört auf zu hoffen, denn wer euch einmal geschlagen hat, hat damit die natürliche Grenze überschritten und wird es immer wieder tun. Und? Der Schrecken wird nur größer, weil der Schlagende selbst immer grenzenloser wird.

*Geliebte Wesen, das ist ein Thema ist, das uns sehr betrübt.*

*Missbrauch mit unseren Perlen zu betreiben, lässt uns schier verzweifeln. Wir, die Wesen des Lichts, kennen zwar die Zusammenhänge, sind aber dennoch betroffen über all das Leid, das sich auf die Kinderseelen legt. Vielen von euch geht es ähnlich, und ihr fragt euch, wie das nur möglich ist.*

*Versteht, dass Mensch und Seele zweierlei sind. So muss ein Mensch nicht zwingend schlecht sein, wenn er sich zu sexuellen oder anderen Missbrauchshandlungen hinreißen lässt. Vielmehr handelt es sich oft um eine Störung im menschlichen System, die häufig nicht einmal behandelbar ist.*

*Ihr tätet gut daran, eure Kinder vor euren sogenannten Triebtätern zu schützen. Auch hier sind wieder eure Politiker gefragt. Da ihr nie wissen könnt, in wieweit das fehlgeschaltete menschliche System eines Täters wieder hergestellt werden kann, solltet ihr Einrichtungen schaffen, in denen sie bis an ihr Lebensende bleiben. Das soll keine Bestrafung sein, sondern dem Schutz eurer Kinder wie auch dem der Täter dienen. Versteht, dass es für viele Täter ein zwanghaftes Verhalten ist, sodass sie selbst, wenn sie wollten, nicht aus diesem Kreislauf herauskommen. Eure Psychologen tun sicherlich ihr Bestes, haben aber noch nicht verstanden, dass diese Störung eine Fehlschaltung im Gehirn ist.*

*Es gibt Bereiche in eurem Gehirn, die, wie ihr es nennt, das abgrundtiefe Böse enthalten. Jeder von euch kann zu einem Kinderschänder, Mörder oder Diktator mutieren, wenn es zu einer Fehlschaltung im Gehirn kommt. Versteht, dass der Mensch, bedingt durch die Dualität, beide Seiten in sich trägt. Die Hirnforschung weiß inzwischen, dass gewisse Areale des Gehirns angeregt werden, wenn es um Straffälligkeit geht, dafür aber andere Areale inaktiv sind. So lassen sich Missbrauch und Gewalt häufig auf eine Fehlzündung des Gehirns zurückzuführen.*

*Eure Hirnforscher werden über kurz oder lang hinter das Geheimnis dieser Fehlschaltung kommen und auch die technischen Möglichkeiten zur Korrektur schaffen. So viel sei an dieser Stelle gesagt. Mit Stromimpulsen lässt sich eine Menge korrigieren...*

*Bis dahin aber schützt eure Kinder vor Menschen mit dieser Fehlschaltung. Viel Leid könnte euren Kindern erspart bleiben, wenn ihr ein besseres Auge auf sie hättet. Wären eure Beziehungen untereinander wie auch zu euren Kindern intakt, würde euch sofort auffallen, wenn etwas nicht in Ordnung wäre. So aber, in euren Zeiten der menschlichen Gleichgültigkeit, können eure Kinder jahrelang missbraucht werden, ohne dass ihr auch nur eine Ahnung davon habt. Wenn euch ein Missbrauch bekannt wird, so ist eurer Jammer groß. Dennoch stellen wir euch die Frage: WO wart ihr?*

*Versteht, dass wir euch keinesfalls anklagen, sondern euch vielmehr dabei helfen wollen, bewusster zu werden. So ist die Wurzel des Missbrauchs an euren Kindern oft schon in euch selbst angelegt, durch eure Art, mit euren Kindern umzugehen. Erst wenn ihr verinnerlicht habt, dass Kinder tatsächlich die kostbarsten Schätze auf eurer Erde sind, werdet ihr ein anderes Verhältnis zu ihnen aufbauen.*

*Euren Schmuck, der doch „nur" Mineral ist, den schließt ihr sorgsam weg oder lasst ihn bewachen, weil er euch so kostbar ist. Ach, würdet ihr doch nur einen Moment lang so viel Zuwendung für eure Kinder übrig haben... Würdet ihr sie so sorgfältig bewachen, wie ihr es mit eurem mate-*

*riellen Gütern zu tun pflegt, könnten viele Dinge erst gar nicht geschehen.*

*Auch wenn ihr eines Tages wacher mit euren Kindern seid, wird es dennoch Fälle geben, in denen Missbrauch geschieht, wenn nicht das gesamte menschliche Bewusstsein ein anderes wird. Dazu gehört auch das Bewusstsein euch selbst gegenüber. So viele Menschen lassen sich aus vermeintlicher Liebe unterdrücken. Versteht endlich, dass Liebe nichts mit Unterdrückung oder Gewalt zu tun hat. So solltet ihr niemals zulassen, dass euch jemand so behandeln darf.*

*Wir sprachen ja schon von eurer Art, die Sexualität zu leben. Versteht, dass ihr es geschafft habt, selbst die Liebe zu entzweien. Folgerichtig trennt ihr zwischen Sex und Liebe. Und so habt ihr aus der heiligsten Sache der Welt etwas gemacht, das abgrundtief hässlich ist. Ihr benutzt andere Menschen. Ihr liebt sie nicht mehr, womit euch jede Achtung vor dem anderen Leben abhanden gekommen ist.*

*Menschen, die andere Menschen als Sexobjekte sehen und so behandeln, haben die Liebe nicht verstanden. Ihr, die ihr euch selbst die Krone der Schöpfung nennt, habt kein Recht, diese Krone zu tragen, wenn ihr das Mysterium der Liebe nicht versteht. Liebe hat mit Sex nichts zu tun, eurer Sex sollte sich aus der Liebe heraus ergeben. Versteht, dass die körperliche Vereinigung (Anmerkung: die in Liebe geschieht) zweier Menschen das höchste Band um sie knüpft. Für eine kurze Weile verschmelzen zwei Seelen zu einer, was euch erlaubt, für einen kurzen Moment die Einheit des Universums zu erfahren. Wer nur*

*Sex hat, wird niemals diese kosmische Erfahrung erleben, weswegen er wie ein Süchtiger immer nach neuen Abenteuern suchen wird.*

*Darum also unsere Bitte an euch: Erinnert euch wieder der LIEBE.*

*Ihr alle seid fähig zu lieben, ihr müsst es nur wieder lernen. Wenn ihr nicht wollt, dass so viel Unheil auf diesem Sektor geschieht, erinnert euch daran: Ihr kommt alle aus der Liebe. Ihr alle seid gemeinsame Reisegefährten. Ihr alle kommt aus dem Himmel auf die Erde. Sicherlich seid ihr hier, um euch auf materielle Weise zu erfahren, und sicherlich dürft ihr auf Mutter Erde alles ausprobieren, was euch Spaß macht. Aber in dem Moment, wo ihr andere Seelen benutzt und ihnen damit Schaden zufügt, legt ihr Verbindungen an, die ihr in späteren Leben mühsam wieder auflösen müsst. Ihr versteht einfach zu wenig von den Gesetzmäßigkeiten des Lebens, weil ihr die Zusammenhänge darum vergessen habt. Das war auch angemessen so, aber nun ist die Zeit gekommen, aus dieser Vergessenheit aufzuwachen. Ihr sucht alle so verzweifelt nach dem Paradies, dabei liegt es direkt vor euren Füßen – deswegen ist es ja auch so einfach, es zu treten – (Anmerkung: leiser kosmischer Humor).*

*Versteht ihr nun, warum wir eingangs sagten: Wer nur auf Sex aus ist, verhält sich nicht besser als ein Tier?*

*Wir gehen sogar noch einen Schritt weiter und sagen, dass Tiere mit der kosmischen Gesetzmäßigkeit vollkommen im Einklang sind, während ihr euch bewusst euren Trieben überlasst. Es ist wahrlich kein Verbrechen, seine*

*Triebe auszuleben, aber bitte, tut es nur noch mit Gleichgesinnten. Zwingt nicht eure Frauen, und schon gar nicht eure unschuldigen Kinder dazu, euch zu Willen zu sein, sondern sucht euch Partner aus, die die gleiche Neigung haben. Wenn ihr versteht, dass ihr damit großen seelischen Schaden anrichtet, und zwar in erster Linie an euch, so werdet ihr damit aufhören.*

*Wie wir sehen können, ist das Thema Liebe und Sexualität ein sehr zentrales Thema für euch, was uns darin bestärkt, dass ihr alle nach der vermeintlich verlorengegangenen Liebe sucht.*

*Wisst, die Liebe ist niemals verlorengegangen, da sie in jedem von euch zu Hause ist. Ihr habt versucht, sie im Außen zu finden, was euch auf Irrwege gebracht hat. Die Liebe, von der wir hier sprechen, hat nichts mit eurer romantisch verklärten Liebe oder eurem Sex zu tun. Wir sprechen hier immer von der bedingungslosen, göttlichen Liebe für Alles-was-ist. Wer sich dessen bewusst ist, nur Gast auf Erden zu sein, und wer eine leise Ahnung davon bekommt, dass sein Leben auch nach dem irdischen Leben weitergeht, ja, wer darum weiß, dass er in diesem Leben schon die Fäden für das neue Leben spinnt, der wird sich davor hüten, jemals auch nur einer Seele, (egal, ob Mensch oder Tier) etwas zuleide zu tun.*

*Holt euch eure Selbstachtung zurück, denn nur so könnt ihr auch alles, was lebt, achten, womit jeglicher Missbrauch, sofern er nicht auf einer Fehlschaltung des Gehirns basiert, auf allen Ebenen aufhört.*

# Die fatalsten Folgen des Missbrauchs an unseren Kindern

## Amoklauf von Jugendlichen

Wie sehr unsere Kinder unter dem weiter oben beschriebenen Missbrauch leiden, mag sich kaum einer von uns vorstellen, aber wir sollten uns endlich dessen bewusst werden, dass unsere Kinder am meisten unter der Lieb- und Herzlosigkeit, die ihnen überall begegnet, leiden. Kinder sind nicht dazu da, sie einfach nur neben sich mitlaufen zu lassen, sondern sie wollen unsere ganze Liebe und unsere Aufmerksamkeit. Kinder wollen keine vollgestopften Kinderzimmer, sie wollen auch keine Markenklamotten oder in Vereine gesteckt werden. Sie wollen Bewegung und nicht stundenlang einem langweiligen Unterricht folgen müssen, sondern ihre angeborene Lebensfreude ausdrücken. Und - Kinder wollen in Wahrheit nur eins: Nämlich so, wie sie sind, angenommen und geliebt werden!

Ich kann nicht oft genug betonen, wie wichtig die LIEBE ist. Ein Kind, das in seinem SEIN nicht angenommen wird, sondern nur zu funktionieren hat, wächst ohne Liebe auf. Ja, Herrgott noch mal, wie ist es nur möglich, unsere Kinder nicht zu lieben? Wie ist es möglich, dass wir nicht auf ihre Bedürfnisse achten?

Wie ist es möglich, dass wir uns nicht mehr für das Seelenleben unserer Kinder interessieren? Wie ist es möglich, nicht auf unsere Kinder einzugehen? Sind wir alle so verroht und egoistisch geworden, dass wir nur an uns selbst denken und unseren Kindern keine Beachtung mehr schenken?

Nein, das ist es wohl nicht, sondern vielmehr können wir unseren Kindern nur das vermitteln, was wir selbst erlebt haben. Hier lassen die Ausläufer der antiautoritären Erziehung grüßen. Viele von uns wurden nämlich von „Eltern erzogen", die selbst ohne Werte und Richtlinien erzogen wurden, und so waren viele von uns in Wahrheit in der Kindheit schon auf sich selbst zurückgeworfen. Die Eltern von damals hatten sich damit ihren persönlichen Freifahrtschein erworben, sich ausschließlich um sich selbst kümmern zu können. Ist es da ein Wunder, dass wir nicht in der Lage sind, unseren Kindern Liebe und Geborgenheit zu geben?

Nur, wenn ich mich über etwas aufregen kann, dann ist es die Tatsache, dass viele überhaupt nicht auf die Idee kommen, etwas an sich ändern zu wollen. Die meisten ruhen sich auf ihrer eigenen Kindheit aus, rennen bestenfalls zu Therapeuten oder Psychologen und lassen sich von denen einreden, dass ja nur die Eltern Schuld an ihrem verkorksten Innenleben haben. Wie praktisch, man wird noch darin unterstützt, in der Handlungslosigkeit zu bleiben.

Hier etwas zum Nachdenken:

Sicherlich leiden viele von uns unter ihrer eigenen Kindheit, und viele von uns verwandeln sich in Stresssituationen wieder in ein Kind zurück, aber - und nun kommt das Entscheidende: Wir Erwachsene sind nun mal keine

Kinder mehr. Wir sind der Kindheit entwachsen und haben sie ja auch überlebt. Das heißt, wir haben jetzt das Potenzial, uns unserer Kindheit als Erwachsener zu stellen. Jeder, der sich darauf beruft, eine schreckliche Kindheit gehabt zu haben, aber nicht bereit ist, sie aufzuarbeiten, weigert sich, die Verantwortung dafür zu übernehmen und schiebt seinen Eltern die Schuld in die Schuhe. Wie könnten Eltern jemals Schuld haben, wenn man weiß, wie das Leben funktioniert?

Wir selbst haben uns doch unsere Eltern ausgesucht! Wir wollten genau dieses Elternpaar, damit wir den Rahmen für unser Lebenslernprogramm bekommen. Übersetzt heißt das, dass wir niemals an Ereignissen, und seien sie noch so schlecht, zerbrechen, sondern daraus lernen wollten, um uns darüber erheben zu können. Unzählige Menschen haben das geschafft, denn hätten sie sich nicht freigemacht, wäre die Welt voll von Amokläufern. Sich darauf auszuruhen, dass ja die bösen Eltern Schuld an allem haben, ist also der falsche Weg, mit den Dingen umzugehen. Es mag schizophren klingen, aber aus spiritueller Sicht ist es das keineswegs. Denn so gesehen können Eltern gar nichts falsch machen, sie erfüllen nämlich nur die Bedingungen, die wir brauchen, um unsere Erfahrungen, die wir in unseren Lebensplan geschrieben haben, machen zu können.

Nun könnte man ja auf die Idee kommen und sagen: Prima, wenn das so ist, kann ich ja mit meinen Kindern machen, was ich will. Es ist ja immer richtig, weil ich ja nichts falsch machen kann. Nun, so einfach ist es nun doch nicht, denn es hängt mit dem jeweiligen Bewusstsein zusammen. Wer seine Kinder absichtlich vernachlässigt oder sie mit Absicht quält, versündigt sich an der Seele des Kindes.

Früher war man überzeugt davon, dass Kinder eine strenge Hand brauchen, und so manchem Vater blutete das Herz, wenn er seine Kinder schlagen musste, doch, wie gesagt, in dieser Zeit war man der Meinung, dass Kinder ab und zu Schläge brauchen, damit aus ihnen etwas werden konnte. So schlugen die Väter ihre Kinder nicht, weil es ihnen Spaß machte, sondern weil sie überzeugt waren, ihren Kindern einen Dienst zu erweisen. Da steckt eine ganz andere Intention dahinter, und das macht den großen Unterschied.

Viele Eltern von heute wissen zumindest vom Unterbewusstsein her, dass sie ihre Kinder vernachlässigen, und ändern trotzdem nichts daran. Ihr schlechtes Gewissen lässt sie dann sinnlose Dinge für ihre Kinder kaufen, anstatt die Leere, die durch fehlende Liebe entsteht, auszufüllen. Was geht in Kindern, die ohne Liebe aufwachsen, vor?

Die Geistige Welt spricht immer davon, dass wir alle nach Liebe dürsten. Und genau das tun diese Kinder auch. Werden sie nicht geliebt, vertrocknen sie buchstäblich, und ihr gesamtes wundervolles, mitgebrachtes Potenzial gleich mit. Ein Kind, das sich nicht geliebt fühlen darf, versinkt in einer unendlichen Traurigkeit, weil es verletzt ist. Ein Kind, das nicht geliebt wird, fühlt sich nicht angenommen und wird sich auch niemals „zu Hause" fühlen können. Wie auch, wenn ihm das Elementare im Leben, nämlich die Liebe, vorenthalten wird? So wird es sich immer als Außenseiter empfinden, und nicht selten werden diese Kinder zu Einzelgängern.

Da sich jede Verletztheit (nicht geliebt zu werden, verletzt!) in Traurigkeit umwandelt, und jede Traurigkeit, die nicht zum Ausdruck gebracht werden kann oder darf, sich mit der Zeit in Wut und Zorn verwandelt, muss sich früher oder später diese Wut ausdrücken. Die Kinder, die schon früh auffällig werden und so gar nicht zu bändigen sind, leben zumindest ihr Wutpotenzial teilweise aus. Sie bekommen aber gleichzeitig mit, dass sie so nicht normal sind, weil ihre Eltern sie als ADHS oder Indigo-Kinder bezeichnen, was ihre Verzweiflung nur noch größer macht. Anstatt der Auffälligkeit dieser Kinder auf den Grund zu gehen, wird immer nur das Symptom behandelt, und die Wut unserer Kinder wird nun medikamentös unterdrückt.

Wie anders die Kinder, die so gar nicht auffallen. Die grauen Mäuschen, die immer irgendwo allein in der Schulhofecke stehen. Sie sind unfähig, Kontakte herzustellen, aus Angst vor neuerlicher Ablehnung. Leider erfahren sie trotzdem Ablehnung, denn andere Kinder wollen meistens nichts mit ihnen zu tun haben. Auch diese Kinder haben ein ungeheures Wutpotenzial und sind, wie die erstgenannten, mit tickenden Zeitbomben zu vergleichen. Früher oder später muss sich dieses Potenzial, das in seinem Ursprung ja „nur" Traurigkeit war, als Wut entladen. Und so lassen sich auch die steigende Gewaltbereitschaft und die zunehmenden Amokläufe dieser Welt erklären. In diesem Zusammenhang wundert es nicht, dass gerade Kinder und Jugendliche zu Amokläufern werden.

Hier eine Liste von Amokläufen der letzten 43 Jahre (man beachte die immer kürzer werdenden Abstände).

**August 1966**
Ein Heckenschütze tötet an der University of Texas in Austin 16 Menschen

**Juli 1984**
Ein arbeitsloser Wachmann erschießt in einem Mc Donalds Restaurant im kalifornischen San Ysidro 21 Menschen

**Dezember 1986**
In Bogota (Kolumbiens Hauptstadt) erschießt und ersticht ein Vietnam-Veteran 29 Menschen

**August 1987**
In Hungerford (englische Kleinstadt) tötet ein bewaffneter Mann 16 Menschen

**Oktober 1991**
Ein Mann im texanischen Killeen rast mit seinem Pick-Up in ein Restaurant und tötet 22 Menschen

**März 1996**
Im schottischen Dublane erschießt ein Amokläufer in einer Turnhalle 16 Kinder und eine Lehrerin

**April 1996**
Im australischen Port Arthur richtet ein Amokläufer ein Blutbad mit 35 Toten an

**April 1999**
In Littleton (Colorado) erschießen zwei vermummte Jugendliche 12 Mitschüler und einen Lehrer an der Columbine Schule

**März 2000**
Ein16-jähriger Schüler erschießt in Brannenburg (Bayern) den Heimleiter seines Internats

**November 2000**
Ein 15jähriger Schüler ersticht seine Lehrerin in Meißen im Franziskaneum

**Februar 2002**
In einer Wirtschaftsschule bei Freising erschießt ein 22jähriger zwei Kollegen und den Direktor

**April 2002**
Ein Jugendlicher im Alter von 19 Jahren erschießt im Gutenberg-Gymnasium in Erfurt 16 Menschen, ausschließlich Lehrer

**April 2005**
In Red Lake (Minnesota) richtet ein Jugendlicher ein Blutbad an einer Schule an und tötet 9 Menschen

**Oktober 2006**
Im US Bundesstaat Pennsylvania ermordet ein Amokläufer in einer Dorfschule 5 Mädchen

**November 2006**
Ein 18jähriger stürmt die Geschwister Scholl Schule und verletzt 11 Kinder in Emsdetten

**April 2007**
In Virginia Tech in Blacksburg sterben 33 Menschen bei einem Amoklauf in einer US-Hochschule

**November 2007**
In der finnischen Stadt Tuusula sterben an einem Gymnasium 8 Menschen

**September 2008**
Im südwestfinnischen Kauhajoki erschießt ein 23jähriger 9 Mitschüler und einen Lehrer

**März 2009**
Ein Amokläufer im US-Südstaat Alabama erschießt an mehren Tatorten mindestens 10 Menschen

**März 2009**
Ein ehemaliger Schüler erschießt in der Realschule in Winnenden 16 Menschen

**Was für eine traurige Bilanz...**

Es geht mir hier nicht darum, die Täter anzuklagen, sondern ich möchte aufzeigen, WARUM das alles geschieht. Alle diese sogenannten Amokläufer, egal ob Erwachsene oder Kinder, sind Menschen, die total verzweifelt sind und keinen anderen Ausweg mehr wussten. Es sind Menschen (traumatisierte Kriegsveteranen oder traumatisierte Kinder), die so etwas wie Hilfe, Zuwendung, Verständnis, Freundschaft, Liebe und Geborgenheit niemals kennengelernt haben.

Was für ein Missbrauch an allen diesen Seelen, wie auch später an den Opfern. So ist unsere Gesellschaft mitschuldig an JEDEM Opfer, das durch solche Verzweiflungstaten aus dem Leben gerissen wird.

An erster Stelle in dieser traurigen Bilanz befindet sich Amerika. Dort wurden die meisten Amokläufe registriert. Und gleich danach erscheint Deutschland auf der Liste. Unglaublich, wir - das ehemalige Volk der Dichter und Denker - ziehen Kinder groß, die später zu Amokläufern und somit zu Mördern werden.

Spätestens JETZT müsste jedem von uns klar werden, dass in unserer Gesellschaftsform, und zwar weltweit, etwas gewaltig zum Himmel stinkt. Wo jeder nur an sich denkt, Kinder so lieblos aufwachsen müssen, unter Druck gesetzt werden, weil sie in den Schulen nur nach Leistung beurteilt werden, wo das SEIN, also das Wesen eines jeden, nicht beachtet wird und Gefühle sowieso nicht gefragt sind, dabei kann nichts Gutes herauskommen. So gesehen zeigt uns jeder Amokläufer, woran unsere Gesellschaftsform krankt.

*Geliebte Wesen,*

*hier nun sprechen wir ein sehr trauriges Thema an. Wir sehen eure Verzweiflung, eure Trauer und eure Wut, die sich eurer bemächtigt, wenn ihr von einem Amoklauf unterrichtet werdet, wie wir auch die Verzweiflung und Trauer sehen, die sich über die Betroffenen legen. Und immer sehen wir die Frage nach dem WARUM in euren Herzen.*

*Ja, WARUM, geliebte Wesen, kommt es zu solch schrecklichen Dingen? Lasst euch sagen, dass es viele Gründe dafür gibt. So könnten wir sagen: Gäbe es eure Waffen nicht, würden solche Ereignisse nicht stattfinden können. Auch könnten wir sagen: Gäbe es eure Kriegsspiele nicht, würde kein Kind Gefallen daran finden und dieses in der Echtzeit ausprobieren wollen. Ebenso gut könnten wir sagen: Gäbe es die vielen traumatisierten Erwachsenen, Kinder und Jugendliche nicht, die von euch allein gelassen werden, könnte so etwas niemals geschehen. Aber alles das gibt es in eurer Welt.*

*Dennoch können wir hier sagen, es liegt nicht an dem, was eure Welt hervorgebracht hat, sondern daran, was in eurem Inneren verborgen liegt. Jeder von euch kann von heute auf morgen zu einem Amokläufer werden, wir betonen: JEDER.*

*Eure Welt befindet sich gerade JETZT in einem totalen Umbruch. Ja, wir wissen, dass euer altes System zusammenbrechen wird, damit eine neue Weltordnung und -anschauung kommen können. Ihr alle lebt in totaler Panik, und viele von euch sind durch die jetzigen Umstände traumatisiert.*

*Wie wird es weitergehen? Welche Perspektiven haben wir? Behalten wir noch unsere Arbeit? Können wir uns noch ernähren? Können wir noch alles bezahlen? Wohin führt das alles?*

*Wir sehen eine ständig größer werdende Wolke aus Angst, und wir müssen euch sagen, wir können diese Angst auch riechen Wenn ihr wüsstet, wie erbärmlich Angst riecht, ihr würdet euch zu Tode ekeln. Nur, geliebte Wesen, wovor habt ihr Angst? Davor, dass alles Materielle unter euren Händen zerfließt und ihr euch nicht mehr über diese Dinge definieren könnt?*

*Wir bedauern euch zutiefst, und ihr habt unser ganzes Mitgefühl für eure Situation. Dennoch möchten wir euch hier daran erinnern, dass ihr selbst dieser Entwicklung zugestimmt habt. Ihr wolltet euch von den äußeren Dingen lösen, um endlich die Wahrheit leben zu können. Diese ist, das göttliche Prinzip in Menschengestalt auf der Erde wandeln zu lassen.*

*Auf unserer Ebene habt ihr alle erkannt, dass all der schöne Schein und das Streben nach Reichtum nicht das wahre Leben sind. Ihr habt gewusst, dass jetzt die Zeit des Herzens und damit der Liebe eingeläutet wird, wenn ihr alle euer göttliches Potenzial entfalten wollt. Ihr alle habt dieser Entwicklung zugestimmt, so, wie ihr alle gewusst habt, dass das, woran der Mensch hängt (Anmerkung: materielle Sicherheit), keinen weiteren Bestand mehr haben darf, denn es würde euch nur wieder von eurer Entwicklung ablenken. Ihr habt erkannt, dass euch alle die vermeintlich äußeren Werte aus eurer Herzensenergie gebracht haben, was der Grund ist, weswegen sie weichen müssen. Aber da ihr als Menschen alles vergessen habt, zittert ihr um eure Existenz, anstatt das einzig Richtige zu tun.*

*Wir sprachen ja schon davon, dass ihr zur Gemeinschaft zurückfinden müsst, denn nur in der Gemeinschaft könnt ihr den Wandel der Zeit überstehen. Gemeinschaft aber fängt im Kleinem schon an, nämlich in euren Familien. Schon daran könnt ihr sehen, dass ihr gemeinsam leben solltet. Stattdessen habt ihr es fertiggebracht, selbst im Familienverbund einsam zu sein. Viele eurer Kinder, unsere so geliebten Perlen des Universums, sind auf sich allein gestellt. Sie haben niemanden, mit dem sie über ihre Ängste, Sorgen und Nöte, aber auch über das, was sie sonst bewegt, sprechen können. Wir blicken in so viele einsame Kinderherzen, dass wir uns fragen, wie könnt ihr dieses nur übersehen?*

*Hört damit auf, eure Kinder so zu vernachlässigen. Gebt ihnen Liebe und Geborgenheit, nehmt euch ihrer wieder voll und ganz an. Sie sind doch nicht zu euch gekommen, damit sie sich eurem Leben anpassen, sondern sie sind als Lichtstrahlen zu euch gesandt worden. Wie soll sich ein Kind freudvoll entfalten können, wenn es nicht mehr Kind sein darf? Wie soll es Vertrauen in die Welt und für sein Leben bekommen, wenn es nichts hat, woran es sich erfreuen kann? Eure Kinder nehmen eure Ängste mit auf, sie wachsen auch mit eurer Perspektivlosigkeit auf und orientieren sich genau wie ihr nur an Äußerlichkeiten. Ist es da ein Wunder, dass aus immer mehr Kinderherzen Mördergruben werden? Wo sollen sie denn hin mit ihren Ängsten und der großen Einsamkeit?*

*So bringen viele Amokläufer nur für euch zum Ausdruck, was in eurem eigenen Inneren vorgeht. Verurteilt sie deswegen nicht, darum möchten wir euch ausdrücklich bitten. Vielmehr achtet auf die Zeichen, die im Verborgenen liegen. Fragt nicht mehr nach dem WARUM, sondern fragt euch, was ihr ändern könnt. Erkennt, dass es nichts gibt, wovor ihr Angst haben müsst. Erkennt aber auch, dass eure Gesellschaftsform erneuert werden muss. Gebt nicht mehr den materiellen Dingen den Vorzug, sondern kümmert euch um eure wie auch um die Herzen anderer. Lasst nicht mehr zu, dass in euren Familien auch nur ein Kind zum sogenannten Außenseiter wird. Findet zurück zu den wahren menschlichen Werten. Dazu fordert euch jedes dieser Ereignisse auf.*

*Wie groß muss die Verzweiflung eines solchen Menschen sein, der es wagt, so eine Tat zu begehen? Anstatt diesen Menschen zu verurteilen, solltet ihr das Zeichen dahinter erkennen. Einsamkeit, allein gelassen, sich selbst überlassen (Anmerkung: damit haltlos), ausgestoßen, unverstanden, unerkannt, ungeliebt, ausgelacht , ängstlich, ohne glückliche Zukunft, seinen sowie den Wert anderen Lebens nicht kennend und dergleichen mehr beschwört solche Explosionen herauf. Ja, solche Menschen explodieren buchstäblich, und ihr betitelt sie folgerichtig als tickende Zeitbomben. Nur, geliebte Wesen, wir wollen euch hier keineswegs verurteilen, aber wir müssen euch bewusst machen, dass ihr sie erst dazu gemacht habt. Hinzu kommt, dass sie euch in Wahrheit einen Liebesdienst erweisen. Das mag für euch schwer zu verstehen sein, aber dennoch ist es so.*

*Wie wir schon sagten, schlummert in jedem von euch das gleiche Potenzial. Hat nicht jeder von euch Groll und Wut über die jetzigen Zustände in seinem Herzen? Wollt auch ihr nicht manches Mal eine Bombe werfen, oder es einem Menschen, der euch geschadet hat, mal so richtig zeigen? Ja, ihr alle kennt diese Gefühle, ihr erlaubt euch nur nicht, sie auszuleben. Das übernehmen dann für euch die sogenannten Amokläufer, was tatsächlich ein großer Liebesdienst ist. Denn täten sie es nicht, würde jeder von euch in euer Gefängnis wandern.*

*Nun mögt ihr euch fragen, warum dabei immer Unschuldige betroffen sind? Lasst euch sagen, dass es niemals Unschuldige trifft. Alle die Opfer waren auf unserer Ebene damit einverstanden, ein Opfer zu werden. Auch sie taten dieses nur, damit ihr die Chance erhaltet umzudenken.*

*So bitten wir euch: Fragt nicht mehr nach dem WARUM, sondern fragt euch, was ihr und eure Gesellschaft ändern könnt, damit diese Dinge aufhören können. Es geht immer nur um Veränderung, bei allem, was geschieht. Ist es nicht so, dass trotz der großen Trauer wie durch Zauberhand eine ganze Stadt (oder ein ganzes Land) in ihrem Schmerz zusammenrückt? Aus so einem traurigen Ereignis wächst eine starke Gemeinschaft, und auch Gefühle spielen wieder eine Rolle. Wir bitten euch, bewahrt euch beides, dann dürften solche Geschehnisse nicht mehr vorkommen.*

*Um aber zukünftigen Ereignissen vorzubeugen, raten wir euch, bewacht eure Schulen besser. Wir würden uns wünschen, dass ihr zusätzlich einen hellsichtigen*

*Menschen an euren Schulen hättet, der in der Lage ist, kommende Ereignisse zu sehen und das Aurafeld eines jeden Kindes zu lesen. Seelen, die sich von der Erde verabschieden wollen, haben eine graue Aura, sie sind also gekennzeichnet. So erkennt auch jeder Hellsichtige, welche Passagiere bei einem Unglück überleben werden und welche nicht.*

*Wir bitten euch, seht diese Dinge als das, was sie sind. Sie sind immer eine Aufforderung an euch, etwas grundlegend zu ändern. Da Mutter Erde wie auch ihr in eine neue Epoche hineingeht, seid ihr alle aufgefordert, alles Alte (Anmerkung: altes Denken, alte Strukturen) hinter euch zu lassen und euch dem Licht zuzuwenden. So kommt ihr alle in eure Schöpferkraft und werdet zu Gottmenschen auf Erden. So ist es angedacht, von euch, von uns und von der Quelle, aus der wir alle stammen.*

*Ein Unsicherheitsfaktor ist und bleibt euer freier Wille. Ihr allein habt es in der Hand, ob die versprochenen goldenen Zeiten auf euch zukommen oder die gesamte Menschheit wieder in die Finsternis abtaucht. Denn auch das ist möglich. Das Einzige, was dieses verhindern kann, ist euer erweitertes Bewusstsein und die LIEBE. Erweitertes Bewusstein bringt es mit sich, dass man eine Achtung vor allem, was lebt, entwickelt sowie auch unserem Schöpfer gegenüber, und daraus kann nur eines erwachsen: LIEBE.*

*Wir lieben euch unermesslich, dessen seid euch gewiss.*

# Die Achtung vor allem, was lebt

Ja, das Thema ACHTUNG scheint ebenfalls ein wichtiges zu sein.

Vor Jahren schon ist mir aufgefallen, dass es mit der Achtung des anderen Lebens schlecht bestellt ist. Kaum ein Mensch wird von uns so angenommen, wie er IST. Stattdessen versuchen wir jeden, der uns begegnet, in irgendeiner Form so zu beeinflussen, dass er mit uns konform gehen kann. Natürlich und gerade auch mit unseren Kindern. Wir achten sie nicht. Wir achten nicht ihre Persönlichkeit, ihre Seele, ihr ganzes Sein, sondern versuchen, mehr oder weniger aus ihnen etwas zu machen, was unseren Vorstellungen, wie sie zu SEIN haben, entspricht.

Kinder, die zum Beispiel Angst in der Dunkelheit haben, werden doch tatsächlich dazu aufgefordert, ihre Angst als lächerlich anzusehen, anstatt ihnen tröstend zur Seite zu stehen. Schon das ist Miss-Achtung der Kinderseele gegenüber. Ein Kind, das aus den höchsten Sphären kommt, steht gerade in den ersten drei Lebensjahren immer noch in Kontakt mit den Astralwelten. Es sieht also Dinge, die wir als Erwachsene längst vergessen haben, weil uns diese Bereiche nicht mehr zugänglich sind und wir sie demnach als lächerlich abtun...

Nur, liebe Erwachsene, für die Kinder ist es Realität. Sie haben Zugriff auf alle Ebenen der Astralwelt und stoßen somit auch in Bereiche vor, die durchaus gruselig sein können. Ihnen dann einreden zu wollen, dass es den schwarzen Mann (oder den bösen Wolf) nicht gibt, bedeutet, sie mit ihren Ängsten allein zu lassen und sie in ihrer Wahrnehmung nicht so anzunehmen, wie sie sind.

Ähnliches gilt, wenn man versucht, aus einem sensiblen Jungen einen „ganzen Kerl“ machen zu wollen. Hier wird die natürliche Veranlagung einfach ignoriert, anstatt danach zu streben, das Kind darin zu fördern und zu unterstützen. Vielleicht soll ihn diese Sensibilität später ein guter Arzt oder Seelsorger werden lassen? Kennen wir den Lebensplan oder den himmlischen Auftrag unserer Kinder? Nein. Wie auch – wo wir ja nicht einmal unseren eigenen „Auftrag“ kennen. Und so werden Kinderseelen schon recht früh von ihrem mitgebrachten Lebensplan buchstäblich abgelenkt.

Ich erinnere daran, dass es noch gar nicht so lange her ist, dass kleine Mädchen, die sich lieber mit Jungs rauften und Fußball spielten, sowie kleine Jungs, die lieber mit Puppen spielen wollten, vehement daran gehindert wurden. Schon Kinder wurden und werden in geschlechtsspezifische Rollen gesteckt. Was sich überdeutlich auch in den Farben niederlegt, mit denen Babys bedacht werden. Dabei sind Kinder in ihren ersten Lebensjahren vollkommen geschlechtsneutral. Sie tragen beide Anteile in sich (wie übrigens jeder Erwachsene auch!), und erst in der Pubertät senkt sich die eigentliche Geschlechtlichkeit auf sie herab.

Meiner Meinung nach sollten alle neugeborenen Kinder die Farbe ROSA tragen, weil es die Farbe der Liebe ist und Kinder aus der Liebe kommen. Einem Kind seine vorrangigen Anteile oder Persönlichkeitsaspekte abzuerziehen, ist so ähnlich, wie einen Linkshänder dazu zu zwingen, mit der rechten Hand zu schreiben, was früher ja gang und gäbe war.

Aber gut, noch viel früher vertrat man ja auch die Meinung, dass Kinder wie in einem Kokon festeingewickelt gehören, damit böse Geister sich nicht des Kindes bemächtigen konnten... sowie Frauen Hauben zu tragen hatten, damit ja kein Geist sie durch das Ohr schwängern konnte – aber zurück zur Gegenwart: Tatsächlich missachten wir alle unsere Kinder, wenn wir versuchen, sie in irgendeiner Form umzupolen. Aber ebenso missachten wir unsere Kinder, wenn wir sie einfach nur nebenbei mitlaufen lassen. Da ich mich nicht ständig wiederholen möchte, möchte ich darauf hinweisen, dass ich ja schon über die verschiedenen Formen der Miss-Achtung in vorangegangen Kapiteln geschrieben habe. Resultat der Missachtung, egal, auf welchem Sektor sie geschieht, ist, dass betroffene Kinder nicht lernen, Achtung vor sich selbst, geschweige denn vor dem anderen Leben zu haben. Aber genau das ist mit ein Faktor, warum so viele Jugendliche keine Grenzen mehr kennen und die Überschreitungen und Übergriffe an Form und Inhalt immer größer werden. Wer selbst nie in seinem Sein geachtet wurde, kann anderes Leben nicht achten. So einfach ist das. Oder, besser gesagt, so traurig.

So lautet mein Anliegen: Achtet eure Kinder! Versucht nicht, ihre Anlagen zu unterdrücken, sondern seid vielmehr neugierig auf das, was sich zeigen möchte.

Ein Kind, das sich geachtet fühlen kann, weiß automatisch, dass es etwas Wertvolles ist, und wird ebenso automatisch auch die Welt als wertvoll betrachten.

Hat sich zum Beispiel noch nie jemand gefragt, woher die Promihysterie unserer Kinder kommt? Unsere Kinder wollen aussehen wie Madonna, Britney Spears oder Brad Pitt usw. Sie kreischen sich in die Ohnmacht, wenn sie auf Konzerten ihrer Stars sind. Nur, warum ist das so? Warum das Anhimmeln und Vergöttern anderer? Warum so aussehen wollen wie Kate Moss?

Es ist keineswegs so, dass Kinder in früheren Zeiten nicht auch andere Menschen angehimmelt haben, aber dennoch verhielt es sich völlig anders. Früher war es so, dass in der Regel eine Person, sei es der Lehrer oder die Lehrerin, sei es der Großvater oder die Oma oder später der Lehrmeister, ganz egal, wer, manchmal auch der Pfarrer, einen so bleibenden Eindruck hinterlassen hat, dass Kinder oder Jugendliche diese Person als Vorbild nahmen. Oft war es kein Anhimmeln, sondern tiefe Verehrung. Und hier liegt die Andersartigkeit zu heute. Wenn jemand verehrt oder angehimmelt wurde, konnte das nur geschehen, weil man sich persönlich kannte. Kinder haben ein Gespür dafür, wer es gut mit ihnen meinte und so kam es vor, dass selbst wirklich strenge Lehrer von den Kindern abgöttisch geliebt wurden.

Unsere kindlichen Fans können ihre Stars nicht wirklich lieben, weil sie keinen persönlichen Bezug zu ihnen haben, bilden sich aber ein, es dennoch zu tun. Tatsächlich ist das eine sehr einseitige Geschichte. Unsere Kinder mögen tatsächlich das Gefühl von Liebe in sich tragen (zumindest sind sie überzeugt davon), aber lasst euch sagen, dass viele Gruppen nur gegründet wurden und werden, um euch und euren Kindern das Geld aus der Tasche zu ziehen. Da kommt in den seltensten Fällen wirkliche Liebe für die Fans zurück. Deswegen müssen unsere Kinder auch ihre „Liebe“ so laut herauskreischen – das ist ihre Art, die Stars auf sich aufmerksam zu machen, und viele der Eltern von heute unterstützen die kleinen Fans noch darin, indem sie sie von einem Event zum nächsten fahren. HALLO?

Kommt euch das nicht merkwürdig vor?

IHR kutschiert eure Kinder zu wildfremden Personen, die nichts tun, außer auf einer Bühne herumzuhüpfen und Lärm zu machen (Musik kann man das in den meisten Fällen nun wirklich nicht nennen), um hautnah mitzubekommen, wie eure Kinder in eurem Beisein ganz offen fremde Personen mehr verehren als euch? Damit lasst ihr zu, dass sich die Liebe und Verehrung, die eigentlich euch gebührt, ins Außen verlagert wird. Nämlich von euch weg. Ihr lasst zu, dass eure Kinder in eine Scheinwelt abtauchen, die keinen Bestand haben kann.

Wohin das führen kann, hat man ja gesehen, als Robbie Williams die Gruppe Take That verließ. Das war für viele Jugendliche der Anlass, sich umzubringen! Genau das zeigt auf, dass Kinder im Außen nach Halt und Werten suchen, die sie innerhalb der Familie nicht bekommen. Und so ist es von unendlicher Wichtigkeit, seinen Kindern Halt zu geben, indem man sie so achtet und ernst nimmt, wie sie sind. Dann besteht nämlich keine Notwendigkeit, jemand anderer sein zu wollen, als man ist.

Wenn ihr eure Kinder achtet, wissen sie, dass sie einen eigenen Wert haben. Richtungen wie Gruftis, Gossics,

Metallicer, Rechtsradikale, Mangakult und Sekten aller Art–, all das wäre keine Gefahr für unsere Kinder, wüssten sie, wie kostbar sie selbst sind. Aber all das wäre auch nicht entstanden, wenn es ein anderes Bewusstsein gäbe. So sind alle diese Formen nur entstanden, weil man nach etwas gesucht hat, mit dem man sich identifizieren kann.

Kinder von heute wissen nicht mehr, wer sie sind und wozu das Leben überhaupt da ist. Kein Wunder, wenn es ihnen niemand mehr sagt. Lehrt eure Kinder von klein auf, dass sie etwas Kostbares, Einmaliges sind, lehrt sie, das andere Leben zu achten. Lehrt sie, Mutter Natur zu achten, wie auch die Welt der Tiere. Lehrt sie, dass es sich nicht zu streiten lohnt, da jedes Wesen seine ureigene Meinung hat. Lehrt sie, dass andere Kulturen eine Bereicherung sind und nichts, was man bekämpfen muss. Lehrt sie, dass die Welt unendlich bunt ist und alles eine Daseinsberechtigung hat. Lehrt sie, dass weder Mensch noch Tier jemals gequält werden dürfen, sondern hier ein Ort ist, auf dem viele zusammen leben wollen, um sich gegenseitig zu unterstützen. Nicht, um sich die Köpfe einzuschlagen. Lehrt sie, dass alles, was lebt, göttlichen Ursprungs ist.

Es gilt also, zu unserem Ursprung zurückzukehren. Wenn das gelingen soll, müssen wir bei unseren Kindern anfangen. Gebt ihnen ihren Stellenwert zurück, gebt ihnen Gefühle statt inhaltlich leere, materielle Dinge, die sie in eine Scheinwelt abtauchen lassen. Nur Gefühle können den inneren Hunger nach Erfüllung stillen. Ihr müsst euch daran erinnern, dass Kinder direkt aus der himmlischen

Liebe kommen! Genauso, wie ihr euch daran erinnern solltet, dass alles Leben nur durch die Liebe beseelt wird. Wer wahrhaft liebt, achtet alles, was lebt.

*Auch wir wollen an dieser Stelle wieder etwas sagen. Zwar hat unser Medium schon viel zum Thema Achtung gesagt, aber nicht alles. Wisst, geliebte Wesen, dass es keine bessere Voraussetzung gibt, das Leben zu verstehen, als jene, das Mysterium des Lebens zu achten. Es ist keineswegs die normalste Sache der Welt, Kinder zu haben. Wir sprachen ja schon davon, dass es besser wäre, weniger Kinder zu haben, auch sprachen wir davon, es nicht dem Zufall zu überlassen, sie zu bekommen. Wer Kinder bekommen möchte, sendet schon allein durch diesen Gedanken ein Signal an den Himmel, und wir sehen, wo die Bereitschaft ist, ein Kind zu empfangen.*

*Kinder zu erwarten ist, wie eine Schachtel Pralinen geschenkt zu bekommen. Bevor ihr sie nicht öffnet, wisst ihr nicht, was drin ist (Lächeln). So sind Kinder also Geschenke, die wir euch machen. Wisst, dass es tatsächlich so ist, denn wir schicken euch glanzvolle Seelen in eure Welt, die ebenso glanzvoll aufgenommen werden sollten. Um euch hier nicht zu verunsichern, erinnern wir euch daran, dass es natürlich eurer ursprünglichen Lebensplanung entspricht, wenn ihr auf Erden Kinder haben wollt. Ihr betrachtet es aber oft genug als Zufall und freut euch, wenn es, wie ihr sagt, „geklappt“ hat. Wir aber, wir sehen es als Erfüllung eures Lebensplans. Und doch kommt es vor, dass mehr Seelen herabsteigen, als ursprünglich geplant war. Versteht, dass es immer euer freier Wille ist, der euch veranlasst, euch noch weitere Kinder zu wünschen oder euch, entgegen der ursprünglichen Lebensplanung, doch noch für ein Kind zu entscheiden, so, wie es in eurer Verantwortung liegt, darauf zu achten, ob ihr Kinder zeugen oder nur den Genuss erleben wollt.*

*Ihr wisst alle, dass die geschlechtliche Vereinigung die Form ist, Seelen herabzuziehen. So solltet ihr immer daran denken, wenn ihr euch vereinigen wollt, uns und die Seelen im Himmel zu achten. Dient der körperliche Akt eurem Vergnügen, so achtet den richtigen Zeitpunkt und tragt Sorge dafür, dass keine Seele hereinkommen kann, die nicht von euch gewünscht wurde. Achtung erstreckt sich also nicht nur auf eurer Erde, sondern sie bezieht auch den Himmel mit ein. So viele von euch geben sich wahllos hin, ohne über die Folgen nachzudenken. Wir sehen eine wachsende Zahl von Müttern, die zum einen viel zu jung sind, um diese Aufgabe erfüllen zu können, und zum anderen sehen wir immer mehr Frauen, die nicht einmal mehr nachvollziehen können, wer der Vater ihres Kindes ist.*

*Gerade ihr Frauen seid ein kostbares Gut auf dieser Erde. Ihr seid die Gefäße für neues Leben! Bei allem, was geschieht, würden wir euch niemals verurteilen, denn es geschieht nichts ohne den Segen unserer liebenden Quelle, aber dennoch möchten wir, dass ihr wieder anfangt, euch selbst zu achten. Es reicht nicht oder, besser gesagt, es ist unmöglich, eure Kinder zu achten, wenn ihr selbst euch nicht achten könnt.*

*Wir sprachen ja schon davon, was aus der ursprünglich reinen Liebe geschehen ist. Frauen und Männer, die sich wahllos miteinander verbinden, können keine Achtung vor sich selbst, geschweige denn vor dem anderen empfinden. Entsteht daraus auch noch neues Leben, so ist das im Vorfeld eine Missachtung der Seele. Denn oft sind die Umstände für das hereinkommende Leben äußerst schwierig. Kein Vater, der sich mit um das Kind kümmern kann, nicht genug Geld und oft Mütter, die selbst noch Kinder sind. Darum muss Achtung bei euch selbst anfangen!*

*Der Ursprung der immer mehr aufkommenden Promiskuität liegt darin, dass ihr verzweifelt nach Liebe sucht. Alle, die so verzweifelt danach im Außen suchen, sind Wesen, die nie genug Achtung und Liebe erfahren haben. So ist also die fehlende Liebe der Ursprung für vieles Dunkle, was auf dieser Welt geschieht. Aber auch die Unwissenheit über die Zusammenhänge des Lebens bescheren euch die eine oder andere unangenehme Überraschung. Dabei wäre alles um so viel leichter, würdet ihr die Gesetzmäßigkeiten verstehen. Um eine neue Seele zu sich einzuladen, muss ein Nest gebaut werden, was bedeutet, dass überlegt werden will, ob der richtige Partner dafür da ist, ob auch die Mittel reichen, ein Kind großzuziehen und, vor allen Dingen, ob ein Kind auch willkommen wäre.*

*Eine Zeit lang galt es als „schick", ausgerechnet bei euren sogenannten Karrierefrauen, Kinder zu haben. Damit sollte bewiesen werden, dass diese Frauen auf der einen Seite beruflich ihren Mann stehen, aber auf der anderen*

*Seite dennoch Frauen sind. Natürlich zu Lasten unserer Perlen. Man kann nicht zwei Herren dienen, denn damit wird man keiner Sache gerecht. Und so legen wir euch nahe, wenn ihr überlegt, ob ihr Kinder in eurer Leben ziehen wollt, zu bedenken, dass ihr einen göttlichen Aspekt hereinbittet, der eure ganze Aufmerksamkeit, eure Liebe und eure Achtung verdient.*

*Wir bitten euch also, erinnert euch, wenn ihr euch körperlich verbinden wollt, dass die Wahrscheinlichkeit, neues Leben hereinzuziehen, groß ist, sofern ihr euch und uns (wieder Lächeln) nicht davor schützt. Habt also Achtung vor uns, vor euch und vor euren Kindern –, wie vor allem, was lebt.*

☆☆☆☆☆

## Die Realität der Geistigen Welt

Schau an, da werden wir doch daran erinnert, dass unsere Achtung sich nicht nur auf die Erde und das menschliche Miteinander beschränken sollte, sondern wir auch die himmlischen Gefilde zu achten haben.

Viele von uns sind so eingebunden auf Mutter Erde, dass sie überhaupt nicht auf die Idee kommen, auch nur einen einzigen Gedanken an den Himmel zu verschwenden. Und ich versichere euch, der Himmel ist genauso real wie unsere Mutter Erde. Würde sich das Wissen darum auf alle Herzen legen und in alle Herzen senken, sähen das menschliche Leben und Miteinander anders aus. Viele Menschen leben aber aus völliger Unkenntnis darüber tatsächlich einfach nur vor sich hin und denken doch tatsächlich, ihr Leben bestünde nur aus dem, was sie realistisch sehen, anfassen, schmecken, riechen oder erklären können. Weswegen ich auch immer wieder sage, dass ein Großteil der Menschheit einfach noch schläft.

Die Menschheit hat noch nicht verstanden, dass sie alles Leben, und somit auch ihre Existenz, allein dem Himmel oder der Geistigen Welt zu verdanken hat, denn sie war zuerst da. Alles, was lebt, und Alles-was-ist sowie alles, was noch kommen wird, IST schon lange vor uns da. Auf der Geistigen Ebene. Es genügt EIN Gedanke, um Dinge wahr werden zu lassen, so, wie allein der Gedanke an ein Kind das Kind schon anzieht (sofern kein Karma vorliegt, das dieses verhindert).

So ist die Geistige wie auch unsere Welt aus dem Geist

(Gedanken) GOTTES entstanden. Gleichzeitig sind wir aber als Aspekte GOTTES ebenfalls in der Lage, schöpferisch tätig zu sein, denn jeder Gedanke von uns wird zur Realität. Liegt es da nicht auf der Hand, dass wir frühzeitig lernen, das Richtige zu denken? Und liegt es nicht ebenso auf der Hand, dass wir endlich damit anfangen, die Geistige Welt und ihre Gesetzmäßigkeiten in unser Leben mit einzubeziehen?

Da ich nicht Gefahr laufen möchte, mich in meinen Büchern zu wiederholen, weise ich hier auf mein Buch „Wunderwerk Mensch"(erschienen im Smaragd Verlag) hin, in dem ich sehr genau die Gesetzmäßigkeiten zwischen Himmel und Erde beschreibe. Hier und heute muss sich der Leser damit begnügen, das Gesagte als Tatsache hinzunehmen. Ohne die Geistige Welt gäbe es uns schlicht und ergreifend nicht.

Und nun frage ich euch, kann man eine Kraft, die aus dem Nichts eine ganze Welt in eine sichtbare Form bringen kann, die Lebewesen der unterschiedlichsten Art hervorbringt, ja, die das gesamte Universum zusammenhält und dafür sorgt, dass alles im Gleichgewicht und in seiner Ordnung bleibt (weswegen das Universum auch Kosmos = Ordnung, genannt wird), tatsächlich so ignorieren, wie wir es tun? Nein. Ich meine, es wird langsam Zeit, mit dieser Ignoranz aufzuhören. Womit ich aber nicht sagen will, dass jeder nun sofort an das zu glauben hat, woran ich glaube. Ich weiß, dass uns Menschen unterschiedliche Bewusstseinstufen prägen, und von daher kann und werde ich niemals versuchen, meine Meinung anderen aufzuzwingen.

Seit Jahren verstehe ich mich vielmehr als Gärtnerin, die bereitwillig Samen auslegt, manchmal auch nur mit ihnen um sich wirft, aber ob die Saat aufgeht, das überlasse ich jedem Einzelnen. Ich kann immer nur von meiner Wahrheit sprechen und anderen ihre Wahrheit lassen, auch wenn ich es von Herzen bedauere, wenn andere so gar keinen Zugang zur Geistigen Welt finden.

Wenn ich zum Beispiel wüsste, dass du, weil du kirchlich geprägt bist, fest daran glaubst, dass es eine Hölle oder so etwas wie ein Fegefeuer gibt, weiß ich sofort, dass du dir damit eine Zukunft erschaffst, die für mich nicht erstrebenswert erscheint. Denn tatsächlich erschaffst du dir allein durch diese Gedanken deine spätere Hölle oder dein Fegefeuer in der Geistigen Welt selbst. Das ist für mich nicht nur bedauerlich, das ist auch noch masochistisch. Aber gut, wenn es dein Wille ist. Was kann ich dagegen tun? Nichts, und doch sehr viel. Ich kann dir höchstens meine Sichtweise nahebringen, aber das funktioniert nur, wenn du die Bereitschaft mitbringst, mir zuzuhören.

Kürzlich unterhielt ich mich mit jemandem, der sehr katholisch und bibeltreu ist. Es ging um Verstorbene, aber auch gerade um Menschen, die plötzlich aus dem Leben gerufen wurden und somit nicht mehr die „Gnade" der letzten Beichte und Ölung erhalten haben. Speziell für solche Seelen, erfuhr ich in diesem Gespräch, gibt es einen sechstägigen Messemarathon, in dem auch, und zwar wiederholt, darum gebeten wird, die Seele vor dem Fegefeuer zu bewahren oder sie bitte, bitte wieder herauszuführen, falls sie schon darin gelandet sein sollte... Mein

Einwurf darauf war, dass ich den Sinn dahinter gut heiße, denn dass Verstorbene von uns begleitet werden sollten, ist nicht neu. Das gibt es in allen Kulturen, aber was mich in diesem Fall störte, war die Absicht, die dahinter steht. Denn mit solchen Fürbitten oder Gebeten setzt man automatisch voraus, dass der plötzlich Verstorbene schlecht und ein Sünder gewesen ist. Und das wollte und konnte ich so nicht stehen lassen, weil es einfach nicht der Wahrheit entspricht.

Kaum hatte ich das angesprochen, kam es ziemlich giftig zurück: „Das ist DEINE Meinung, und ich lasse sie jetzt auch mal so stehen, weil ich mich nicht mit dir streiten möchte!“ In Wahrheit wurde gesagt (ich hörte mehr heraus, als nur das gesagte Wort): „DU hast ja sowieso keine Ahnung. ICH weiß es besser, und du bist es nicht wert, dass ich mir DEINE Meinung anhöre.“ Vielen Dank, du lieber Christ, das nenne ich mal wirklich großartige Nächstenliebe...

Nein, Spaß beiseite, so oder ähnlich verhält es sich ja immerzu im menschlichen Miteinander. Es fehlt die Bereitschaft, andere Sichtweisen kennenlernen zu wollen. Und so ist es möglich, dass jeder auf seine Weise in sich selbst steckenbleiben kann. Um den Karren wieder flott zu machen, müssen wir oft die Hilfe anderer in Anspruch nehmen, sonst ernten wir etwas, was wir ganz bestimmt nicht wollen. Ich bin überzeugt davon, dass der oben angesprochene Christ, wenn er einmal die Ebenen wechselt, sich tatsächlich im Fegefeuer oder in der Hölle wiederfinden wird. Nicht, weil er ein schlechter Mensch ist, nein, sondern weil er mit seiner Überzeugung sich jetzt schon den Platz im Himmel erbaut, den er später einnehmen wird. So einfach ist das, aber oft auch so traurig.

Das Geschenk des freien Willens ist also nicht zu unterschätzen. Alles, was du denkst, wird zur Realität. Wenn nicht Hier und Jetzt, so doch im Jenseits oder/und im nächsten Leben. Und das ist etwas, was man unbedingt wissen sollte.

Was liegt also näher, als unsere Kinder in dem, was sie noch wahrnehmen, zu unterstützen und nicht, wie wir es immer tun, ihnen die Geistige Welt auszureden? Kinder kommen aus den höchsten Höhen und sind noch mit der Geistigen Welt verbunden. Viele „sehen“ ihre Spielkameraden oder Weggefährten, mit denen sie sich unterhalten und die sie zum Spielen einladen. Ich glaube, es gibt kein Elternpaar, das nicht erlebt hat, wie sich der Sprössling tief versunken mit imaginären Freunden unterhält.

Aber was tun wir? Anstatt zu fragen, wie dieser Freund denn aussieht und wo er herkommt, oder zu fragen, wie er oder sie denn heißt, reden wir unseren Kindern ein, dass alles bloß Einbildung ist. Ich kann euch versichern, das ist es nicht! Und so wird unseren Kindern langsam aber stetig der schöne und natürliche Zugang zur Geistigen Welt verschlossen. Später müssen wir uns alle mühsam diesen Zugang wieder erarbeiten. Hm, wenn das mal nicht an Schizophrenie grenzt...

An dieser Stelle komme ich nun zu dem, was meiner Meinung nach in den Schulen gelehrt werden sollte, damit jedes Wesen ein glückliches Leben erfahren darf.

Selbstverständlich sollten Fächer wie Mathematik, Physik, Geometrie sowie die Muttersprache und andere Sprachen, Erdkunde, Biologie oder Geschichte weiterhin auf dem Lehrplan stehen, aber bitte, es sollte niemals so trocken vermittelt werden, wie es heute der Fall ist. Außerdem sollten einige Fächer verschwinden und dafür andere aufgenommen werden. So sollten zum Beispiel die Astronomie, aber noch mehr die Astrologie, einen festen Platz auf dem Stundenplan bekommen. Musik, Kunst und sinnvolle Bewegung dürften ebenfalls nicht zu kurz kommen, so, wie den Kindern eine sinnvolle gesunde Ernährung ans Herz gelegt werden sollte. Außerdem sollte es ein Fach geben, in dem es um die Persönlichkeitsstruktur der Kinder geht, damit sie schon früh lernen, dass jedes Wesen einzigartig ist und Gefühle hat. Und zum guten Schluss sollte den Kindern beigebracht werden, wie die Gesetzmäßigkeiten zwischen Himmel und Erde funktionieren.

Wir stopfen unsere Kinder mit sinnlosem Wissen voll, sodass ihnen buchstäblich die Köpfe rauchen, aber alles andere wird vernachlässigt. So mögen wir vermeintlich schlaue Kinder haben, aber diese Kinder haben den Bezug zu ihrem Körper und ihren Gefühlen und damit zum Leben selbst verloren. Wir sind tatsächlich mit unserem Bildungssystem dabei, aus unseren Kindern Roboter zu machen. In unserer Welt zählt nur noch das Wissen. Und sorry, das kann es ja wohl nicht sein!

Wissen unsere Kinder überhaupt noch, was Lebensfreude ist? Nein, sie müssen sich Tag für Tag zur Schule schleppen, sich vollstopfen lassen mit unsinnigem Wissen, weswegen viele von ihnen mit Bauchschmerzen und anderen größeren Übeln reagieren.

Schon unsere Kinder haben Kopfschmerzen. Fragt sich denn niemand, WIESO? Die Antwort ist so einfach. Wenn wir besser hinsehen würden, dann wüssten wir, dass ihre kleinen Köpfe mit all dem unnützen Wissen völlig überfordert sind. Und so reagieren unsere Kinder folgerichtig, jedes auf seine Weise, auf diese unnötige Überforderung: Mit Hyperaktivität, Aggression, Depression, um hier nur einiges zu nennen.

Einige Kinder halten es da einfacher. Sie schalten einfach ab. Und so rauscht der Lehrstoff an ihnen vorbei, weil sie einfach nicht hinhören mögen. Intuitiv wissen sie, dass sie das alles nie wieder brauchen werden, weswegen sie auch kein Interesse hervorkitzeln können. Später, wenn sie älter sind, schwänzen sie die Schule und kommen leider dadurch oft genug auf dumme Gedanken.

Hinzu kommt, dass unsere Kinder wie Nummern behandelt werden. Kaum ein Kind fühlt sich heute noch persönlich von seinen Lehrern angesprochen. Es hat zuzuhören, alles zu verstehen, und wenn es nicht mitkommt, Pech gehabt... Mit anderen Worten, der persönliche Kontakt bleibt auf der Strecke. Nicht, dass die Lehrer etwas dafür könnten, nein, sie ihrerseits werden dazu gezwungen, den Lehrstoff, den das Bildungsministerium vorschreibt, durchzuziehen. Bei den Mengen von (unnötigem) Stoff bleibt daher keine Zeit mehr für persönliche Wahrnehmungen und Kontakte. So ist es also unmöglich, auf beiden Seiten eine Bindung herzustellen. Und ohne Bindung kein Halt. Das ist mit der Grund, warum Lehrer vor ihren Schülern zittern, und Schüler ihren Lehrern mit Gleichgültigkeit gegenübertreten. Die fehlende Bindung! Der Mensch ist nun mal keine Maschine, auch wenn durch solch eine Planung aus dem Kopf heraus und der Wirtschaft versucht wird, genau das aus ihm zu machen.

So haben Kinder dieser Welt kaum noch eine Bindung an ihre Eltern, keine Bindung an ihre Lehrer, keine Bindung an den Ort, in dem sie leben, keine Bindung an ihre Mitmenschen, ja, nicht einmal mehr eine Bindung an sich selbst, geschweige denn an Mutter Erde und die Geistige Welt. Dabei ist die Geistige Welt nichts, was irgendwo zwischen den Wolken liegt oder gar weit dahinter, sondern sie liegt direkt vor unserer Nase. Sie schwingt nur auf einer anderen Ebene, weswegen wir, die Erwachsenen, sie nicht mehr wahrnehmen können. Unsere Kinder aber durchaus, aber das reden wir ihnen ja erfolgreich aus. Manchmal habe ich den Eindruck, dass unsere Menschheit sich nur noch über den Kopf definiert. Je mehr jemand weiß, umso höher wird er eingestuft. Ein Wettlauf um Wissen hat eingesetzt, dabei ist es so wertlos wie ein paar Schuhe, wo bei einem Schuh der Absatz fehlt. Wie will man damit laufen können? Und so humpelt die gesamte Menschheit durchs Leben und fragt sich, wieso sie so oft auf die Nase fällt.

Es kann gar nicht anders sein. Wir können uns nicht von der Geistigen Welt abspalten. Tun wir das, so erfahren wir einen Schicksalsschlag nach dem anderen. Daher wäre es so unendlich wichtig, unseren Kindern schon im Kindergarten und später in der Schule beizubringen, dass sie himmlische Besucher auf der Erde sind und sich himmlisches Wissen zunutze machen können. Es kommt nicht darauf an, Kinder mit trockenem weltlichen Wissen vollzustopfen, damit sie später einmal einen Spitzenposten als Manager bekommen. Nein, es kommt darauf an, den Kindern zu vermitteln, dass sie, wie jedes andere Wesen auch, etwas sehr, sehr Kostbares sind. Davon mal abgesehen, so viel Manager braucht die Welt gar nicht, weil die Spitzenpositionen rarer sind, als man annimmt.

Eine Gemeinschaft ist wie eine Kette und immer nur so gut wie ihr schwächstes Glied. Also bitte, es muss auch Müllmänner geben, die ihren Job lieben und statt verächtlich behandelt zu werden, für ihre Arbeit Annerkennung bekommen sollten. Was wären wir ohne sie? Eine Welt, die in ihrem Müll erstickt...

Nun aber zurück zur Geistigen Welt. Das Wenige, das unsere Kinder darüber im Religionsunterricht erfahren, ist der Rede nicht wert, weswegen man kein Kind damit fesseln kann. Erst wenn der Religionsunterricht so gestaltet wird, dass das Kind sich mit dem Göttlichen verbunden fühlen kann, hat er den richtigen Stellenwert. Schließlich bedeutet Religion: sich zurückzuverbinden. Und genau darum geht es.

Niemals wieder sollten wir so abgespalten von der Geistigen Welt, also unserem Ursprung, leben, wie wir es jetzt tun. Begreifen wir die Gesetzmäßigkeit zwischen Himmel und Erde, können wir nämlich wahrhaftig ein gesundes, schönes Leben haben. Und gerade jetzt, wo die sogenannten Kristallkinder hereinkommen, sollte dafür gesorgt werden, dass sie sich hier auf der Erde rundherum wohlfühlen, indem auch über das Wesen der Geistigen Welt gesprochen wird.

*Wisst, dass eure Kinder die Gesetzmäßigkeit der Erde wie auch die des Himmels verstehen sollten.*

*Viel Kummer und Leid könntet ihr, unsere so geliebten Wesen, von ihnen fernhalten. Sagt, ist es wirklich so wichtig, dass ein Kind einen Schulabschluss vorweisen kann, oder ist es nicht viel wichtiger, was es in seinem Wesen ist? Versteht, manche Kinder sind mit eurer Art zu lehren vollkommen überfordert, aber es gibt auch Kinder, die noch gar nicht bereit sind, etwas zu lernen, die dafür aber später, wenn die Schulzeit vorbei ist, neugierig auf das Wissen werden. Versteht, jedes Kind ist einzigartig.*

*Ihr habt ein System entwickelt, das so gar keinen Raum für Persönliches lässt. Warum gibt es keine Lehrstätten, die den ganzen Tag geöffnet sind und die eure Kinder jederzeit aufsuchen können? Wir wundern uns darüber, da ihr für euch in Anspruch nehmt, uns jederzeit anzurufen, wenn euch danach ist. Sind wir nicht auch immer für euch da? Warum dürfen eure Kinder nicht zu ihrer Zeit in den Unterricht gehen können? Dann nämlich, wenn sie Lust dazu haben. Warum gebt ihr ihnen kein reichhaltiges, zeitloses Angebot? Und warum bewertet ihr eure Kinder nach Noten? Oft genug seht ihr an euren Wissenschaftlern oder großen Vorbildern, dass auch sie Schwierigkeiten in der Schule hatten. Und dennoch haben sie sich großartig entwickelt.*

*Ihr müsst verstehen lernen, dass es allein auf die Entwicklung ankommt, nicht auf das Wissen, das ihr euren Kindern vermittelt. Wenn ihr lernt, eure Kinder nicht mehr von ihrer Heimat abzuspalten, werden sie einen natürlichen Wissensdrang entfalten, weil sie verstehen WOLLEN.*

*Jedes Kind hat seine ureigene Gabe, ihr würdet Talent dazu sagen. Und das gilt es zu fördern. Genau dieses Talent ist etwas, das die Welt und die Menschheit bereichern sollte, aber auch jedem Einzelnen von euch das Überleben sichert, denn es ist dazu da, euch zu ernähren. Jeder von euch, und somit auch jedes Kind, bringt dieses Geschenk für die Welt mit. Wird das nicht erkannt oder gar im Keim erstickt, nehmt ihr der Welt und euch etwas Glanzvolles.*

*Darum empfehlen wir euch: Hört damit auf, eure Kinder eurem enormen Lern- und Leistungsdruck auszusetzen, denn niemand ist iauf allen Gebieten perfekt. So sollte der Unterricht individuell gestaltet sein, und zwar nach Talenten und Neigungen aufgeteilt. Talente kristallisieren sich oft erst langsam heraus, sodass ihr und eure Lehrer achtsam sein solltet. Bis dahin versucht, euren Kindern den Spaß am Lernen zu erhalten. Kinder sind neugierig, Kinder wollen die Welt verstehen, und Kinder wollen ebenfalls lernen. Wird ihnen das Lernen aber vergällt, weil es keinen Spaß macht, werden Türen geschlossen, die nur sehr schwer wieder zu öffnen sind.*

*Ihr vernachlässigt tatsächlich den Spaß und die Freude am Lernen. Stattdessen setzt ihr eure Kinder unter Druck. So ist es kein Wunder, dass es zu den Umständen, wie sie heute herrschen, gekommen ist. Eure Kinder rebellieren, jedes auf seine Weise, und alles verschlimmert sich noch, weil viele Kinder schon frühzeitig von einem Therapeuten zum nächsten geschleppt werden und damit das Gefühl bekommen, mit IHNEN sei etwas nicht Ordnung. Dabei hapert es am gesellschaftlichen System, nicht an euren Kindern. Eure Kinder sind nämlich in Wahrheit vollkommen in Ordnung. Sie haben nur keine Lust, sich eurem Druck auszusetzen.*

*Anstatt sie mit Leistungsdruck zu ersticken, solltet ihr zusehen, dass sie die wahren Werte leben dürfen. Kein Mensch sollte sich jemals als Versager fühlen, denn so etwas gibt es in Wahrheit nicht. Allein euer System und eure Denkweise kreierten erst diesen Begriff.*

*Wie könnt ihr es nur zulassen, dass so herrliche Geschöpfe, wie ihr nun mal seid, eure Kinder ganz besonders, solchen Denkweisen ausgesetzt werden? Ihr alle seid Aspekte unseres Vaters im Himmel. Von einem Menschen zu behaupten, er wäre ein Versager, ist gleichbedeutend wie zu sagen: GOTT ist ein Versager.*

*Kinder so unter Druck zu setzen oder ihnen das Gefühl zu geben, Versager zu sein, hinterlässt eine Verzweiflung in ihnen, die sie nicht selten dazu bringt, vorzeitig aus dem Leben zu gehen. Erkennt, dass es nur an eurem System liegt.*

*Wir wissen, dass viele von euch nach so einem Ereignis von Schuldgefühlen geplagt werden und sagen euch hier: Ihr hättet sie nicht, wenn eure Seele euch nicht zuflüstern würde, etwas falsch gemacht zu haben.*

*Menschen nach Leistung oder Wissen zu beurteilen ist also der falsche Weg. Vielmehr solltet ihr euch der inneren wie auch der wahren Werte besinnen und diese in Zukunft lehren.*

*Wir sehen, dass hinter all dem Leistungsdruck, dem ihr und eure Kinder ausgesetzt seid, die Angst steht, entweder beruflich zu versagen oder erst gar keinen Beruf zu bekommen. Wir fragen euch, wie viele eurer Kinder, die einen glänzenden beruflichen Abschluss gemacht haben, befinden sich in einem Beruf? Ist es nicht vielmehr so, dass immer mehr von ihnen zu Hause bleiben müssen?*

*Wir können euch jetzt schon sagen, dass die Aussichten auf einen Beruf immer weniger werden. In einer Leistungsgesellschaft geht es nicht mehr um Be-RUF-ung, weswegen auch immer mehr Berufe abgeschafft wurden und werden. Diesen Zusammenhang gilt es zu verstehen, dann kann auch ein Wandel kommen. Und so gilt es, den Kindern etwas völlig anderes beizubringen als das, was ihr ihnen heutzutage förmlich mit Gewalt eintrichtern wollt: Nämlich die Gesetzmäßigkeit zwischen Himmel und Erde und das wahre SEIN eines Menschen, sowie den Grund, warum es das Mysterium Leben überhaupt gibt. Somit sollte ein Unterricht stattfinden, der aus einer Mischung aus weltlichen und geistigen Gesetzmäßigkeiten besteht. Damit fesselt ihr eure Kinder, setzt sie nicht mehr unter Druck und erhaltet ihre Erinnerung an unsere Welt aufrecht.*

*Versteht, dass die Zeit der Abspaltung vorbei sein muss. Die Menschheit hat genug darunter gelitten, denn uns und unsere Wirkung auf euch nicht anzuerkennen, brachte und bringt nur Unglück. Den Neuen Kindern zuliebe solltet ihr also jetzt das Ruder herumreißen.*

*Ihr mögt euch fragen, wie das geschehen soll? Wir sagen euch: Öffnet euer Herz, dann werden auch die Antworten kommen.*

☆☆☆☆☆

## Das neue Lernprogramm

Zuerst gilt es zu verstehen, dass wir nicht das sind, was wir glauben zu sein. Zwar sehen wir aus wie Menschen, aber dieses Aussehen ist nur eine Maske. In Wahrheit sind wir Wesen aus Licht, getarnt unter einem Mantel aus Materie, genannt Körper. Ich sprach ja schon in meinen vorangegangen Büchern von dem seltsamen Körperkult, der in der Neuzeit betrieben wird.*) Trotzdem muss es an dieser Stelle noch einmal angesprochen werden.

Da die meisten von uns nicht mehr an die Wahrheit angeschlossen sind, bleibt nur noch die Definierung über den Körper. Wir wissen nicht mehr, was für großartige Wesen wir in Wahrheit sind, und so konnte der Körperkult aus Mangel an Beweisen solche seltsamen Blüten treiben, wie es heute der Fall ist. Schön möchte man sein, muskulös und knackig. Junge Mädchen wünschen sich eine Brust-OP, weil sie mit ihrem Busen nicht zufrieden sind, junge Männer strapazieren ihren Körper mit Sporthöchstleistungen, nur um einen Waschbrettbauch und Muskeln an den richtigen Stellen zu bekommen. Sobald die ersten Fältchen oder Fettpölsterchen auftauchen, geraten nicht nur die etwas Älteren in Panik. Und auch dort wird, sofern es die Mittel erlauben, nachgeholfen. Anfangs mit teuren Cremes, später dann mit Botox oder Liftings. Die neue Devise lautet also SCHÖN, JUNG und SCHLANK bleiben zu wollen, koste es, was es wolle.

---

*) Hanne Reinhardt: „Wunderwerk Mensch“ und „Du bist der Meister!“, beide erschienen im Smaragd Verlag

Manche treiben es so weit, dass sie vollkommen entstellt sind, und zwar so, dass ihr Anblick alleine schon dazu führen kann, Menschen zu Tode zu erschrecken, und wieder andere hungern sich buchstäblich zu Tode oder übertreiben sportliche Aktivitäten dermaßen, dass dem Körper Hören und Sehen vergeht. Was sich früher oder später ganz von alleine rächt. Denn nicht umsonst heißt es: Sport ist Mord...

Alles nur, weil das Selbstwertgefühl für sich selbst und das Gefühl für das Leben selbst verlorengegangen sind. In Wahrheit ist es nämlich so, dass wir mehr als einen Körper haben. Hier möchte ich erst einmal mit der sogenannten Blaupause beginnen.

Wenn wir uns dazu entschließen, als Mensch Gestalt anzunehmen, entwerfen wir im Geist so was wie eine Schablone. Schließlich wollen wir ja, dass unser Geist in eine Form gebracht wird. Gemäß unserer Vorstellung, wie wir sein wollen, fertigen wir unsere Blaupause an, woraus sich dann der spätere Körper formt. Hinzu kommt, dass wir im Jenseits wissen, dass wir nicht ewig auf der Erde zu Gast sein wollen, weswegen wir unsere Blaupause auch gleich auf die unterschiedlichen Altersstufen programmieren. Wir wissen um die Gesetzmäßigkeit der Schwerkraft, die im Laufe unseres Lebens immer mehr zunehmen wird. Was ja durchaus Sinn macht, wenn wir diesen Körper jemals wieder abstreifen wollen.

Und genau das ist der Grund, warum alles Liften nichts nützt, da die Schwerkraft nicht zu überlisten ist. Je älter wir werden, umso mehr zieht Mutter Erde uns an, und zu glauben, diesen Prozess mittels OP aufhalten zu können, ist irrelevant. Unsere im Himmel getätigte Programmierung läuft, ob mit oder ohne OP.

Letztendlich ist die Wurzel des neuzeitlichen Körperkultes nichts anderes, als die Angst vor dem Älterwerden und dem Sterben. (Dabei fängt schon am Tag unserer Geburt unser Todeshormon an zu wirken!) Wir sind so abgeschnitten von der Wahrheit, dass wir tatsächlich denken, wenn wir tot sind, wären wir ausgelöscht. Und versuchen so auf lächerliche Weise, dem Tod ein Schnippchen zu schlagen, indem wir uns jünger machen, als wir sind. Na gut, dann wird uns eben jung und knackig das letzte Hemd über unseren starren Köper gezogen, und endlich passen die anoperierten Masken auch zu uns: nämlich zur Leichenstarre...

Aber zurück zu unserer verdrehten Sichtweise. Verdreht deswegen, weil wir unserem materiellen Körper eine Wichtigkeit und einen äußerlichen Stellenwert beimessen, der völlig unsinnig ist. Unsere Körper ist nämlich nichts anderes als das Ergebnis der von uns angefertigten Blaupause. Hinzu kommen später unsere menschlichen Gedanken und unser irdisches Tun, die unseren Körper ebenfalls formen. Kein Mensch wird zum Beispiel übergewichtig geboren, und wenn es dennoch vorkommt, so ist es ein Gendefekt. Vielmehr sorgen wir selbst oder unsere Eltern dafür, dass wir übergewichtig werden.

Wenden wir uns nun aber dem wahren Mensch-SEIN zu. Und die Wahrheit ist, der Mensch ist ein Wesen aus Licht. Was wir als Körper wahrnehmen, ist die Manifestation allen Lichts, das wir sind. Jeder Mensch hat seinen ureigenen Farbstrahl sowie seinen ureigenen Klang, der durch sein Schwingungsverhältnis erzeugt wird und an dem uns die Geistige Welt sofort erkennen kann.

So haben unsere Kinder einen wahrhaft zauberhaften Glockenklang, der nicht von dieser Welt zu sein scheint. Im Laufe eines Lebens nimmt der Klang an Intensität zu, um in späteren Jahren wieder feiner und höher zu werden. Aber immer bleibt der Grundton erhalten, ganz im Gegensatz zu den Farben unserer Aura (Energiefeld um den menschlichen Körper) und unseren Chakren (Energieräder genannt).

Unsere goldigen Babys und Kleinkinder leuchten noch aus allen Poren, weswegen wir ja auch so entzückt über ihre Ausstrahlung sind und sie als rein und unschuldig bezeichnen. Ihr Aurafeld ist noch ungetrübt und unbeschrieben wie ein leeres Blatt, und wer darauf achtet, wird feststellen, dass Kinder einen ganz besonderen blumigen Duft an sich haben. Erst im Laufe ihrer Entwicklung und der Erfahrungen, die sie machen, verändert sich ihre Aura wie auch ihr Körpergeruch.

Es ist heutzutage mittels der Kirlian-Fotografie möglich, Bilder von der menschlichen Aura anzufertigen, sodass ich hier nicht noch großartig beweisen muss, ob es sie wirklich gibt oder nicht. Unter dem Aspekt, dass wir Lichtwesen sind, bedarf es sowie keiner Beweise. Fest steht jedenfalls, dass die menschliche Aura lebt! Denn je nach Gefühlszustand, aber auch je nach Gedanken, verändert sich der Zustand der Aura. Nicht umsonst sprechen wir von düsteren

Gedanken oder von einer strahlenden Persönlichkeit. Unsere Kinder können im Gegensatz zu uns, die wir ja gelernt haben, unsere Gefühle im Zaun zu halten, tatsächlich noch Rot vor Zorn werden, aber auch mit einem Lächeln das Gold vom Himmel herunterholen. Anstatt unseren Kindern zu erlauben, ihre Gefühle auszuleben, reagieren wir mit Ablehnung und vermitteln den Kindern damit schon früh, dass sie so, wie sie sind, nicht in Ordnung sind. Damit verhindern wir, dass sie sich ausdrücken dürfen, und so können sich ungelebte Gefühle im Aurafeld festsetzen.

Wenn das nicht erlaubt wird, setzen sich ungelebte Gefühle in jeder Zelle wie auch im Aurafeld des Körpers fest, wo sie über Jahre ein Schattendasein fristen, ohne (oft) überhaupt wahrgenommen zu werden. Das hat fatale Folgen, nämlich auf Dauer gesehen ein krankes System, und zwar innen wie außen, was man übrigens schon am veränderten Duft der Kinder rechtzeitig erkennen kann. Kinder, die eine Krankheit ausbrüten, riechen schon Tage vorher anders! Bezeichnenderweise ist es möglich, Störungen im System schon am Aurafeld abzulesen. Von daher sollte in den Schulplan unbedingt die Lehre der menschlichen AURA aufgenommen werden.

Zwangsläufig ergibt sich daraus, dass unsere Kinder ebenfalls um das Chakrensystem wissen sollten. Unsere Chakren sind Energieräder, die den Körper und seine Organe bestmöglich mit Energie versorgen. Durch falsche Glaubensmuster oder traumatische Ereignisse kann es vorkommen, dass sich die Chakren erst gar nicht öffnen oder sich, wenn sie geöffnet waren, wieder schließen. Dadurch entsteht eine Energieblockade, die, wenn sie nicht behoben wird, zu organischen wie auch zu geistigen Störungen (falschen Gedankenmustern) führen kann.

An dieser Stelle sei noch einmal gesagt (auch auf die Gefahr hin, dass ich mich in meinen Büchern wiederhole): FINGER WEG von Kursen, Workshops oder Seminaren, in denen euch beigebracht werden soll, wie man seine Chakren schließt. Das ist einer der Trends auf dem großen Jahrmarkt der Esoterik, und ich garantiere euch, dass es nicht nur eurem Konto schaden wird. Seine Chakren angeblich aus Selbstschutz zu schließen, ist bis jetzt das Dümmste, was mir jemals zu Ohren gekommen ist. Und sollte es tatsächlich jemandem gelingen, sämtliche Chakren zu schließen, kann er getrost schon einmal sein Testament machen. Denn er schneidet sich buchstäblich von lebensspendender Energie ab.

Unsere Kinder sollten zwingend mit einem spirituellen Bewusstsein aufwachsen dürfen, schon alleine deswegen, damit sie später keinen falschen Gurus in die Hände fallen, und weil sie im Gegensatz zu uns ja noch voll an das wahre spirituelle Bewusstsein angeschlossen sind. Zwar haben sie, wie wir alle, auch die Aufgabe, sich hier auf der Erde zurechtzufinden, aber es gibt kein erfülltes Leben, ohne den Himmel mit einzubeziehen. So sollten unsere Kinder ihren Glauben an Engel, Elfen und Feen behalten dürfen, denn sie sind so real wie du und ich. Allerdings gestehen wir ihnen meistens einen Schutzengel zu, aber immerhin etwas...

Auch sollte ihnen beigebracht werden, dass jedes Leben das Ergebnis des vorherigen ist und sich dieses auf das neue Leben auswirkt. Das Leben ist ein ewiger Kreislauf, und Ziel des Ganzen ist, so viele Erfahrungen wie möglich zu machen, um dann zurückzukehren in die Einheit von Allem-was-ist. Kinder sollten erfahren dürfen, dass sie hier auf der Erde keineswegs von ihrer himmlischen Quelle abgeschnitten sind, sondern dieses Trennungsgefühl nur eine Illusion ist. Ist das nämlich verinnerlicht, kann sich die Liebe für sich selbst wie auch für anderes Leben, – egal, ob Mensch oder Tier –, in unseren Kindern entfalten. Wie viele Menschen, auch unsere Kinder, fühlen sich einsam, allein gelassen und verzweifeln schier an diesem Gefühl. All das nur, weil ihnen die Verbindung zu GOTT, und damit ihrem eigenen Ursprung, fehlt.

So würde ich als das wichtigste Fach überhaupt die Herzensliebe einführen, und einhergehend damit später dann auch die Liebe zwischen Mann und Frau. Nur so können unsere Kinder schon früh lernen, dass es etwas ganz Besonderes ist, sich geschlechtlich zu vereinen. Auch sollten Kinder unbedingt wissen, dass sie verkleidete Engel sind, die hier auf der Erde Mensch spielen dürfen. Sie sollten wissen, dass sie in Wahrheit körperlose Wesen sind und der menschliche Körper eine wunderbare Vorrichtung ist, der Seele Halt zu geben. Wenn sie lernen, dass ihr Körper nur das Gefäß für ihr wahres Sein ist, gehen sie auch anders mit ihm um.

Ebenso sollten Kinder darin unterrichtet werden, wie machtvoll Gedanken sind. Das ist ungemein wichtig, da wir durch unsere Gedanken unser Leben kreieren. Es stimmt, dass wir mit einem bestimmten Lernziel zur Erde kommen. Es stimmt auch, dass wir uns, wenn möglich, an unseren Lebensplan halten sollten, aber ebenso stimmt es, dass wir trotz allem einen freien Willen geschenkt bekommen haben, der uns den Freiraum lässt, ob wir diesen Plan überhaupt einhalten oder nicht doch von ihm abweichen wollen.

Ein Kind, das davon überzeugt ist: Ich kann nichts, wird sich in Gedanken immer als Versager fühlen bis, ja, bis sich seine Gedanken manifestiert haben und es tatsächlich zum Versager auf der ganzen Linie wird. Damit bringt es sich selbst aus seinem Lebensplan heraus und muss zwangsläufig im nächsten Leben erneut an diesem Versagergefühl arbeiten. Deswegen ist es so wichtig, Kindern früh genug beizubringen, dass der stärkste Motor im Leben Gedanken sind. Kinder, die ja von Haus aus kreativ sind, sollten dazu ermuntert werden, sich die Welt und ihr Leben so schön wie möglich zu erträumen, damit haben sie die besten Chancen, ein zufriedenes Leben zu führen.

Der zweite starke Motor eines Menschenlebens sind seine Gefühle. Denn diese sind der ursprüngliche Sinn des Lebens. Wir sind nur deswegen hier, um uns über unsere Gefühle zu erfahren, und tun das auch. Nur wird unseren Gefühlen keine Beachtung mehr geschenkt. Kinder sollten wissen, dass Gefühle eine Menge im Körper auslösen, da Gefühle auch immer mit Gedanken verbunden sind und umgekehrt, und so tragen zum Beispiel negative Gefühle dazu bei, den Menschen krank zu machen.

Unsere Kinder sollten also ein völlig neues Fach der Heilkunde kennenlernen dürfen, nämlich das der ganzheitlichen Heilkunde. Heutzutage haben wir für jedes Wehwehchen einen Spezialisten. Nicht, dass ich etwas gegen sie sagen möchte, auf ihrem Gebiet leisten sie sicherlich Hervorragendes, aber eben nur auf ihrem Spezialgebiet. Das Dilemma daran ist, dass der Mensch nicht mehr als Einheit gesehen, sondern buchstäblich in Einzelteile zerlegt wird. Damit werden zwar die Symptome behandelt, aber nie die Ursache. Und so sucht sich jede Erkrankung, deren Gefühlsursache oder krankmachende Gedankenmuster nicht erkannt werden, einen neuen Weg, um auf sich aufmerksam zu machen. Wir kennen das alle, kaum hat man sich vermeintlich von einer Krankheit erholt, befällt einen schon die nächste. Aber auch darauf werde ich später noch detaillierter eingehen.

Auch darf in Zukunft nicht fehlen, Kindern immer wieder zu erzählen, dass das Leben seinen ureigenen Rhythmus hat. Sie sollten wissen, dass sie alle sieben Jahre in eine neue Lebensphase eintreten, die, wie kann es anders sein, ebenfalls mit den Chakren in Verbindung steht. Aber dazu möchte die Geistige Welt später etwas sagen. Schon ein einziger Tagesablauf erklärt den Rhythmus des Lebens. Und was machen wir, und wozu erziehen wir unsere Kinder? Zur Bewusst(seins)losigkeit...

Sie sollten lernen dürfen, wie Krankheiten in Wahrheit entstehen: durch falsche Ernährung wie auch durch falsches Verhalten (die Signale des Körpers zu überhören), falsche Gedankenmuster und unverarbeitete Gefühle.

Bezöge man die Astrologie in den Unterricht mit ein, könnten Kinder anhand ihres Horoskops schon erfahren, was ihre Lebensaufgabe sein wird, welche Stärken und welche Schwächen sie mitgebracht haben, und jedes Kind sollte seiner Persönlichkeit nach unterstützt und gestützt werden. Das finde ich wichtig!, denn ein Leben kann nur als erfüllt angesehen werden, wenn man um sich und um seine Aufgaben weiß. Außerdem sollten die neuen Lehrer, wie übrigens die Eltern auch, ein Gespür dafür entwickeln, wann ein Kind nicht mehr in der Lage ist, etwas aufzunehmen, und für den nötigen Ausgleich sorgen, indem sie den Kindern genügend Pausen zugestehen.

Man hat herausgefunden, dass bei Erwachsenen die volle Aufmerksamkeit schon nach fünf Minuten nachlässt, weswegen gerade bei Radiosendern Pausen durch Musik eingelegt werden, und unseren Kindern muten wir zu, dass sie volle 45 Minuten zuhören sollen, bevor es in die erste Pause geht? Kinder, die sich mit einem Lehrfach schwertun, zur Nachhilfe zu schicken oder die zu Hause noch stundenlang üben müssen, verlieren vollends die Lust. Sie in ihrer kostbaren Freizeit auch noch zum Lernen zu zwingen, ist der falsche Weg. Anstatt dem Kind einzureden, dass es das Thema ja endlich einmal kapieren muss, sollten Erwachsene so weise sein, die Zügel locker zu halten. Schon alleine deshalb, damit das Kind nicht anfängt, sich selbst in Frage zu stellen und dadurch unter Druck gerät. Wie man weiß, ist es für manche Kinder einfach noch zu früh, und viele fangen erst im Erwachsenenalter an, sich nachzubilden.

Ebenso oft liegt das Desinteresse aber auch an der Art, wie das Wissen vermittelt wird, aber auch vor allem, von wem. Auch Kinder können nicht mit jedem. Was liegt also näher, als einen Ersatzlehrer zu suchen? Genau genommen sollte es viel mehr Lehrer geben und auch viel mehr Klassen, so, wie den Kindern bis in den Abend hinein die Schulen offen stehen sollten, damit sie zu ihrer Zeit lernen können. Vergessen wir nicht, dass es Frühaufsteher und Langschläfer gibt, sowie Kinder, die irgendwo dazwischen liegen. Warum also Kinder in einen starren Stundenplan zwängen? Damit sprechen wir ihnen nur ihre Individualität ab, so, wie wir sie dazu zwingen, Lehrern zuzuhören, die sie nicht mögen.

Vielmehr sollte mit der Zeit herausgefunden werden, mit welchen Kindern (Mitschülern) und welchen Lehrern unsere Kinder am besten harmonieren. Denn stimmen diese Voraussetzungen, wird das Lernen ebenfalls zu einem Spiel, weil in einer Umgebung gelernt wird, in der das Kind sich rundherum wohlfühlen kann.

Nicht zuletzt sollten sie früh darauf aufmerksam gemacht werden, dass Mutter Erde ein lebender Planet ist, der uns nährt und überhaupt erst die Möglichkeit gibt, uns als Mensch zu erfahren. In diesem Zusammenhang können Kinder schon früh lernen, dass es sogenannte Kraftfelder auf Mutter Erde gibt, die uns mit enormen Energien versorgen, wie auch Wasseradern oder Erdstrahlungen, die sich negativ auf den Organismus auswirken können. Früh sollten sie dazu angeleitet werden, Abfall oder Müll nicht achtlos in der Natur herumliegen zu lassen, denn Mutter Erde wird nur mit organischen Stoffen fertig, nicht aber mit unserem künstlich hergestellten Plastikmüll. Gleichzeitig müssen sie vor den Gefahren des immer mehr werdenden Elektrosmogs gewarnt werden (Handys, PCs, Fernsehgeräte usw.), damit sie lernen, achtsamer mit diesen Dingen umzugehen.

Ein Fach in Telepathie oder Medialität wäre ebenfalls wünschenswert, da jeder Mensch diese Anlagen in sich trägt. Unsere Kristallkinder sowieso! Was liegt näher, als sie gerade auf diesem Gebiet zu schulen? So sollte es auch unbedingt ein Fach in den Schulen geben, das das Wesen, die Struktur und die Hierarchie der Geistigen Welt erklärt und, einhergehend damit, auch das Wesen der Engel. Für alle Lebensbereiche eines Menschen gibt es auch einen Engel, den man anrufen kann, so, wie es himmlische Wesenheiten gibt, die selbst schon die Erfahrung des Menschseins gemacht haben und sich als Begleiter für die Menschen zur Verfügung stellen. Unsere Kinder sollten also mit dem Verständnis für beide Welten aufwachsen dürfen. Hier ein Aufruf an alle ganzheitlich arbeitenden, aber bitte, seriösen Heiler, Medien, Sternenkundler, Seher usw.

**Bewerbt euch an unseren Schulen!**

**Und mein Aufruf an die Schulen lautet: Lasst sie herein!**

Denn Kinder, die so aufwachsen dürfen und in die wahren und wichtigen Gesetzmäßigkeiten „eingeweiht“

werden, können ihr gesamtes Potenzial entfalten und sind wahrhaft jedes für sich ein Licht für die Welt. Sie erfahren sich nämlich als Ganzheit, fühlen sich verbunden mit allem, was lebt, und haben so auch den Respekt und die Achtung, die heutzutage verlorengegangen sind. Sie wüssten, dass das Leben wie eine Sinfonie und alles miteinander verbunden ist, und, ja, sie wüssten, dass sie Lichtwesen sind, die hier zusammen mit anderen Lichtwesen eine Reise der Erfahrungen machen.

In Wahrheit ist alles, was wir im Moment als erstrebenswert ansehen, nämlich jung und erfolgreich im Beruf zu sein, damit wir uns einen gewissen Lebensstandard leisten können, nicht das, worauf es im Leben ankommt. Hören wir also auf damit, unsere Kinder schon in jungen Jahren unter Leistungsdruck zu setzen. Wie wir sehen, reagieren sie auf ihre Weise darauf, weil sie intuitiv wissen, dass all das unsinnig ist. Sie wehren sich durch Aufsässigkeit, Lustlosigkeit oder Krankheiten. Und sie haben recht. Vergessen wir nicht, dass immer mehr Kristallkinder hereinkommen. Und die wissen ganz genau, worauf es ankommt. Was liegt also näher, als Kindern das beizubringen, was sie wirklich wissen sollten. Sicher halte ich Bildung für wichtig, aber ich halte nichts davon, aus unseren Kindern, die in erster Linie aus Gefühl bestehen, Kopfmenschen zu machen.

Unsere Gesellschaft ist auf dem besten Weg, den Menschen vollends zu spalten. Unmerklich hat sich eine Trennung zwischen Gefühl und Verstand vollzogen, was zwangsläufig dazu führen muss, schon unsere Kinder krank werden zu lassen, aber auch dafür sorgt, dass sie selbst abstumpfen und immer gefühlskälter mit der Welt, in der sie leben, umgehen. Unsere Gesellschaft bewundert vermeintlich große Köpfe und hebt sie als Elite hervor. Es mag sein, dass all die klugen Köpfe der Menschheit tatsächlich einen Dienst erweisen. Meiner Meinung nach besteht der aber nur darin, dass sie lebende Beispiele dafür sind, wie unglücklich Kopflastigkeit macht. Sie sind nämlich in der Regel komplett von ihren Gefühlen abgeschnitten und werden deswegen auch gerne als alltagsuntauglich oder weltfremd bezeichnet. Wie wahr! Wenn ich keinen Kontakt zu meinen Gefühlen aufbauen kann, kann ich das auch nicht zu meinen Mitmenschen.

Schlaue Köpfe widmen sich ihrem Studium oder der Wissenschaft und schaden in der Regel nur sich selbst, während weniger schlaue rigoros über die Gefühle anderer latschen. Bekleiden sie hohe Ämter, zetteln sie sogar Kriege an. Im kleineren Rahmen schließen sie sich Gangs an und terrorisieren ihre Mitmenschen. Und im noch kleineren Kreis erleben wir skrupellose Gauner, die andere übers Ohr hauen und ebenfalls über Leichen gehen.

Das ganze Elend auf dieser Welt geschieht nur, weil der Mensch sich spalten lässt. Gäbe es genügend Gefühl, dann wäre auch die Liebe nicht weit. So sollte eines der Hauptfächer in den Schulen Gefühl und Liebe sein. Wenn wir unsere Kinder tatsächlich auf das Leben vorbereiten wollen, wie wir ja immer wieder betonen, wenn es um die Schulen geht, dann muss hier ein Wandel von 180° erfolgen. Schon Antoine de Saint-Exupéry wusste: *Man sieht nur mit dem Herzen gut*.

Fangen wir also damit an, unsere Kinder wahrhaft sehend zu machen. Dann wird es keine Statistiken mehr geben, wie zum Beispiel die, dass jedes Jahr 20.0000 Jugendliche und Kinder (ab zwölf Jahre!) mit Alkoholvergiftung in unseren Krankenhäusern landen.

*Wisst, geliebte Wesen, dass jedes Leben viel mehr ist als das, was ihr darin seht. „Die, die zwischen den Welten vermittelt", weiß, worauf es ankommt, und hat euch hier schon einiges dazu gesagt. Wir wollen euch jetzt das Leben aus spiritueller Sicht erklären.*

*Unsere Quelle, aus der alles Leben entstand und immer noch entsteht, die wir, wie ihr übrigens auch, „unseren Vater" nennen, kann in ihrer Ganzheit nicht beschrieben werden. Selbst wir können nicht sagen, wer oder was sie ist. Was wir aber sagen können ist, dass diese Quelle aus der Frequenz der reinen Liebe besteht. Aus dieser Liebe heraus spaltete sie einst unzählige Aspekte von sich ab, und so entstanden alle Lichtwesen wie Erzengel und Engel, zu denen auch ihr gehört.*

*Wir wissen, dass es in der Nähe der Quelle Wesenheiten gibt, die um einiges höher schwingen als wir und die Erzengel oder die Aufgestiegenen Meister. Dabei handelt es sich weniger um Einzelwesen, als um ein Wesen mit ebenfalls vielen Aspekten. Aber das wird zu schwierig zu verstehen und soll euch hier keinesfalls verwirren. Bleiben wir der Einfachheit halber bei euch. Ihr, die ihr so wunder-*

*bare Lichtwesen seid, seid vor langer Zeit so tief in die Materie abgetaucht, dass ihr vergessen habt, wer ihr wirklich seid. Versteht, dass das zum großen Plan gehörte, weil die Quelle selbst alle Aspekte des Seins erfahren wollte, die nur möglich sind. So seid ihr also bereitwillig als Späher und Botschafter ausgeflogen, um für die Quelle alle diese Erfahrungen zu machen. Nun aber ist die Zeit gekommen, wo die Quelle euch wieder zurückruft. „Wieder" deswegen, weil es nicht das erste Mal in der Menschheitsgeschichte ist. Viele Male habt ihr diese Entwicklung schon hinter euch gebracht. Dass es so ist, beweist der Kreislauf eurer Inkarnationen. Ihr steigt immer wieder auf die Erde hinab, um nach einem jedem Leben wie auch nach Beendigung eines gesamten Inkarnationszyklus, nach vielen Leben also, wieder zur Quelle zu finden.*

*So zittert ihr beispielsweise alle bei dem Gedanken eines Atomkriegs. Nun, wir sagen euch hier, alles das habt ihr schon erlebt. Eure Erinnerung, die in eurem Kausalkörper abgespeichert ist, wie übrigens alle jemals gelebten Inkarnationen dort nachzulesen sind, flößt euch diese Angst ein, aber wie ihr seht (leichtes Lächeln), nach einer Phase der Ruhe und der Erholung beginnt das Leben neu. Versteht, dass alles einander bedingt und sich alles auf vielen und unterschiedlichen Ebenen auch wiederholt. So, wie in einem einzigen Atom das Wissen um den gesamten Kosmos enthalten ist, wie auch der Kosmos selbst, so seid auch ihr der ganze Kosmos. Ihr könnt ins Weltall blicken, und gleichzeitig ist das Weltall in euch. Alles bedingt einander, und alles hat seine Ordnung.*

*Hier wollen wir euch daran erinnern, dass ihr unsterblich seid. Eure Seele, also euer Lichtkörper, ist nicht zu zerstören. Er ist, genau wie die Quelle, ewig.*

*Was bedeutet es nun, ein Lichtwesen zu sein?*

*Lichtwesen sind genau das, was das Wort sagt: Wesen aus Licht. Die Quelle ist Licht, und ihr als Kinder dieser Quelle seid ebenfalls Licht. Allerdings in manifestierter Form. Euer Körper dient euch nur dazu, eurer sonst formlosen Gestalt ein Zuhause zu geben. Mit ihm könnt ihr Dinge tun, die in der Geistigen Welt so nicht möglich sind. Ihr erschafft mit euren Händen wie aus eurer Gedankenkraft heraus. Ihr könnt so schöne Dinge tun wie Essen, Trinken, andere Körper anfassen und dergleichen mehr.*

*Wir essen und trinken hier nicht, obwohl wir das manchmal hier nachspielen (Lächeln), dennoch ist es nicht das Gleiche. Wir können einander nicht berühren, weil wir miteinander verschmelzen. Auch haben wir nicht diese reichhaltige Gefühlspalette, wie ihr sie habt. Wir kennen nur ein Gefühl: das der Liebe.*

*Ihr aber, ihr habt als Erdenmenschen ein unglaubliches Geschenk erhalten und erkennt es oft nicht. Ihr erfahrt euch auf körperlicher Ebene ausgestattet mit euren Sinnen und euren Gefühlen, und das ist tatsächlich ein Wunder. Wisst: In Wahrheit ist es nicht möglich, euch in eurer Größe in einen menschlichen Körper einziehen zu lassen, weswegen nur ein winzig kleiner Aspekt von euch die Erdenreise antritt.*

*Es mag schwierig für euch sein zu verstehen, dass nur ein Teil von euch auf der Erde inkarniert und der andere*

*Teil hier bei uns bleibt. Aber dennoch ist es so. Viele von euch existieren auch noch in anderen Welten, aber es ginge zu weit, euch das hier zu erklären. Nehmt es einfach als gegeben hin (wieder Lächeln).*

*Viele von euch sind, was das Erdenleben betrifft, schon „alte Hasen“. Damit meinen wir, ihr seid so entzückt über das Erdenspiel, dass ihr immer wieder gerne an diesen Ort zurückkehrt. Damit wisst ihr auch, dass kein Lichtwesen jemals dazu gezwungen wird, diese Reise anzutreten. Aber wenn ihr sie antretet, so lasst euch sagen, dass ihr mit allem ausgestattet seid, was ihr für ein Menschenleben braucht.*

*Ihr erhaltet in der Regel alle einen gut funktionierenden Körper, der darauf ausgelegt ist, euch ein Leben lang ein guter Diener zu sein. (Anmerkung: Zu körperlichen Krankheiten werden wir später etwas sagen.) Zudem seid ihr alle an das kosmische Licht und an die kosmische Lebensenergie angeschlossen. Ohne das wäre ein Leben gar nicht möglich oder, besser gesagt, kein bewusstes Leben.*

*Euer Körper ist ein Energieträger, gleichzeitig Sender und Empfänger, und er beherbergt unzählige Energiezentren, mit denen er die kosmischen Schwingungen auffängt, um eure Organe und euren Körper bestmöglich mit der Lebensenergie zu versorgen. Gleichzeitig sendet ihr immerzu Energie aus. Jedes Gefühl in euch, jeder einzelne Gedanke, verändert die Frequenz eurer Energie. Befindet sich der Mensch mit GOTT und sich im Einklang, wird die kosmische Energie ungehindert durch ihn durchfließen können. Tut er das nicht, entstehen mit der Zeit Energieblockaden, die sich später als Krankheiten zeigen können.*

*Das Leben eines Menschen besteht aus unterschiedlichen Phasen und Stufen, die, wenn man sie versteht, einen großen Sinn ergeben. Ihr alle wisst darum, und ihr sprecht auch davon. Ihr wisst, dass sich das Leben in einem Siebenerzyklus aufbaut. Und wir wollen euch ein bisschen bewusster für diesen Zyklus und damit auch für das Leben machen. Dazu lassen wir aber „Die, die zwischen den Welten vermittelt" wieder zu Wort kommen, denn sie ist in der Lage, das für uns zu übernehmen.*

☆☆☆☆☆

## Das Leben im Siebenerrhythmus

Welch eine Ehre..., ja tatsächlich fühle ich mich sehr geehrt, dass ich dieses Thema weiterführen darf (sagte ich nicht, diese Reise wird spannend?)

Also gut, kommen wir zu dem Rhythmus des Lebens. Gleich vorab muss ich hier aber wieder einmal anmerken, dass ich über dieses Thema schon in meinem Buch „Wunderwerk Mensch“ (erschienen im Smaragd Verlag) ausführlich geschrieben habe, allerdings ging es dort um die unterschiedlichen Bewusstseinsstufen der Seele. Hier werde ich gleich die menschliche Bewusstseinsentwicklung im Laufe eines Lebens aus der Sicht der Chakrenaktivität erklären.

Wie wir ja wissen, währt das Leben ewig, und wenn man so will, kann man menschliches Leben als organische Seelenweiterentwicklung sehen. Organisch deswegen, weil diese Entwicklung in einem Körper stattfindet. Unser Höheres Selbst, also das Göttliche in uns, bestimmt immer selbst darüber, ob es inkarnieren möchte oder nicht. In der Regel verschließen wir uns nicht davor, Erfahrungen machen zu wollen, und das immer wieder, und zwar so lange, bis ein Inkarnationszyklus abgeschlossen ist.

Entschließen wir uns zu einer neuen Inkarnation, speichern wir das, was wir Lebensplan nennen, also alle Erfahrungen, die wir machen wollen, in unserem Kausalkörper ab, lassen uns aber in der Blaupause genügend Spielraum für unseren freien Willen.

Ziel einer jeder Inkarnation ist es, dem Göttlichen näherzukommen, das heißt, durch Erfahrungen das Seelenwachstum anzuheben, sprich zu erhöhen. Da wir im Jenseits wissen, welche Erfahrungen wir noch benötigen und unbedingt machen und welche Aufgaben wir lösen wollen, suchen wir uns dafür die nötigen Voraussetzungen aus: Ort, Elternhaus usw.

Ist die Planungszeit des neuen Lebens abgeschlossen, verliert die Seele nach und nach ihr Bewusstsein und geht mit der Empfängnis eine energetische Verbindung mit dem Körper der Mutter ein. Es umgibt sie eine energetische Schutzhülle, die sich erst bei der Geburt auflöst.

Mit dem Wachstum im Körper der Mutter kommt irgendwann der Zeitpunkt, an dem sich die Seele bewusst wird, wo sie sich befindet, was ihr meistens schlagartig klar wird. Die Erkenntnis darüber durchzuckt sie förmlich, und das ist der Moment, in dem Mütter zum ersten Mal eine Bewegung ihres Kindes spüren. Das ist der Moment, wo die Seele ihre Erinnerung an ihren Lebensplan vollends verliert, aber im physischen Körper neu erwacht, und es ist die Zeit, in der Mütter wie Väter in Kontakt mit der Seele kommen können, indem sie anfangen, mit ihrem Kind zu sprechen.

☆☆☆

# Geburt

Wird ein Seelchen geboren, verliert es seine energetische Schutzhülle und ist den Energien und Einflüssen des Universums wie auch den irdischen Energiefeldern ausgesetzt. In der Schwangerschaft war es noch durch die Mutter vor allen diesen Einflüssen geschützt. Die kosmischen Kräfte der Himmelskörper wirken nun erstmalig auf das neue Leben (weswegen in alten Zeiten gerne die Astrologen gefragt wurden, damit diese anhand der Gestirne zum Zeitpunkt der Geburt den Verlauf des Lebens vorhersagen konnten) sowie die universale Energie, die das Kind energetisch bereichern. Die Einheit von Mutter und Kind wird durch das Durchtrennen der Nabelschnur unterbrochen, und das Kind nimmt seinen ersten Atemzug. Auch wenn die Nabelschnur durchtrennt wird, bleibt dennoch eine sogenannte Silberschnur zwischen Mutter und Kind bestehen, die beide ein Leben lang miteinander verbindet.

Der frühzeitige Verlust eines Kindes ist auch deswegen so schmerzhaft, weil die Silberschnur förmlich zerrissen wird und der Mutter dadurch unendlicher, ja, wirklich grausamer Schmerz widerfährt.

Wir sollten unsere Kinder so sanft wie möglich zur Welt kommen lassen, und, wenn es möglich ist, ohne die Zugabe von Medikamenten.

Eine Geburt ist das einschneidendste Erlebnis im Leben eines Menschen. Schließlich kommt die Seele aus der ätherischen Welt und erlebt nun, wie sie in der Welt der Materie erwacht, und sie erfährt sich zudem, getrennt vom schützenden Mutterleib, allein lebend.

Kreissäle haben sich gegenüber ihrer früheren sterilen Form sehr gewandelt, wie auch die Hausgeburten wieder mehr zunehmen. Sicherlich müssen alle Untersuchungen am Neugeborenen gemacht werden, aber ginge es nicht auch, wenn das Kind dabei auf dem Bauch oder in den Armen der Mutter liegenbleiben dürfte? Denn ein Kind gerade in den ersten Momenten seines Lebens für Untersuchungen von der Mutter zu trennen, ruft in dem Seelchen Panik hervor. Ich gebe zu, dass ich nicht weiß, wie es heutzutage gehandhabt wird. Wenn es schon so gemacht wird, dann ist ja alles gut.

Auch sollte die Unsitte, Kinder mit einem Klaps auf dem Po zu begrüßen, endlich aufgehoben werden. Stellt euch vor, ihr betretet erwartungsfroh fremdes Terrain, steht an der Grenze oder vor einer fremden Tür und bekommt zu Begrüßung und als Willkommen einen herzhaften Klatscher ins Gesicht. Wie schräg ist das denn?

Neugeborene sollten ganz bestimmt nicht ihr Leben weinend beginnen, und die Ausrede, dass damit der erste Atemzug angeregt wird, lasse ich nicht gelten. Jedes gesunde Kind wird zu seiner Zeit schon den ersten Atemzug machen. Vertraut dem Mechanismus des Lebens! Oftmals ist es nämlich so, dass unsere Neugeborenen mit dem Klaps einen nicht unerheblichen Schock versetzt bekommen und somit von Anfang an falsch atmen, was später zu einer Sauerstoffunterversorgung des Organismus führen kann, aber auch unzählige Stotterer hervorbringt. Lasst also eure Finger von den zarten Pöchen unserer Neugeborenen!

Kürzlich erfuhr ich im Fernsehen – leider beim Zappen, sodass mir der Anfang des Berichts fehlte – durch Zufall von einem Professor namens Hackelöer, dem es gegen den Strich ging, Neugeborene so steril in der neuen Welt zu empfangen. Da er begeisterter Mundharmoniker ist, kam ihm vor Jahren die zündende Idee, Neugeborene mit einem Ständchen auf seiner Mundharmonika zu begrüßen, zur Freude der Eltern und zum Wohl der Babys.

Beim Klang der Musik öffnen sich die Augen, und die Babys lauschen den Tönen. Ja, davon wünsche ich mir mehr. Jedes neue Leben sollte mit Musik empfangen werden. So wird aus einem mechanischen Vorgang ein Ereignis und zudem ein schöner Start ins neue Leben. Professor Hackelöer hat übrigens nach eigenen Angaben ein Repertoire von vierzig Liedern. Ja bitte, heißen wir neues Leben mit Musik willkommen. Um das zu verwirklichen? Fragen Sie Ihren Arzt oder Apotheker…

☆☆☆

## Entwicklung

Mit der Geburt beginnt das langsame Erwachen auf der Seelenreise. Noch hält sich die Seele oft und gerne in der Geistigen Welt auf, weswegen Babys auch so viel schlafen. Die Seele muss sich erst langsam daran gewöhnen, dass sie nun in einem kleinen Körper steckt, und verbringt noch viel Zeit in der Geistigen Welt. Und so ganz nebenbei kann sich der physische Körper mit Hilfe des ätherischen Körpers entwickeln.

Damit die Seele so oft aussteigen kann, wie sie möchte, ist bei unseren Säuglingen die Fontanelle weit geöffnet, die sich im Laufe des ersten Lebensjahrs immer mehr schließt. Spätestens mit anderthalb Jahren ist diese „Ausstiegsluke“ vollkommen geschlossen. Dennoch kann die Seele immer noch aussteigen, nämlich durch das Kronenchakra, das bei unseren Kindern ebenfalls weit geöffnet ist.

Das Energiefeld eines Neugeborenen wie auch unserer Kleinkinder ist hochempfindsam und dementsprechend verletzlich. Kinder reagieren empfindlich auf jede noch so kleine Schwingung ihres Umfelds. Das liegt daran, dass ihr Chakrensystem noch keine Schutzschicht gebildet hat, was aber ab dem siebten Lebensjahr in der Regel vollendet ist. Ab diesem Zeitpunkt sind Kinder nicht mehr so empfänglich und verletzlich wie in den ersten Lebensjahren. Nun wird deutlich, warum es nicht gut ist, schon unsere Kleinsten überall mit hinzuschleppen. Gönnen wir ihnen doch die Ruhe, die sie brauchen, damit sich ihr Energiefeld stabilisieren kann und sie nicht von Fremdeinflüssen beeinträchtigt werden.

In den ersten sieben Lebensjahren verbringt das Kind viel Zeit damit, sich an seine neue Umgebung zu gewöhnen, weswegen sich in dieser Zeit das Wurzelchakra öffnen sollte. Das Wurzelchakra (liegt unterhalb des Schambeins) schafft die Verbindung oder, besser gesagt, dient der Verankerung an Mutter Erde, einhergehend mit allem, was ein Kind in diesen Jahren lernt, um sich auf der Erde zurechtzufinden.

Erfährt ein Kind Ablehnung oder werden seine Bedürfnisse wie Hunger, Durst und liebevolle Zuwendung nicht erfüllt, so wird es ihm schwerfallen, sich diesem unserem Planeten zu öffnen. Es wird immer zutiefst verunsichert sein, kein oder kaum Vertrauen zu Mutter Erde aufbauen können und oft den Eindruck des unsicheren, ängstlichen oder auch misstrauischen Kindes vermitteln.

Jedes Neugeborene sollte übrigens unbedingt gestillt werden. Das schafft Vertrauen und wohlige Nähe, und gleichzeitig bekommt das Kind mit der Muttermilch sämtliche Abwehrstoffe geliefert, die es für ein gesundes Wachstum braucht. Auch sollten wir vom Kinderwagen wegkommen und stattdessen lieber Tragegurte nehmen. Auf diese Weise fühlt sich das Kind geborgen, und wir Frauen können noch ein bisschen schwanger spielen.

Ich erinnere mich, dass ich meinen Lieblingssohn (Kunststück, ist ja auch mein einziger), so lange, wie ich ihn unbeschadet vor mir hertragen konnte, im Gurt hatte. Und das war sehr, sehr lange...

Wir haben ja nun erfahren, wie empfindlich unsere Kleinsten auf ihre neue Umgebung reagieren, womit für mich sonnenklar ist, dass man sie vor unnötigem Lärm und Stress abschirmen sollte. An dieser Stelle möchte ich noch einmal das Thema „Stillen in der Öffentlichkeit" ansprechen.

Wenn wir davon ausgehen, dass alles Schwingung ist, und unter dem Aspekt, dass wir nun wissen, wie empfindsam unsere Neugeborenen sind, dann wird auch klar, warum man seinem Kind die Zeit der Stille schenken sollte. Ein Kind sollte tatsächlich in Ruhe seine Nahrung zu sich nehmen dürfen. Stillt eine Mutter ihr Kind in der Öffentlichkeit, so nimmt das Kind nämlich nicht nur die Muttermilch auf, sondern mit ihr auch den Lärm und Stress drumherum. Hinzu kommt, dass die meisten Mütter sich im Unterbewusstsein mit der Situation des öffentlichen Stillens nicht wohlfühlen, was sich ebenfalls auf das Kind überträgt. Jeder Erwachsene, der beim Frühstück Zeitung liest, verleibt sich die schlechten Nachrichten buchstäblich ein. Ebenso verhält es sich, wenn beim Abendbrot ferngesehen wird. Mit Hilfe der Nahrung, die in diesem Fall das Transportmittel ist, führen wir uns buchstäblich negative Schwingungen zu (als wenn wir nicht schon genug davon hätten...). Vergesst also niemals wieder, dass alles aus Schwingungen besteht, und gönnt gerade unseren Kindern eine Nahrungsaufnahme, die frei von Negativität ist. Auch sollte die allgemein verbreitete Unsitte, gerade beim Essen über Probleme, die uns oder unsere Kinder betreffen, zu reden, verboten werden. Immer wenn wir das tun, vergiften wir damit unsere Speisen. Kinder, die bei Tisch nach einer Standpauke oder einer schlechten Beurteilung ihrer schulischen Leistungen zum Weiteressen gezwungen werden, tun mir unendlich leid. Zum einen, weil sie nicht einmal in Ruhe essen dürfen, und zum anderen, weil ihnen in der Regel damit der Appetit gründlich verdorben wird, was sie auch durch lustloses Herumstochern im Essen signalisieren. Aber nein: „Iss jetzt, Kind!“ Wie kann man lustvoll und mit Freude essen, wenn einem die Tränen bis zum Hals stehen? Liebe Erwachsene, probiert es doch einmal selbst...

Einhergehend mit der Öffnung des Wurzelchakras lernt das Kind, sich immer mehr von seiner Mutter zu lösen. Nach den ersten beiden Lebensjahren, die dem Kind als Ankommen dienen, fängt es an, alles in seiner Umgebung als seins anzusehen. „Meine Puppe, mein Auto“, und es entwickelt die erste Ausdrucksform von Liebe seinen Eltern gegenüber. Gleichzeitig beginnt der Prozess der Identitätsfindung, und das Kind schafft sich seine eigene Phantasiewelt. Über seine Umwelt und seine persönlichen Gegenstände erfährt das Kind sich selbst. Weswegen es auch eine Zeitlang so schwierig ist, ein Kind zum Abgeben oder Teilen zu bewegen. Tatsächlich ist es ein Problem, Kinder in der frühen Kindheit dazu zu bewegen, andere Kinder mit ihrem Spielzeug spielen zu lassen, da das Kind sich mit seinem Spielzeug definiert. Soll es etwas abgeben, hat es das Gefühl, ein Stück von sich selbst abzugeben, was Tränen hervorruft.

Hört also damit auf, eure Kinder dazu zu zwingen, unbedingt das Teilen lernen zu müssen. Die Phase, in der das Kind gewillt ist, mit andern Kindern sein Spielzeug zu teilen, kommt ganz von allein. Nämlich dann, wenn es sich als eigenständiges Individuum erfahren hat.

☆☆☆

## Die Schuljahre

Wird das Kind eingeschult, öffnet sich um diesen Zeitpunkt herum das zweite Chakra vollends. Vollends deswegen, weil jedes Chakra von dem vorherigen Chakra beeinflusst wird. Um es einfach auszudrücken: In der Zeit, in der sich das erste Chakra entwickelt, wird auch schon das zweite aktiviert. Beginnt das zweite Chakra aktiv zu werden bekommt das dritte einen Impuls. Öffnet sich das dritte Chakra, beginnt das vierte zu arbeiten, usw.

Die Öffnung des Sakralchakras (eine Handbreit über dem Schambein) führt das Kind aus der ICH Position in das DU. Es kann sich jetzt anderen Kindern zuwenden, auch mit ihnen teilen, ohne dass es befürchten muss, sich selbst zu verlieren.

Das Wurzelchakra hat die Seele mit Mutter Erde verbunden, sodass sich das Kind nun sicher fühlen kann. Das zweite Chakra stellt sicher, sich mit anderen verbinden zu können. Folgedessen findet nun ein Kräftemessen mit anderen statt. Auch gewinnt der eigene Wille immer mehr an Kraft, zudem die Neugier auf das Leben und der damit einhergehende Wunsch, verstehen zu wollen, weswegen die Einschulung zu diesem Zeitpunkt genau richtig ist. Kinder möchten jetzt die Welt, in der sie leben, verstehen lernen und identifizieren sich mit allem, was sie lernen. Kleine Mädchen werden zu Prinzessinnen und kleine Jungen träumen davon, Indianer zu sein. Das Lernen beflügelt ihre Phantasie, die sie auch gerne mit andern teilen. Die Zeit der Cliquen beginnt, aber auch schon die Zeit des Verstandes.

Gegen Ende des dreizehnten Lebensjahres erwacht die Sexualität, womit die ICH Phase nun vollends durch das DU ersetzt wird. Ja, es scheint so, als würde man sein eigenes Ich für die erste Liebe komplett aufgeben und vollkommen in dem anderen aufgehen. Tatsächlich lassen sich gerade in dieser Zeit unsere Kinder leicht beeinflussen. Die Auflösung des Ichs stürzt sie in eine erste richtige Krise, in der sie nicht mehr wissen, ob sie Fisch oder Fleisch sind. Unsere pubertierenden Teenager täten gut daran, anstatt den Modetrends auf den Leim zu gehen, sich orangefarbene Kleidung zuzulegen, damit sie den Öffnungsprozess des zweiten Chakras wohltuend unterstützen können.

☆☆☆

## Die jungen Jahre

Da ja, wie schon erwähnt, unsere Chakren gleich einem Dominoeffekt arbeiten, öffnet sich circa ab dem vierzehnten Lebensjahr das dritte Chakra im Solarplexus (eine Handbreit über dem Bauchnabel), und die Gefühlswelt wird angesprochen. Das führt dazu, unsere Kinder noch ein Stückchen mehr zu verwirren. Im Körper selbst findet eine Hormonumstellung statt, sodass in dieser Zeit auf allen Ebenen das Chaos herrscht.

Wir wissen alle aus eigener Erfahrung, wie es war, ein Teenager zu sein. Ein Kind, das in den ersten sieben Lebensjahren kein Vertrauen zu Mutter Erde aufbauen konnte, wird gerade in dieser Zeit auf das Heftigste gerüttelt und geschüttelt. Da bei diesen Kindern das Wurzelchakra meist nicht richtig arbeitet, sind sie besonders leicht zu beeinflussen, weil ihnen die nötige Bodenhaftung fehlt. Das erklärt, warum viele unserer Kinder, obwohl sie aus vermeintlich gutem Elternhaus kommen, sich Gruppen anschließen, wie zum Beispiel Rechtsradikalen, Gruftis usw. Sie schwimmen verloren in der Welt herum, und auf der Suche nach Halt wenden sie sich Gruppen oder Gesinnungen zu, an denen wir Erwachsene verzweifeln können. Nun wird deutlich, warum es so wichtig ist, Kinder in ihrem Sein zu stärken. Sie anzunehmen, wie sie sind, und sie gerade in den ersten sieben Jahren einfach nur zu lieben. All das gibt ihnen den nötigen Halt für die späteren Jahre.

Die Jahre zwischen vierzehn und einundzwanzig dienen mit Hilfe der Öffnung des Solarplexus, auch Sonnengeflecht genannt, einmal der Selbstfindung, aber auch der vollständigen Öffnung der Gefühlswelt, weswegen in dieser Zeit auch schon das Herzchakra angestoßen wird. Beides bewirkt, dass unsere Kinder nun anfangen, die Welt über tiefergehende Gefühle wahrzunehmen. Auch das will gelernt sein, und so beginnt die Zeit, wo unser Kind äußerst heftig reagieren kann, mit sich und anderen besonders hart umgeht, alles nur doof findet und der Meinung ist, Erwachsene hätten sowieso keine Ahnung.

Die ganze Rebellion gegenüber den Erwachsenen resultiert nur daraus, dass Eltern wie Erwachsene den Teenies, die ja im Meer der Gefühle schwimmen, nichts anderes als ihren Verstand entgegenzusetzen haben. Kein Wunder, dass die Jungend uns gegenüber rebelliert. Sie wollen nicht denken, sie wollen fühlen. Und sie haben völlig recht damit, denn sie sind in der Gefühlsphase. Würden wir uns nun auf diese Phase einstellen, könnten wir nachvollziehen, was in unseren Kindern vorgeht und sie liebevoll durch das Tal des Gefühlschaos begleiten. Stattdessen müssen sie sich Sätze anhören wie: „So lange du deine Füße unter meinen Tisch stellst..."

Kinder, die in dieser Zeit von ihren Eltern getragen werden, kommen viel schneller in ihrem Herzen an als Jugendliche, die täglichen Auseinandersetzungen ausgeliefert sind. So können Eltern, die darum wissen, ganz anders auf ihre Kinder eingehen und somit tägliche, nervenaufreibende Auseinandersetzungen (für beide Seiten wohlgemerkt) vermeiden, und die Zeit zwischen Kind und Heranwachsendem würde dadurch erheblich entschärft.

Da das Herzchakra ja schon angestoßen wird, wenn sich der Solarplexus öffnet, kann es durchaus vorkommen, dass gerade in dieser Zeit unsere Kinder ständig mit neuen Überraschungen daherkommen. Ich kenne Eltern, die schier darüber verzweifeln, dass ihre Kinder ständig mit neuen Ideen aufwarten. Beruflich wollen sie heute dies und morgen das werden, so, wie die Freundin oder der Freund von gestern heute schon wieder Geschichte ist. All das ist vollkommen legitim, da es ihr Herzchakra ist, das schon aktiviert, aber noch nicht entfaltet ist, was dazu führt, dass unsere Kinder von einer Entscheidung in die nächste fallen. So loten sie jetzt schon aus, was ihnen später vom Herzen her zusagt.

☆☆☆

## Die erwachsenen Jahre

In den Jahren von einundzwanzig bis achtundzwanzig öffnet sich das Herzchakra (in der Mitte der Brust) zu seiner ganzen Größe, und unser Kind (inzwischen ja schon erwachsen) beginnt, sich Herzensdingen zu widmen beziehungsweise, auf sein Herz zu hören. In der Regel hat es einen Beruf gewählt, an dem sein Herz hängt, und meist ist das auch die Zeit, in der es von purer Lebensfreude erfüllt ist. Die erste Liebe hat es schon längst kennengelernt, und nun probiert es alles aus, was sein Herz begehrt. Es ist die Zeit des Genießens, und mittlerweile hat sich das Gefühlschaos beruhigt. Da unsere Kinder in dieser Zeit die bedingungslose Liebe erfahren, wundert es nicht, dass sich in dieser Lebensphase für einen festen Lebens- und Liebespartner entschieden wird, um mit diesem eine neue Familie zu gründen. Erst in dieser Lebensphase wächst mit der Öffnung des Herzchakras die Bereitschaft, seine Liebe zu teilen und sie zu verströmen, weswegen es also kein Wunder ist, dass der Wunsch nach eigenen Kindern aufkeimt. Die Nachkommen unserer Kinder sind also gerade in der Zeit gut bei ihnen aufgehoben.

Bei Eltern, deren Herzchakraentwicklung gestört ist, fehlt häufig die Bereitschaft zur bedingungslosen Liebe, was dazu führt, dass deren Kinder auf allen Ebenen vernachlässigt werden, ja, dass sie regelrecht verwahrlosen oder regelmäßig gequält werden. Solche Missstände haben also auch etwas mit unserem Chakrensystem zu tun, sofern keine Störung im Gehirn vorliegt. Wenn beides zusammenfällt, wovon ich in manchen Fällen ausgehe, ist das Leid der Kinder besonders groß.

Heutzutage ist ja unter anderem das Phänomen zu beobachten, dass immer mehr jugendliche Erwachsene zu Hause bleiben. „Hotel Mama" ist uns mittlerweile allen ein Begriff. Auch die Zahl der Singles steigt stetig an. Beides lässt darauf schließen, dass diese Kinder (Jugendliche) ein massives Problem im Chakrenbereich haben. Jugendliche, die sich nicht trauen, in die Welt hinauszugehen, dürften ein nicht funktionierendes Wurzelchakra haben, und höchstwahrscheinlich sind alle folgenden Chakren ebenfalls nicht voll entwickelt, was sie veranlasst, nur an ihre Bequemlichkeit zu denken, indem sie buchstäblich zu Nesthockern werden. Es macht keinen Sinn, diese Jugendlichen mit „Gewalt" aus dem Nest zu stoßen, weil sie nicht in der Lage sind, sich alleine zurechtzufinden. Vielmehr sollte es über die Arbeit an den Chakren versucht werden, die wirklich sehr einfach ist und die ich später vorstellen werde.

Zu den Singles sei gesagt, dass diese Bindungsunfähigkeit mit einer Störung des dritten (Solarplexus) und vierten (Herz) Chakras zusammenhängt.

☆☆☆

## Die mittleren Jahre

In den Jahren von achtundzwanzig bis fünfunddreißig öffnet sich nun (vollends) das Halschakra (am Kehlkopf), was unseren Kindern hilft, sich gegenüber unserer Umwelt ausdrücken zu können. Jetzt ist die Zeit angebrochen, in der wir zu Schöpfern werden, denn alles in uns möchte sich ausdrücken dürfen. Diese Lebensphase ist tatsächlich die beste Zeit, um Dinge zu erschaffen, weswegen man diese Zeit auch die Blütezeit der Kreativität nennen kann. Wir sind nun auf Mutter Erde fest verwurzelt, haben unsere und auch die Gefühle anderer kennengelernt und sind in der Lage, von ganzem Herzen zu lieben, sodass wir dies alles nun auch zum vollständigen Ausdruck bringen können. In dieser Zeit schaffen wir besonders viel, sei es, dass wir beruflich gut vorankommen, sei es, dass wir uns zudem Zeit für unsere Kinder und unsere Familie nehmen, sei es, dass wir großartige Erfindungen machen, vielleicht sogar eine Firma gründen oder ein Haus für die Familie bauen.

In der Regel können wir uns gerade in dieser Zeit jetzt auch sprachlich gut ausdrücken und stottern nicht mehr hilflos vor uns hin oder schlucken Dinge, die wir gerne gesagt hätten, wie früher einfach runter. Wir stehen zu uns und anderen und drücken das auch aus. Jetzt trauen wir uns auch, erstmalig über unsere Gefühle zu sprechen, ohne Angst davor zu haben, andere könnten uns auslachen. Gleichzeitig wird das sechste Chakra, das Stirnchakra, schon aktiviert, das sogenannte „Dritte Auge“, und erste, nicht greifbare, also unerklärliche Dinge, streifen uns.

## Die späteren Jahre

Haben wir uns bis dahin voll (mehr oder weniger) auf unseren Verstand verlassen, kommt nun in der Zeit von fünfunddreißig bis zweiundvierzig Jahren die Phase, in der sich unsere Intuition und unsere Vorstellungskraft öffnen möchten.

Ist der Verstand zu übermächtig, blockt er alle die wunderbaren Eingebungen ab, und das Stirnchakra wird in seiner Öffnungsphase blockiert. Eine Blockade des Stirnchakras erkennt man an Menschen, die alles, was nicht mit den menschlichen Sinnen und dem menschlichen Verstand zu erklären ist, abblocken oder lächerlich machen. Auch die Fanatiker haben eine Blockade dieses Chakras. Sie können ihr Denken nicht ausdehnen und halten starr an ihrer eigenen Sichtweise fest. So haben wir viele daraus resultierende Auseinandersetzungen einem geschlossenen Stirnchakra zu verdanken.

Das Dritte Auge arbeitet unmittelbar mit dem Herzchakra zusammen, denn das Herzchakra ist die Schaltstelle für die drei unteren und die drei oberen Chakren. Wer nicht zulässt, dass sich sein Stirnchakra öffnen darf oder deren Stirnchakra sich aus den unterschiedlichsten Gründen nicht öffnet, wird nicht erleben, wie es ist, räumlich ausdehnend zu denken und zu fühlen. Wurde noch mit dem dritten Chakra (Solarplexus) auch die Phantasie angeregt, so geht es jetzt darum, unsere Phantasie wirklich und wahrhaftig wahr werden zu lassen. Alle unsere Träume lassen sich verwirklichen, wenn wir zulassen, dass sich unsere Vorstellungskraft verwirklichen darf.

Gleichzeitig beginnt die erste Schulung in Sachen Intuition, denn unser Kronenchakra (direkt über dem Scheitel) fängt an, sich weiter auszudehnen. Weiter deswegen, weil es so gut wie nie vorkommt, dass das Kronenchakra dauerhaft ganz geschlossen ist. Es ist unsere Verbindung zur Geistigen Welt, die über unser Kronenchakra die lebensnotwendige kosmische Lebensenergie in unsere Körper einfließen lässt, ohne die wir nicht lebensfähig wären. Sicherlich schließt es sich bei manchen Menschen ab und zu, was man daran erkennen kann, dass sie sich erschöpft und ausgelaugt fühlen. Kein Wunder, wenn der lebensspendende Energiefluss gestört oder unterbrochen wird. So versorgt uns das Kronenchakra mit der zum Leben benötigten kosmischen Energie, dehnt sich dann aber in den Jahren von zweiundvierzig bis neunundvierzig aus, damit wir in der Lage sind, uns mit der Geistigen Welt (zurück) zu verbinden.

Somit ist die Entwicklung des Menschen tatsächlich mit einer Melodie zu vergleichen, denn wir steigen buchstäblich Schritt für Schritt eine Tonleiter hinauf, damit sich der Kreis wieder schließen kann. Kreis deswegen, weil wir einst aus den höchsten Sphären kamen, um in die Tiefe der Materie abzutauchen und uns im Laufe eines Lebens wieder hinaufzuarbeiten. Menschen, bei denen das Kronenchakra weit geöffnet ist, haben Zugang zur Geistigen Welt, fühlen sich dadurch unendlich geborgen und sind mit ihrem Leben vollkommen ausgesöhnt. Aus diesem Grund sind sie häufig ein Licht für andere Menschen, denn es ist ihnen ein Bedürfnis, anderen Menschen zu helfen und ihnen den Weg zu weisen.

Nun könnte man meinen, damit wäre ja nun ein Menschenleben erfüllt, und mit fünfzig Jahren könnten wir uns darauf vorbereiten, in Jenseits zurückzugehen. Nein, dem ist nicht so, denn erst nach Öffnung aller Chakren beginnt das eigentliche Leben. Danach treten wir oder, besser gesagt, sollten wir in die Phase des GOTTMenschen eintreten, an unserer ureigenen Erleuchtung arbeiten und auch andere daran teilhaben lassen. Stattdessen stürzt die Zahl 50 fast jeden Menschen in eine Krise, weil er denkt, nun geht es mit ihm bergab. Körperlich mag das zutreffen, wobei es aber auch nur größtenteils eine fehlgeschaltete Programmierung ist, denn in Wahrheit geht es zum einen nur bergauf, und zum anderem kann ein Mensch bei bester Gesundheit hundert Jahre und mehr älter werden, da unser Körper darauf ausgerichtet ist, sich selbst zu erhalten. Das aber nur nebenbei...

Jeder von uns kennt das Gefühl, wenn die letzten Tage eines Urlaubs anbrechen. Ist es nicht so, dass wir uns auf unser Zuhause freuen? Selbst wenn der Urlaub ein ganz besonders schöner war. Genau diese Freude auf Zuhause sollte uns ab dem fünfzigsten Lebensjahr ein ständiger Begleiter sein. Die restlichen Jahre, die uns bleiben, sollten dazu genutzt werden, unsere ureigene Entwicklung anderen Menschen zugänglich zu machen und dadurch die eigenen Schwingungen immer mehr zu erhöhen, was natürlich nur möglich ist, wenn man den Kontakt zur Geistigen Welt aufrechterhält. So sollten unsere Kinder alles das (und noch mehr) schon in den Schulen lernen dürfen.

Das Leben ist, um es auf einen Nenner zu bringen, eine Vorbereitung auf GOTT. Wie anders würden wir alle leben, wenn uns das klar wäre. Wir, die wir aus reinem Licht bestehen, wie konnten wir das nur vergessen?

Um noch deutlicher zu machen, wie richtig diese „Theorie" vom Lichtwesen Mensch ist, folgt nun eine Erläuterung zu den Chakren, ihren Funktionen, ihren Farben und ihrer Zuordnung zu den menschlichen Organen.

☆☆☆☆☆

# Die Erklärung unseres Chakrensystems

Tatsächlich wird unserem Chakrensystem hierzulande kaum Beachtung geschenkt. In allen asiatischen Ländern ist die Lehre von den Chakren sehr präsent, und auch wir sollten langsam anfangen, uns diese Lehre zunutze zu machen.

Unser Chakrensystem ist äußerst empfindlich und reagiert nahezu auf alles. Am meisten aber auf unsere Empfindungen wie Gefühle und Gedanken, die ja nun wiederum an Gefühle gekoppelt sind. Auch können negative Erfahrungen dafür sorgen, dass unser gesamtes Chakrensystem durcheinanderkommt, was auf die Dauer zu Störungen im gesamten Organismus führt und letztendlich auch unsere Geisteshaltung beeinflusst und umgekehrt.

Zum besseren Verstehen der Zusammenhänge hier nun die versprochene Aufstellung der Chakren in Kurzform.

## Wurzelchakra

**Farbe:** Leuchtendes Rot

**Element:** Erde

**Zuordnung:** Liegt zwischen den Anus und den Genitalien, ist mit dem Steißbein verbunden und öffnet sich trichterförmig nach unten.

**Aufgabe des ersten Chakras:** Verbindung zur physischen Welt herstellen und mit Mutter Erde in Kontakt treten, sodass man sich auf „sicherem“ Boden fühlen kann. Es ist das Fundament für alle anderen Chakren.

**Körperlicher Zusammenhang:** Die Ausscheidungsorgane (Dickdarm, Mastdarm), Wirbelsäule und Blut.

**Zugeordnete Drüsen:** Nebennieren, sie gleichen die Körpertemperatur aus und übernehmen die Blutverteilung.

## Sakralchakra

**Farbe**: Leuchtendes Orange

**Element**: Wasser

**Zuordnung**: Liegt oberhalb der Genitalien (Schambereich), öffnet sich trichterförmig nach vorne und ist mit dem Kreuzbein verbunden.

**Aufgabe des zweiten Chakras:** Schöpferisches Ausdehnen des menschlichen Seins.

**Körperlicher Zusammenhang:** Fortpflanzungsorgane, Blase, Nieren sowie der gesamte Flüssigkeitshaushalt des menschlichen Körpers.

**Zugeordnete Drüsen:** Keimdrüsen wie Prostata und Eierstöcke.

## Solarplexus (Nabelzentrum)

**Farbe:** Leuchtendes Gelb

**Element**: Feuer

**Zuordnung**: Eine Handbreit oberhalb des Nabels, öffnet sich trichterförmig nach vorne.

**Aufgabe des dritten Chakras:** Das Dasein gestalten (mit Willen und Phantasie).

**Körperlicher Zusammenhang:** Verdauungssystem, Magen, Milz, Gallenblase, Leber, vegetatives Nervensystem.

**Zugeordnete Drüse:** Bauchspeicheldrüse

## Herzchakra

**Farbe:** Innen Rosa, außen Grün, je nach Entwicklung, manchmal auch Gold

**Element**: Luft

**Zuordnung:** Befindet sich in Höhe des Herzens, in der Brustmitte, öffnet sich trichterförmig nach vorne.

**Aufgabe des vierten Chakras:** Hingabe und Liebe.

**Körperlicher Zusammenhang :** Herz, Blutkreislaufsystem, oberer Rücken.

**Zugeordnete Drüse:** Thymusdrüse

## Halschakra (Kehlkopfchakra)

**Farbe:** Leuchtendes Hellblau

**Element**: Äther

**Zuordnung:** Zwischen Halsgrube und Kehlkopf, öffnet sich trichterförmig nach vorne.

**Aufgabe des fünften Chakras:** Das Sein ausdrücken.

**Körperlicher Zusammenhang:** Hals, Nacken, Sprechapparatur, Bronchien, obere Lunge.

**Zugeordnete Drüse:** Schilddrüse

## Stirnchakra (Drittes Auge)

**Farbe:** Leuchtendes Indigoblau, manchmal auch Violett

**Element:** Geistige Ebene

**Zuordnung**: Befindet sich in der Mitte auf der Stirn, öffnet sich trichterförmig nach vorne.

**Aufgabe des sechsten Chakras:** Übersinnliche Wahrnehmung wie das Ansprechen aller Sinne.

**Körperlicher Zusammenhang:** Alle oberen Sinnesorgane wie Augen, Ohren, Nase, Nebenhöhlen, Kleinhirn und das zentrale Nervensystem.

**Zugeordnete Drüse:** Hypophyse (Hirnanhangdrüse)

## Kronenchakra

**Farbe:** Violett, auch Weiß mit Gold durchzogen

**Element**: Göttliche Ebene

**Zuordnung**: Befindet sich am höchsten Punkt in der Mitte unseres Kopfes und öffnet sich im weiten Trichter nach oben.

**Aufgabe des siebten Chakras:** Reines göttliches Sein

**Körperlicher Zusammenhang**: Großhirn

**Zugeordnete Drüse:** Epiphyse (Zirbeldrüse)

☆☆

Mal ehrlich, ist es nicht verblüffend, wie unsere Chakren sich auf unseren Körper auswirken? Ja, wie sie sogar unmittelbar daran beteiligt sind, alle unsere Organe mit Energie zu versorgen, und einhergehend damit, unsere körperliche wie geistige Entwicklung steuern? Das nenne ich wahrhaftig ein Wunder, denn wenn wir uns das bewusst machen, dann haben wir auch den Schlüssel in der Hand, wie wir zum einen miteinander umgehen sollten, nämlich liebe- und rücksichtsvoll, dem jeweiligen Entwicklungsstand unserer Kinder und Mitmenschen gegenüber entsprechend, und zum anderen wird uns mit dieser Art der Chakrenlehre ein Heilmittel von unschätzbaren Wert in die Hände gelegt. Denn wenn ein Chakra auf Dauer nicht funktioniert, kommt es zu Energieblockaden im menschlichen Körper, die, wenn sie über einen längeren Zeitraum nicht erkannt werden, zu Störungen der dahinter liegenden Systeme oder Organe führen können. Da unsere Chakren jeweils vorne wie auch hinten, also am Vorderkörper wie auch am Rücken entlang (dort nur etwas kleiner), wie Perlen aufgereiht „liegen“, sollte man bei den Volkskrankheiten „Rückenschmerzen und Bandscheibenvorfälle“ immer die Chakren mit einbeziehen. Chakren, die entlang der Wirbelsäule gestört sind oder nicht mehr funktionieren (durch Stürze, Stauchungen usw.), sorgen auf Dauer dafür, dass unsere Wirbelsäule, die ja wiederum im Zusammenhang mit den Organen steht, energetisch unterversorgt ist, was dann zu allerlei Erkrankungen führen kann. An dieser Stelle plaudere ich hier mal aus dem Nähkästchen, damit deutlich wird, wie sehr diese „Theorie“ stimmt.

Als Elfjährige war ich ein ziemlicher Sausewind, außerdem blind wie ein Maulwurf, (nur dass diese Tatsache lange niemandem auffiel), und so passierten mir deutlich mehr Missgeschicke als anderen Kindern. Wenn es eine Möglichkeit gab, sich unnötig die Knie aufzuschlagen oder den Kopf einzurennen, dann nutzte ich sie. Und das immer! Ich sah ja Gefahren nie rechtzeitig. Tja, und so konnte es eines schönen Tages passieren, dass ich mit einem Schlag mein gesamtes Chakrensystem im Rücken blockierte.

Es war große Pause, und wir Kinder spielten Fangen. Als ich meinen Fänger gefährlich nahe auf mich zukommen sah (was aufgrund meiner Kurzsichtigkeit schon fast zu spät war), hatte ich die Blitzidee, über die Schulmauer zu klettern und mich einfach fallenzulassen. Natürlich setzte ich die Idee sofort um, und zugegebenermaßen sonnte ich mich auch noch wohlgefällig in der staunenden Aufmerksamkeit, winkte ihnen schadenfroh zu (ihr kriegt mich nicht) und hatte nur kurz Gelegenheit, mich darüber zu wundern, warum sie jetzt alle so ängstlich aussahen, denn schon ließ ich mich fallen.

Das Problem an der ganzen Geschichte war nur, dass unsere Schulmauer stetig anstieg. Am Anfang kam man mit einem Schritt und einem kleinen Hopser über die Mauer, am Ende waren es allerdings zwei Meter fünfzig. Und nun dürft ihr raten, an welcher Stelle sich der kleine Maulwurf befand, als er die Hände von dem schützenden Gitter losließ... Richtig, an der höchsten Stelle natürlich, und so lernte ich ganz freiwillig, dass Fliegen selbst zwar schön ist, aber der Aufprall schockierend wehtut. Ich knallte mit meinem gesamten Rücken auf den Asphalt des Gehwegs, was mir für mehrere Sekunden den Atem verschlug. Ich war nicht in der Lage zu atmen, bewusstlos und doch wach, und erst als zwei Männer sich über mich beugten, und etwas von Krankenhaus murmelten, kam ich wieder zu mir.

Ins Krankenhaus zu müssen, war für mich das Schrecklichste überhaupt, und so rappelte ich mich mühsam auf, versuchte ein Grinsen und schleppte mich den Berg hinauf, um wieder auf den Schulhof zu kommen. Alle Kinder scharrten sich um mich (aus irgendeinem Grund war kein einziger Lehrkörper zu sehen, und das, obwohl es immer eine Pausenaufsicht gab), sodass ich allen vormachen konnte, es ginge mir gut und es sei nicht der Rede wert. Meiner Schwester, die mit mir zur Schule ging, schärfte ich erfolgreich ein, dass sie der Todesstrafe nicht entkäme, sollte auch nur ein Wort von ihr bei unseren Eltern über ihre Lippen kommen. Ich erinnere mich, dass ich sechs bis acht Wochen das liebste Kind war (sehr zur Verwunderung meiner Eltern), aber erst nach dieser Zeit war ich wieder schmerzfrei.

Warum ich diese Geschichte erzähle? Weil sie dafür gesorgt hat, dass durch diesen Schock meine gesamten Chakren im Rücken aufgehört hatten zu arbeiten.

Schon früh hatte ich ständig Rückenschmerzen, die meisten im unterem Lendenwirbelbereich, und später sollte sich herausstellen, dass der Brustwirbelbereich genauso betroffen war, was mir Jahre später Symptome einbrachte, die mich glauben ließen, einen Herzinfarkt zu bekommen. Zweimal war ich deswegen in der Notaufnahme, und erst beim zweiten Mal kam der behandelnde Arzt darauf, dass es mit einem verschobenen Brustwirbel zusammenhing. Da fiel mir mein damaliger Sturz wieder ein.

Aber es sollte nochmals Jahre dauern, bis ich dahinter kam, dass meine Chakren durch diesen Aufprall eine Schock erlitten hatten, sodass sie nicht mehr richtig arbeiteten. Bei diesem Sturz hatte ich mir sogar, wie sich ebenfalls erst viele Jahre später herausstellen sollte, zwei Halswirbel angebrochen. Kein Wunder, dass ich lange Jahre nicht in der Lage war, mich in der Gruppe auszudrücken oder anderen gegenüber meine Meinung zu vertreten. Immer schon konnte ich besser schreiben als reden, was ich heute allerdings als Vorteil ansehe, denn so bin ich zum Schreiben gekommen. Woran man wieder einmal sehen kann, dass jede Medaille zwei Seiten hat…

Wie aber können wir blockierte oder gestörte Chakren wieder ausgleichen oder dafür sorgen, dass sie harmonisch funktionieren? Kinder, die ja häufig von Bäumen fallen oder im Kleinkindalter noch tapsig sind, weil die Motorik noch nicht ausgebildet ist, und sich deswegen oft auf den Po „setzen“, sollten immer die heilende Hand der Mutter aufgelegt bekommen. Dies ist etwas, was viele Mütter intuitiv tun. Und glaubt mir, es hat seine Wirkung! Durch die Hand der Mutter strömt immer Heilenergie, wenn dem Kind etwas fehlt. Für den Normalfall, also wenn keine Stürze oder dergleichen vorliegen, kann man durch eine gezielte Farbtherapie dafür Sorge tragen, dass sich die Chakren unserer Kleinen entfalten können.

Schon oft habe ich gedacht, unsere Kleidung sollte auf unsere Chakrenfarben ausgerichtet sein. So sollten unsere Kinder ab dem zweiten, dritten Lebensjahr zartrote Unterhöschen tragen, Hemdchen, die am Bäuchlein Zartorange und Zartgelb sind und zum Herzen hin in ein zartes Rosa oder zartes Grün übergehen, sowie Seidentücher um den Hals, die einen zarten Blauton haben.

Mützen sollten Violett oder Weiß sein und Stirnbänder Indigoblau. Zarte Farben für Kinder auszuwählen ist in sofern sinnvoll, um ihr noch zerbrechliches System nicht zu überfordern. In den späteren Jahren dürfen die Farben ruhig kräftiger werden. Und wenn über die Unterwäsche die jeweilige Farbe des Chakras getragen wird, das gerade dabei ist, sich zu öffnen, so erzielt man damit eine sanfte Unterstützung des Öffnungsprozesses. Das wäre jedenfalls eine gute, wunderbar sanfte Methode dafür, dass sich die Chakren unserer Kinder in jedem Fall öffnen. Vielleicht gibt es ja einen Modemacher, der spirituell ist und „zufällig“ dieses Buch in die Hand bekommt... Aber ebenso könnte es sein, dass mancher Spirituelle diese Idee aufgreift und zu einem Modemacher wird. Beides wäre wünschenswert.

## Der Mensch – ein Wesen aus Farben

*Die, die zwischen den Welten vermittelt, hat uns zu verstehen gegeben, dass wir diesen Part hier ansprechen sollen, da sie, wie sie meint, sonst doch noch Gefahr läuft, sich zu wiederholen. Nun, hier irrt sie (breites Grinsen).*

*Geliebte Wesen, Farben sind das A und O eurer Lebensform, denn alles um euch herum und ihr selbst besteht aus Farben. Von Mutter Erde und ihrer Vegetation angefangen, ihren Lebewesen (also ihr), euren Tieren, euren Gegenständen, die Luft, das Meer, eure Nahrung, eure Musik, eure Gedanken, eure Gefühle, kurzum, alles besteht aus Farben. Selbst eure Sprache hat unterschiedliche Farben, so, wie ihr alle auf einem Farbstrahl zu Erde geleitet wurdet.*

*Unser Reich besteht ebenfalls aus Farben und Klang, ist aber dennoch nicht mit eurer Farbenpracht zu vergleichen, da sich die Farben anders verteilen. Sicherlich hat sich der eine oder andere von euch schon gefragt, warum im Zusammenhang mit eurem Planten vom Licht der Welt gesprochen wird?*

*Glaubt uns, wenn wir euch sagen, die Erde ist der Planet des Lichts. Wie könnte es auch anders sein, da er euch beherbergt? Euch, unsere so geliebten Lichtgestalten. Wenn ihr euch nur einmal sehen könntet, wer ihr in Wahrheit seid, ihr würdet nicht mehr daran zweifeln, dass ihr reine Lichtwesen seid.*

*Auf Mutter Erde vereinigen sich alle Farben an einem Ort, und das macht eure Welt so licht. Unsere Ebenen sind unterschiedlich gefärbt und gehen fließend ineinander über. Das ist etwas völlig anderes als bei euch. Am leichtesten könnt ihr verstehen, was wir euch sagen wollen, wenn ihr euch der alten Herrenhäuser erinnert. Dort gab es einen blauen Salon, angrenzend daran einen grünen usw. So ähnlich könnt ihr euch die Aufteilung der Farben im Himmel vorstellen. Jede Farbe repräsentiert bei uns eine Ebene, und so erklärt sich auch, wie das Gerücht über eure Hölle zustande kam. Frühere Seher erreichten die Ebene der Farbe Rot, in der, wie bei eurem Chakrensystem auch, die zweite Ebene, nämlich die orangefarbene, mit reinspielt, weil die Grenzen fließend sind, sodass sie es fälschlicherweise für Feuer hielten. Denn wie eure Ener-gieräder und eure Aurafelder auch, leben diese Farben, sodass sie flackernd wahrgenommen wurden. Natürlich durchfuhr eure frühen Seher ein fürchterlicher Schrecken, und manch einer fiel sogar in Ohnmacht, denn abergläubisch wie die Menschheit damals noch war, dachten sie tatsächlich an ein Feuer und setzten dieses gleich mit der Hölle. Wir amüsieren uns noch heute königlich darüber, müssen euch aber dennoch warnen: Alles, wovon ihr überzeugt seid, wird hier bei uns zur Wahrheit.*

*Das ist etwas, was unsere Perlen des Universums unbedingt vermittelt bekommen sollten. Versetzt ihre Seelen bitte nicht in Angst und Schrecken, indem ihr ihnen davon erzählt, dass Menschen sündig seien und „böse" Menschen in der Hölle landen. Es gibt diese Hölle schlicht und ergreifend nicht, jedenfalls nicht in unseren Bereichen. Ihr selbst erst erschafft sie, allerdings nur für euch allein. Wir kennen das Prinzip von Strafe oder Büßen nicht, wir kennen immer nur eins: liebevolle Entwicklung. Denkt also bitte zukünftig daran, dass euer Wille eurer Königreich ist.*

*So bitten wir euch, lasst nach damit, euren Kindern völlig falsche Glaubensvorstellungen einzuimpfen. Lehrt sie frühzeitig, dass sie Schöpfer sind, und lehrt sie, ein angstfreies Leben zu führen. Und lehrt sie die Kraft der Farben und wie man sie sich hilfreich zunutze machen kann. Eure Kinder sind noch an dieses universale Wissen angeschlossen, was ihr bei ihrer Ernährungsauswahl sehen könnt.*

*Ist es nicht so, dass sie gerade in den ersten sieben Lebensjahren alles, was mit der Farbe Rot zu tun hat, lieben? (Anmerkung: Ketchup und Spaghetti mit Tomatensauce.) Lasst sie ruhig, sorgt nur dafür, dass sie zusätzlich auch in rote gesunde Äpfel beißen. Intuitiv wissen sie, dass sie mit ihrer Vorliebe für rote Speisen das Wurzelchakra unterstützen, das sich entwickeln will. Kleine Mädchen tragen mit vorliebe Rosa, auch diese Farbe sollten man ihnen lassen, damit sie später zu Frauen werden, die sich in alles von Herzen einfühlen können. Warum kleine Jungen allerdings vorzugsweise in Blau gehüllt werden, hat sich uns noch nicht erschlossen. Denn Blau ist die Farbe der Luft (auch des Wassers), was erklärt, warum eure Männer später zu Luftikussen werden (wieder Lächeln).*

*Seid euch dessen bewusst, dass jede Farbe, die am Körper getragen wird, einen Einfluss auf das menschliche Energiefeld hat. Wählt also eure wie auch die Farben für eure Kinder mit Bedacht.*

*Sind eure Kinder einmal krank, so dürft ihr sie in die Farben Blau oder auch Grün hüllen, da Blau eine beruhigende Wirkung hat und Grün die Heilerfarbe ist.*

*Sorgt dafür, dass eure Kinder oft genug in der Natur sind, denn ihr Hauptbestandteil ist die Farbe Grün. So werden Krankheiten größtenteils vermieden, und Bruder Wind sorgt dafür, dass schwere Gedanken weggeblasen werden.*

*Überhaupt lieben Kinder Wasser. Sie mögen vielleicht nicht gerne duschen oder sich waschen, dennoch lieben sie dieses Element.*

*Stehen Prüfungen oder Vorstellungsgespräche an, so wählt ebenfalls Blau, weil es euer Gemüt beruhigt. Außerdem steht Blau in eurer Welt für Seriosität. Erinnert euch, in früheren Zeiten trug ein Kaufmann immer die Farbe Blau.*

*Auch solltet ihr mit Bedacht die Farben eurer Zimmer wählen. Es schläft sich denkbar schlecht, wenn ein Schlaf- oder Kinderzimmer in Rot gestrichen ist. Rot belebt, und somit ist es kein Wunder, dass manche Kinder nicht in den Schlaf finden. Noch weniger raten wir dazu, Kindern rote Bettwäsche aufzuziehen. Wie sollen sie sich so entspannen können?*

*Wir sehen, dass in heutigen Küchen die Farbe Orange sehr beliebt ist, und wir gratulieren euch dazu. Denn Orange ist eine warme Farbe, die zudem eurem zweiten Chakra zugeordnet ist, das wiederum auf eure Verdauungsorgane wirkt.*

*Wenn ihr versteht, dass Farben einen direkten Einfluss auf euer aller Wohlbefinden haben, werden Trends wie schwarze Möbel keinen Fuß mehr bei euch fassen können.*

*Badezimmer in Blau-Weiß zu tauchen, ergibt den Sinn, dem Element Wasser dadurch eine Verstärkung zu ermöglichen, sodass auf energetischer Ebene viel gelöst werden kann. Wasser, so müsst ihr wissen, dient nicht nur der körperlichen Reinigung, sondern befreit euch und eure Kinder von Lasten, die ihr den ganzen Tag über eingesammelt habt.*

*Da ja alles um euch aus Schwingung besteht, werdet ihr und eure Kinder von anderen Schwingungen beeinflusst, ja, so manches bleibt in eurem Energiefeld stecken. Deswegen raten wir dazu, auf jeden Fall abends ein gründliches Reinigungsritual zu vollziehen: waschen, baden oder duschen. Eure Kinder, die ja viel lieber in der Wanne planschen, sollten nach jedem Bad kurz abgebraust werden, damit sie die im Wasser gelösten Energien vollends verlieren. So schläft es sich auch wunderbar, und der Verstand kann viel schneller abschalten, als wenn Kinder (wie auch Erwachsene) ungereinigt zu Bett gehen.*

*Klassenzimmer, in denen ausschließlich gelernt wird, sollten die Farbe Gelb tragen, da diese Farbe dem Wissen zugeordnet ist.*

*Geht es um kreatives Lernen (Malen, Musik, Gestalten), so dürfen sich fröhliche Farben im Klassenzimmer ausbreiten. In Krankenhäusern (Anmerkung: die ihr endlich einmal Gesundungshäuser nennen solltet) sollte auf den Kinderstationen nur Zartrosa, Zartgrün, und Zartorange vorherrschen. Rosa, damit sie sich auch hier geliebt fühlen können, Grün, damit der Heilungsprozess unterstützt wird, und Orange, damit sie die Kraft finden, ihre Phantasie schweifen zu lassen und sich selbst schon als wieder gesund sehen können. Zugleich regt die Farbe Orange den Stoffwechsel an, was sich ebenfalls wohltuend auf den Heilungsprozess auswirkt, außerdem steht sie für Lebensfreude.*

*Geht es darum, die Intuition eurer Kinder zu stärken, so lasst sie Weiß tragen. Die Farbe Weiß begünstigt die Intuition, trägt aber auch zur Heilung bei. Eure Ärzte mögen vielleicht nicht mehr wissen, wieso ihre Berufskleidung ausgerechnet Weiß ist. Dabei erfassen viele von ihnen die Krankheiten der Menschen dank dieser Farbe intuitiv. Die Farbe Weiß verhilft dazu, Krankheiten zu neutralisieren, weswegen folgerichtig die Betten in euren Klinken weiß überzogen sind.*

*Wenn ihr lernt, den Farben den richtigen Stellenwert beizumessen, tragt ihr dazu bei, euer aller Leben lichtvoll zu gestalten. Eure Seele besteht nun einmal aus Licht, und sie möchte auch darin baden dürfen. Wer nur dunkle Sachen trägt, der verdunkelt auf Dauer auch seine Seele. Wir würden uns wünschen, dass ihr alle Farben des Regenbogens in euren Kleiderschränken aufbewahrt, damit ihr je nach Empfinden unter euren Sachen wählen könnt. Ihr könnt darauf vertrauen, dass eure Seele euch immer zu den richtigen Farben greifen lässt, die eure Chakren am besten unterstützen. Kinder probieren da eher aus. Mal mögen sie die eine Farbe, mal die andere. Hier möchten wir euch noch ein kleines Geheimnis verraten: Ihr alle, wie auch eure Kinder, habt eine ganz spezielle Lieblingsfarbe. Das ist die Farbe, auf deren Strahl ihr zur Erde geleitet wurdet, und diese sagt viel über euer Wesen aus.*

*Und nun bitten wir euch zum Abschluss, betrachtet das Zeichen am Himmel, den wunderbaren Regenbogen, zukünftig mit anderen Augen. Ihr seid immer voller Ehrfurcht und Glück, wenn ihr diesen Bogen entdeckt, und tiefe Freude erfüllt euer Herz. Zu Recht, denn das, was ihr seht, ist eine Teilspiegelung unserer Welt. Ihr seht immer nur einen Bogen, aber wenn ihr ihn in Gedanken einmal rund werden lasst, so seht ihr die gesamte Geistige Welt in transparenter Form vor euch. Immer wenn der Regenbogen erstrahlt, wird eure Seele an eure Heimat erinnert. Ja, es gibt uns, sichtbar für alle. Im Regenbogen spiegeln sich die Farbebenen, die für eure Entwicklung so wichtig sind, nämlich: ROT, ORANGE, GELB, GRÜN, BLAU, INDIGO, VIOLETT, bis hinauf zu WEISS und den damit einhergehenden göttlichen Ebenen. Darunter wie auch darüber gibt es noch andere Farbbereiche, aber ihr könnt sie nicht erfassen. In Wahrheit ist der Strahlenkranz weitaus bunter, als ihr ihn wahrnehmen könnt.*

*Wenn ihr euch jetzt die Farben des Regenbogens vor Augen führt, dann bekommt ihr eine Ahnung davon wer ihr seid:*

*Wunderschön schillernde Wesen, und gerade eure Kinder, unsere strahlenden Perlen, sollten von Beginn ihres Lebens an so schillernd und schön bleiben dürfen.*

Ich gebe zu, dass mich das Geheimnis des Regenbogens beim Schreiben dieser Botschaft nicht mehr so umgehauen hat, als zu dem Zeitpunkt, als ich diese Entdeckung zusammen mit meiner Schwesterseele machen durfte. Trotzdem befiel mich beim Schreiben die gleiche Gänsehaut, die ich auch hatte, als diese Erkenntnis durch mich durchsickerte. (Gänsehaut zu bekommen ist bei mir das untrügliche Zeichen, dass es Botschaften aus der Geistigen Welt sind, und die damit einhergehenden Gefühle sind überhaupt nicht zu beschreiben.) Umso mehr freut es mich, dass die Geistige Welt selbst dieses Thema aufgegriffen hat.

Manchmal frage ich mich, wie ich so lange Zeit eigentlich so blind sein konnte? Was mich dann tröstet, ist die Tatsache, die Wahrheit liegt so nah vor unseren Augen, dass wir sie schlicht und einfach übersehen. Getreu nach dem Motto: „Vor lauter Wald sieht man die Bäume nicht mehr." Mit verändertem Bewusstsein kann man die Dinge anders wahrnehmen, und genau das macht das Leben so spannend und so einzigartig.

Jede Entwicklungsstufe trägt uns ein Stückchen höher hinauf, jede Stufe schenkt uns neue Erkenntnisse, sodass sich damit auch unser geistiger Blickwinkel verändern kann. Nicht auszudenken, mit welchen Überraschungen unsere Kinder aufwarten, wenn wir ihnen ihre angeborene Spiritualität lassen.

Wir haben nun gehört, wie Farben sich auf das energetische Feld eines Menschen auswirken, aber nicht nur das, sie wirken auch unmittelbar auf unser Gemüt. Menschen, die sich in Trauer befinden, tragen unglücklicherweise auch noch Schwarz. In anderen Kulturen (Afrika zum Beispiel) ist die Farbe der Trauer Weiß, und das zeigt, wie sehr die Menschen dort noch an das universale Wissen angeschlossen sind. Durch die Farbe Weiß kann der innere Schmerz über den Verlust eines geliebten Menschen viel schneller aufgelöst werden, als wenn man sich in schwarze Kleidung hüllt. Nicht nur, dass euch sämtlicher Trost, den ihr von euren Mitmenschen erhaltet, nicht erreichen kann, weil er an der Farbe Schwarz wirkungslos abprallt, nein, auch euer innerer Schmerz kann nicht aus eurem Körper hinaus, weil die Farbe Schwarz ein Schutzpanzer ist, der in beide Richtungen wirkt. Werft auch hier die gesellschaftlichen Normen über Bord und kleidet euch eurem Seelenheil zuliebe in Weiß. Ihr werdet sehen, dass sich so die Trauerzeit um einiges verkürzt.

☆☆☆☆☆

# Behinderte und kranke Kinder

Hier nun komme ich zu einem Thema, das für uns alle sehr erschütternd ist. Nämlich zu Kindern, die schon krank geboren werden oder im Laufe ihres jungen Daseins lebensbedrohlich erkranken oder Unfälle erleiden, die sie an einen Rollstuhl fesseln oder für immer geistig behindern. Mir zerreißt es jedes Mal das Herz, wenn ich Berichte im Fernsehen über kranke Kinder mitbekomme, und jedes Mal frage ich mich: WARUM? Spielfilme über solch traurige Kinderschicksale schaue ich mehr erst gar nicht an, weil sie mich die ganze Nacht nicht schlafen lassen...

Sicherlich verstehe ich mehr über die Gesetzmäßigkeit des Lebens als jemand, der sich nicht mit spirituellen Dingen beschäftigt, aber dennoch verlässt mich immer wieder all mein spirituelles Verstehen, wenn ich an das Schicksal vieler ernsthaft erkrankter Kinder denke. Ich gestehe also hiermit, dass ich diesem Thema in keiner Weise gewachsen bin und gebe deswegen gleich an die Geistige Welt ab:

*Geliebte Eltern, seid gesegnet, und lasst euch erklären: Viele von euch, die ihr ein krankes Kind habt, schwanken zwischen Hingabe dem kranken Kind gegenüber und den quälenden Fragen, wie es dazu kommen konnte. Wir sehen aber auch ebenso viele Eltern, die ihr Kind bedingungslos annehmen so, wie es ist, und nichts in Frage stellen. Auf diese Weise sind eure Einrichtungen für eure sogenannten Behinderte entstanden, und auch das menschliche Bewusstsein hat sich mittlerweile sehr gewandelt.*

*In früheren Zeiten sah man geistig unterentwickelte Kinder als vom Teufel besessen an oder als Strafe Gottes. Auch Kinder mit körperlichen Gebrechen hatten einen sehr schweren Stand in eurer Gesellschaft. Oft wurden sie als die Dorfdeppen betitelt, vor denen man einerseits Angst hatte, aber dennoch keine Scheu verspürte, sie zu quälen. Alles das gehört, wie ihr sagen würdet, der Geschichte an, was wir sehr begrüßen.*

*Versteht, dass Kinder, die krank zur Welt kommen, also die, die unfähig sind, alleine zu leben, ganz besondere Seelen sind. In früheren Zeiten waren es uralte Seelen, die sich in den Dienst der Menschheit stellten, um so langsam, aber stetig dafür zu sorgen, dass ein Bewusstseinswandel eintreten konnte.*

*Versteht, dass es im Leben und im menschlichen Miteinander immer nur um die Liebe geht. So stellten sich in früheren Zeiten starke Seelen zu Verfügung, um euch die bedingungslose Liebe zu lehren. Es konnten nur alte, weise, starke Seelen sein, denn damals waren sie die Vorreiter des neuen Bewusstseins. Wenn ihr so wollt, ist es die Königsdisziplin, behindert zur Welt zur kommen. Nur in sich ruhende, reife Seelen konnten unbeschadet damit fertig werden, ein Leben lang mit Ablehnung, Schimpf und Schande überschüttet zu werden. Wie ihr seht, ist ihnen tatsächlich ein Wandel gelungen, und eure Gesellschaft geht anders mit behinderten Kindern und Erwachsenen um, als das vor Jahrhunderten noch der Fall war.*

*Ihr mögt euch fragen, wieso es dann heute noch immer vorkommt, dass Kinder behindert zur Welt kommen? Auch das wollen wir euch erläutern.*

*Die gesamte Menschheit befindet sich im Aufstieg. Dank eurer Entwicklung ist das nun möglich und beschert euch eine wundervolle Zeit. Dieses Ereignis hat sich schon viele Male wiederholt, und nach Erdenjahren gerechnet dauert es jeweils Äonen bis zum nächsten Aufstieg. Ihr seht also, die Chance, wieder in dieser wundersamen Zeit zu leben, kommt so bald nicht wieder. Wisst, dass immer, wenn so ein Aufstieg bevorsteht, dieses auch Seelen, die noch niemals auf der Erde waren, eine Chance bietet, dennoch zu inkarnieren. Da die meisten von ihnen, wie ihr sagen würdet, Angsthasen sind, weil sie sich nicht vorstellen können, in einem Körper zu leben, entschließen sie sich dazu, ihre erste Begegnung mit der Welt in behinderter Form anzutreten. Das gewährleistet ihnen die volle Zuwendung, mit der sie Mut fassen können, weitere Inkarnationen anzutreten.*

*Und ihr erfüllt dieses ganz. Wenn ihr euch nicht selbst für eure Kinder aufopfert, weil es manchmal einfach zu schwer ist, diese Aufgabe zu übernehmen, so sorgt ihr dennoch dafür, dass sie in Einrichtungen kommen, in denen sie liebevoll umsorgt werden. All die Therapien (Klänge, Farben), bis hin zum liebevollen, körperlichen Kontakt, den sie dort oder auch mit euch genießen, lässt diese Seelen Vertrauen in die Welt gewinnen, sodass sie den Mut haben, später wieder auf die Erde zu gehen, um ebenfalls die Zeit des Aufstiegs mitmachen können. So wundert es nicht, dass es augenblicklich so viele behinderte Kinder* gibt, denn sie alle sind begierig darauf, diesen Aufstieg mitzuerleben. In ihrer nächsten Inkarnation werden sie gesund zur Welt kommen und das Leben erstmalig genießen können. Und so wird ihr erstes Erlebnis, als Mensch zu existieren, ihnen Mut machen, sich dann für einen Inkarnationszyklus zu entscheiden.

Etwas anders verhält es sich mit Kindern, die im Laufe ihres Lebens erkranken. Viele von ihnen sind wahrhaft lichte Seelen, die mit ihrer Krankheit anderen die Chance geben, umzudenken. Und tatsächlich erfahren Eltern, Ärzte und das ganze Pflegepersonal, wie kostbar ein Menschenleben ist. Auch wird ihnen deutlich, dass hinter der geschwächten, manchmal auch entstellten Hülle ein wahrer Schatz verborgen liegt: nämlich die Seele. So verhelfen viele kranke Kinder ihrer Umgebung zu einer völlig neuen Sichtweise, aber auch einem neuem Liebesgefühl.

Es gibt aber auch Kinder, deren Seele sich Krankheiten gewählt hat, um selbst daran zu reifen, so, wie es Kinder gibt, die sich eine Krankheit in ihren Lebensplan geschrieben haben, weil sie diese Erfahrung machen wollten. Egal, welcher Beweggrund dahinter liegt. Behinderungen, gleich welcher Art, zeigen euch allen, dass nur der Körper betroffen ist, aber niemals die Seele. Selbst bei massiv psychisch gestörten Kindern ist die Seele selbst immer heil und ganz. Wobei ihre Seele mehr bei uns weilt als im kranken Körper. Sehr oft sind sie Zuschauer und lernen auf diese Art.

So grämt euch nicht mehr und fragt auch nicht mehr, warum es so ist. Trotzdem möchten wir euch bitten, da-

*von abzusehen, schwer geschädigte Körper oder Kinder mit schwer geschädigtem Geist maschinell am Leben zu erhalten. Denn oft wollen die Seelen nur für eine kurze Zeit diese Erfahrung machen, um dann wieder heimzukommen. Versucht nicht mehr, sie künstlich festzuhalten, denn die Wahrheit ist: Wenn die Seele merkt, dass sie künstlich, also maschinell festgehalten werden soll, steigt sie vorzeitig aus. So grausam, wie sich das für euch jetzt anhört, aber ihr haltet auf Dauer nur noch die Hand eines seelenlosen Körpers. Wenn ihr könnt, erspart euch und euren Kinder diese unsinnige Lebensverlängerung.*

*Das gilt übrigens auch für eure alten und kranken Menschen. Versteht, dass eure Technik sowohl Segen, als auch Fluch sein kann. Wenn ihr auf euer Herz hören würdet, dann wüsstet ihr immer, wann lebenserhaltende Maßnahmen angebracht sind und wann nicht. Immer noch habt ihr keine richtige Vorstellung vom Leben, sodass ihr euch hinter dem Wort Ethik versteckt. Eure Ärzte sind dazu verpflichtet, Leben zu erhalten, koste es, was es wolle. Ja, es kostet euch etwas. Nicht nur materiell, sondern euer Leben ist besonders leidvoll. Immer seid ihr in Angst, immer in Sorge, immer habt ihr Kummer, und Leid ist eurer Begleiter. Oft über Jahrzehnte. Alles nur, weil euch das richtige Verständnis zum Leben fehlt. Lernt daraus, dass ihr oft an längst schon leeren Hüllen festhaltet, deren Inhalt schon wieder bei uns ist. Wir erinnern euch noch einmal daran, dass jede Seele heil und gesund ist und nur der menschliche Körper Schaden nehmen kann.*

*Es wird eine Zeit kommen, da werdet ihr in der Lage sein, unmittelbar mit den Seelen selbst Kontakt aufzunehmen, und so werdet ihr auch erfahren, wann die Seele gehen möchte. In gewisser Weise könnt ihr das jetzt schon, da viele kranke Kinder nicht in der Lage sind, zu sprechen. Dennoch wisst ihr oft genug, was in ihnen vorgeht. So ist euer vermeintlicher Schicksalsschlag ein Segen für euch, da er eine Vorbereitungszeit für ein neues Miteinander ist. Bis es so weit ist, legen wir euch ans Herz, egal, wie schwer die Behinderung oder die Erkrankung eines Kindes ist: liebt es. Liebt es von ganzem Herzen, denn es ist eine der schwersten Aufgaben, als kranker Mensch geboren zu werden, selbst wenn es der Sicherheitsfindung neuer Seelen dient.*

Diese Botschaft lasse ich so stehen, ohne noch etwas hinzuzufügen, und widme mich dem nächsten Thema.

☆☆☆☆☆

# Kinderkrankheiten

Bekanntlich durchlaufen ja alle Kinder im Laufe ihres jungen Daseins gleich mehrere Krankheiten, und ebenso bekanntlich werden unsere Kinder gegen die schlimmsten Krankheiten wie Mumps, Scharlach, Röteln, Pocken, gegen Grippe und neuerdings junge Mädchen sogar gegen Gebärmutterhalskrebs geimpft. An dieser Stelle frage ich recht provokant: **WARUM?**

Ist es wirklich nötig, unsere Kinder gegen alles Natürliche zu impfen? Bakterien, Pilze sowie Bazillen und Viren gehören nun einmal zum Leben und auch zum menschlichen Körper! Wenn jeder von uns wüsste, was alles in unserem Organismus an Bazillen, Bakterien, Viren, Pilzen und anderen unzähligen biologischen Lebensformen herumwuselt, würden wir vor Schreck wahrscheinlich alle in Ohnmacht fallen. Unser Organismus beherbergt eine Vielzahl von Viren, Pilzen und Bakterien, die uns jederzeit gefährlich werden können. Ebenso unsere Umwelt. Milben und ähnliches „Getier", also allerkleinste Lebensformen, sind überall zu finden, und Viren übertragen sich gerne auch über das Element Luft.

Sicherlich sollten wir unsere Kinder zu einer gewissen Grundhygiene erziehen, zum Beispiel dazu, sich nach jedem Toilettengang die Hände zu waschen. Ich staune immer wieder darüber, wie wenig Menschen sich an diese Regel, die doch für alle selbstverständlich sein müsste, halten. Wie sollen es da unsere Kinder lernen?

In diesem Zusammenhang fallen mir gerade die Toiletten an den Raststätten wie auch in unseren Restaurants ein. Mal ehrlich, ist es nicht absolute Dummheit, die Waschbecken außerhalb der Toiletten anzubringen? Jeder von uns muss doch mit seinen Händen die Türen wieder öffnen, und jeder, der nach uns kommt, erfasst beim Öffnen der Tür automatisch unsere Fäkalbakterien. Was das gesamte Ausmaß an Bakterien im Laufe eines Tages ausmacht, wage ich mir gar nicht vorzustellen. Also bitte, hier wäre dringlichst eine Veränderung nötig. Darauf sollten wir achten – stattdessen wird heutzutage penibelst darauf geachtet, alles andere so steril wie möglich zu halten, was, wie wir gleich sehen werden, zum großen Nachteil unserer Kinder ist. Sie werden nämlich so in Watte eingepackt, dass sie schon, wenn ein Bazillus sie auch nur anschaut, förmlich umfallen.

Das kindliche System ist darauf aufgebaut, das eigene Immunsystem zu aktivieren und zu mobilisieren. Das kann es aber nur, wenn zugelassen wird, dass Bakterien oder Viren sich im Körper ausbreiten dürfen. Denn nur so lernt das Immunsystem, Abwehrstoffe zu bilden.

Eine wichtige Starthilfe, um dieses Immunsystem von Anfang an zu aktivieren, ist das Stillen. Mit der Aufnahme der Muttermilch werden automatisch Stoffe mitgeliefert, die das kindliche Abwehrsystem kräftigen. Kinder, die über einen längeren Zeitraum gestillt werden, sind längst nicht so anfällig für Krankheiten wie Kinder, die bedauerlicherweise mit der Flasche vorlieb nehmen müssen. Kinder aus ästhetischen Gründen („Ich will mir doch meine Brust nicht versauen lassen.“) nicht zu stillen, ist also höchst egoistisch und im Grunde genommen unverantwortlich. Hinzu kommt, dass gerade durch das Stillen eine innige Nähe zwischen Mutter und Kind hergestellt wird, die dazu beiträgt, dass das Kind sich geborgen fühlen kann, was sein Urvertrauen ungemein stärkt. So ist das Stillen nicht nur eine reine Nahrungsaufnahme, sondern weitaus mehr. Es vermittelt Geborgenheit, Liebe, wohlige Gefühle, regt die Sinne unseres Kindes an und schenkt absolutes Vertrauen. Und so ganz nebenbei werden unsere Kinder auch noch in ihrem Immunsystem gestärkt.

Hier eine kleine Anmerkung für die Mütter, die, aus welchen Gründen auch immer, nicht stillen können, aber auch für alle andere Mütter, die ja später die erste feste Nahrung für ihre Kinder zubereiten. In den letzten zehn bis fünfzehn Jahren hat ja die Mikrowelle ihren Siegeszug in nahezu alle Haushalte angetreten, und ich sah und sehe zu meinem Entsetzen immer wieder, wie Fläschchen, Breichen oder Gläschen in der Mikrowelle warm gemacht werden. **Um GOTTES WILLEN!**

Liebe Eltern, hier ein eindringlicher Appell an euch alle: Finger weg von der todbringenden Mikrowelle. Wissenschaftler haben herausgefunden, dass die Mikrowelle auf der gleichen Ebene schwingt wie die Krebsschwingung.

(Kleine Anmerkung: Mc. Donalds hat SOFORT, nach dem das bekannt wurde, alle Mikrowellen aus seinem Unternehmen abgezogen und als Belohnung dafür regen Zulauf!)

Es ist mittlerweile tatsächlich erwiesen, dass alles, was in der Mikrowelle erhitzt wird, völlig tot ist, weil die

Zellstruktur der Lebensmittel komplett zerstört wird, ja, je nach Dauer der Bestrahlung sich die Zellen äußerst hässlich verändern. Nämlich zu unheilvoll aussehenden Klumpen. So ist also alles, was in der Mikrowelle warm gemacht wird, im besten Falle inhaltlich völlig wertlos (weil alle wichtigen Informationen zerstört werden) oder schlimmstenfalls krankmachend, weil wir zerstörte, völlig veränderte und verklumpte Zellinformationen in uns aufnehmen. Bitte erspart das unseren Kindern! Aber ebenso auch euch selbst! Unsere Kinder brauchen gesunde, vollwertige, also lebendige Nahrung, die ihren Organismus kräftig, stärkt und gesund erhält!

Aber zurück zur Sterilität unseren Kindern gegenüber. Mal ehrlich, wem von uns hat es jemals geschadet, dass er als Kind nur zu gerne seine selbstgebackenen Sandkuchen probiert hat? Oder sich ein Würstchen freundschaftlich mit seinem Hund geteilt hat? Niemandem! Im Gegenteil, es hat uns dazu verholfen, unser Abwehrsystem gut zu entwickeln, sodass uns nichts so schnell aus der Bahn werfen konnte.

Unsere Kinder also dermaßen steril zu halten, macht demnach wenig Sinn. Wie sollen sie jemals Abwehrstoffe entwickeln können, wenn wir nicht zulassen, dass sie sich infizieren und/oder sie gegen jeden Bazillus oder Virus impfen. Antibiotika oder Cortisone bei jeder Erkältung oder anderen Erkrankungen anzubieten, ist zudem höchstgefährlich, weil, wenn die Mittel nicht vollständig zu Ende eingenommen werden (was ja immer wieder zu beobachten ist, sobald der Mensch sich besser fühlt), Bakterien und Viren die Eigenschaft besitzen, resistent gegen die Arzneien zu werden und demnach bei der nächsten Ladung entzündungshemmender Mittel Viren, Bakterien und gerade Pilze sich kräftig eins ins Fäustchen lachen.

Heute schon ist klar, dass die Zukunftskrankheit der Menschen der Befall von Pilzen sein wird, da Pilze von entzündungshemmenden Medikamenten unterstützt werden. Die Zahl der Mykosen (Pilzerkrankungen) nimmt also rasant zu, und zwar bei Jung und Alt.

So tun wir unseren Kindern keinen Gefallen, wenn wir sie mit Antibiotika versorgen, nur damit die Krankheit unterdrückt wird. Denn genau das geschieht bei allen Arzneimitteln. Das Symptom verschwindet augenscheinlich, aber dennoch ist die Information der unausgetragenen Krankheit im Körper, weswegen manche Kinder wie auch Erwachsene zu Dauerpatienten werden.

Um dies eben Gesagte noch besser verstehen zu können, hier ein Beispiel anhand von Kopfschmerzen: Wir alle werden mehr oder weniger von Kopfschmerzen geplagt, was in erster Linie ein Zeichen dafür ist, dass wir zu viel mit unseren Köpfen arbeiten. Kinder sitzen im Unterricht, bis ihnen der Kopf raucht, und Erwachsene sind häufig beruflich so angestrengt, dass auch sie kopfmäßig völlig überarbeitet sind. Hinzu kommen Nackenverspannungen, Verschiebungen der Halswirbelsäule und dergleichen. In der Regel werfen wir ein Kopfschmerzmittel ein und freuen uns, wenn der Kopfschmerz weggeht. Tja, und hier kommt eine Bombe!

In Wahrheit ist der Kopfschmerz nämlich immer noch da – nur dass der Schmerz selbst anhand der Tablette unterdrückt wird. So nehmen wir alle fälschlicherweise an, dass unser Kopfschmerz verschwunden ist. Nein, das ist er nicht. Erst wenn wir uns der fehlenden Entspannung hingeben, sei es eine Nackenmassage oder ein wohliges Schaumbad – meistens hilft auch ein Nickerchen oder ein Spaziergang an der frischen Luft – kann der Kopfschmerz wirklich gehen.

So sollten wir unseren Kindern, wenn sie erkältet sind oder andere Krankheiten haben, Ruhe und viel Schlaf gönnen. Wir alle haben schon davon gehört, dass man sich gesund schlafen kann. Im Heilschlaf schließen wir uns nämlich ganz selbstverständlich an die kosmische freie Energie an, die uns langsam, aber sicher wieder vollkommen herstellt. Das ist das ganze Geheimnis. Wenn – wie wir ja am Beispiel der Kopfschmerzen gesehen haben – die Alarmglocke, also der Schmerz, im menschlichen System nur weggedrückt wird, sie also immer noch bimmelt und der Schmerz noch vorhanden ist, wird deutlich, dass kein Medikament der Welt tatsächlich etwas bewirkt. Das kann es auch nicht, denn Medikamente behandeln immer nur das Symptom, nie aber die Ursache, weswegen man ja den Menschen immer als Einheit von Körper, Geist und Seele behandeln sollte.

Dennoch haben Medikamente eine psychologische Funktion und wirken genau deswegen. Wer daran glaubt, dass ihn sein Medikament wieder gesund macht, wird es auch. Oh Wunder! Das ist schon recht früh erkannt worden, und so sind Ärzte und Wissenschaftler hinter den sogenannten Placeboeffekt gekommen. Tatsächlich verhilft der Glaube dazu, Berge zu versetzen! In unserem Fall, Krankheiten aufzulösen. Denn alleine durch den Glauben an unsere Gesundung signalisieren wir unsere innere Bereitschaft, wieder gesund zu werden.

Sprechen wir unserem kranken Kind Mut zu, nämlich dass es ganz schnell wieder gesund sein wird, betreuen wir es mit aller Liebe, lassen ihm aber auch seinen Heilschlaf, wird es schneller genesen, als wenn wir es mit Medikamenten förmlich zudröhnen, ihm auch noch einen Fernseher ins Zimmer stellen, damit keine Langeweile bei ihm aufkommen kann usw. Kindern, die körperlich (Medikamente) und seelisch (Fernseher) abgelenkt werden, enthalten wir unbewusst ihre seelische Weiterentwicklung vor. Denn gerade die sogenannten Kinderkrankheiten verhelfen immer dazu, unsere Kinder seelisch reifen zu lassen. Einhergehend mit Kinderkrankheiten entwickelt sich in der Regel ein völlig anderes Bewusstsein in unserem Kind. Weswegen Kinder sich häufig nach Überstehen solcher Krankheiten wie neugeboren fühlen. Nehmen wir also unseren Kindern nicht mehr die Chance, sich weiterzuentwickeln. Und belasten wir ihre kleinen Körper nicht mehr mit Medikamenten.

An dieser Stelle muss ich unbedingt noch erwähnen, dass immer mehr Mütter dazu übergehen, ihre Kinder nicht mehr mit Medikamenten zu versorgen, dafür aber mit Globuli und Bachblüten oder ähnlichen Naturheilmitteln. Nach dem Motto: „Es kann ja nicht schaden“, müssen Kinder buchstäblich oft genug als Versuchskaninchen herhalten, sofern die Mütter mit ihren Kindern nicht bei einem Heilpraktiker oder Arzt vorstellig wurden und somit auf eigene Faust mit diesen Mitteln experimentieren. Hier kann ich nur sagen, wer ein Buch über homöopathische Anwendungsgebiete gelesen hat, ist noch lange kein Heilpraktiker oder Arzt! Die Homöopathie ist tatsächlich ein Segen für die Menschheit, darf aber nicht wie Bonbons, aber vor allem nicht nach Gefühl herausgepickt, eingenommen werden. Es bedarf tatsächlich eines höheren Bewusstseins, um sich als Laie zuzutrauen, das richtige Mittel zu finden. Oft genug kommt es nämlich vor, dass die Ursachen für Beschwerden völlig woanders liegen, als wir vermuten. Darum kann ich hier nur von Eigenexperimenten abraten.

Homöopathische Mittel wirken allein auf der geistigen Ebene, was bedeutet, dass unsere Störung auf energetischer Ebene wieder behoben wird, aber dazu muss man wissen, was zu einer Störung geführt haben könnte. Auch hier gilt, den Menschen oder das Menschlein immer als Ganzes zu sehen und die vorherrschende Situation mit einzubeziehen.

Hat unser Kind jeden Morgen Bauchschmerzen, und werden diese schlimmer, je näher der Zeitpunkt rückt, dass es zu Schule muss, macht es überhaupt keinen Sinn, ihm ein Mittel gegen Bauchschmerzen zu geben. Ich versichere euch, dass das Mittel nicht anschlagen wird. Der Bauchschmerz hat nämlich seine Ursache in der Schule! Dort muss also zuerst angesetzt werden, wenn der Erfolg eintreten soll. Offensichtlich ist unser Kind einer Situation ausgesetzt, die ihm Bauchschmerzen verschafft, und genau diese Situation müssen wir verändern. Dann steht der Heilung nichts mehr im Weg, und Globuli oder Ähnliches können wirklich dazu beitragen, schneller und sanfter zu gesunden. Sanfter deswegen, weil homöopathische Mittel keine Nebenwirkungen haben, was ja gerade das Verlockende daran ist, sie bei jeder Gelegenheit zu verabreichen oder selbst zu nehmen. Wer weiß, dass jedes homöopathische Mittel eine Information in sich birgt, wird ganz von alleine darauf kommen, seine Kinder nicht unnötig unterschiedlichen Informationen auszusetzen.

*Hier nun wollen wir nicht nur über Kinderkrankheiten im Allgemeinen sprechen, sondern überhaupt über das Thema Krankheiten.*

*Zuerst möchten wir „Die, die zwischen den Welten vermittelt" in ihrer Aussage bekräftigen, dass Kinderkrankheiten immer der Entwicklung unserer Perlen dienen. Und zwar unabhängig davon, ob sich eine Perle ein Bein gebrochen hat oder Mumps bekommt (leises Lächeln).*

*Versteht, dass durch Krankheiten, gerade solche, die mit Fieber einhergehen, Altes aus dem Körper heraus(gebrannt)geschwemmt wird, damit Neues einfließen kann. In Wahrheit sind (Kinder-)krankheiten energetische Vorgänge, die euren Kindern helfen, alte Muster loszulassen, um durch sie ein neues Lebensgefühl zu bekommen, aber auch eine veränderte Sichtweise.*

*Erinnert euch der ersten Tage, nachdem ihr von einer Kinderkrankheit genesen seid. War es nicht so, dass ihr die*

*Welt als heller, freundlicher und schöner wahr genommen habt als vorher? Und war es nicht so, dass euch die pure Lebensfreude umarmt hat? Seht ihr, nach jeder Krankheit wusstet ihr das Leben neu zu schätzen und habt es mit immer neuen Augen gesehen, so, wie ihr alle während der Krankheit eine neue Entwicklung durchschritten habt.*

*Wisst, dass wir hier nur von „harmlosen" Kinderkrankheiten sprechen, denn zu den anderen Fällen haben wir uns ja schon erklärt.*

*Seid also, was die Krankheiten eurer Kinder anbelangt, nicht mehr so ängstlich, sondern vertraut darauf, dass euer Kind von uns unterstützt wird.*

*Unabhängig von den Kinderkrankheiten, die der Entwicklung unserer Perlen dienen, entstehen alle anderen Krankheiten immer zuerst im Geist. Wisst, dass Krankheiten euch immer aufzeigen, wo eine Energieblockade entstanden ist. Erinnert euch daran, dass wir sagten, ihr wärt Lichtwesen. Euer gesamtes System besteht aus Licht, und ja, ihr alle seid Lichtträger. Gedanken und Gefühle beeinflussen euer Licht und auch euren Energiefluss. In Kindern, die immerzu Angst vor etwas haben müssen, aber nicht darüber sprechen können, blockiert langsam aber sicher das Energiesystem, das sich dann als Krankheit zeigt, so, wie bei euch Erwachsenen jedes Denk- oder Verhaltensmuster, das nicht zum Göttlichen Plan gehört, Krankheiten entstehen lässt. Der Unterschied zwischen euren Krankheiten und denen eurer Kinder liegt also darin, dass unsere Perlen durch äußere Umstände krank werden können, während ihr durch eure innere Einstellung erkranken könnt.*

*Versteht, geliebte Wesen, dass Kinder also nichts dafür können oder dazu beigetragen haben, wenn sie erkranken* (Anmerkung: Kinderkrankheiten ausgenommen).

*Immer wenn ihr selbst erkrankt, seid ihr aus der kosmischen göttlichen Ordnung gefallen, und euer gesamtes System blockiert, und zwar auf allen Ebenen. So erklärt sich, warum es wenig Sinn macht, durch Medikamente oder gar Operationen die Gesundheit wieder herzustellen. Ihr alle habt in der Regel einen gesunden Körper mit gut funktionierenden Organen. Dieser wunderbare Körper ist darauf ausgerichtet, sich immer wieder selbst zu heilen. Liegt also eine Störung vor, beobachtet, an welcher Stelle sie auftritt. Ihr werdet so erkennen, dass betroffene Organe einen unmittelbaren Bezug zu eurer Psyche und eurem Verhalten haben.*

*Wem also immer alles auf den Magen schlägt, der ist unfähig, Ereignisse ohne Angst auf- und anzunehmen, und oft liegt der Wunsch vor, ängstlich darauf bedacht zu sein, anderen zu gefallen. Das beinhaltet, dass der Betroffene nicht seine Wahrheit lebt, sondern sich oft vollkommen zurücknimmt, was früher oder später zu Blockierungen führen muss, denn er lebt sein eigenes Potenzial nicht, sondern nimmt sich ständig zurück. Damit fällt er aus der von uns angesprochenen Ordnung. Denn jeder von euch sollte sich in seinem Sein ausdrücken und sein gesamtes Potenzial leben dürfen. Sicherlich habt ihr alle unterschiedliche Stärken und Schwächen, aber wisst, dass eure körperlichen Schwächen euch darauf hinweisen, woran ihr in diesem Leben arbeiten wolltet, um Stärke hineinzubringen.*

So können Eltern schon frühzeitig erkennen, was die vermeintlichen Schwachstellen ihrer Kinder sind, und diese hilfreich unterstützen. Hat ein Kind wiederholt Kopfschmerzen, so ist es an den Eltern, dafür zu sorgen, dass ihr kleiner Einstein statt sein Näschen nur in Bücher zu stecken, auch mal an die frische Luft kommt, damit es sich bewegt und somit ein Ausgleich geschaffen wird. Bricht sich dagegen eurer Kind vor lauter Bewegungsdrang ständig sämtliche Knochen (breites Grinsen), so gebietet ihm Einhalt, damit es lernt, auch mal Ruhezeiten zu genießen. So könnt ihr Schritt für Schritt an den äußeren Zeichen die innere Blockade erkennen.

Und nun, geliebte Wesen, wollen wir euch ein Geheimnis verraten. In Wahrheit könnt ihr aufhören, Medikamente zu nehmen oder sie gar zu entwickeln, denn sie vergiften nur euren Körper und haben dazu oft heftigste Nebenwirkungen, die euren Organismus extrem belasten. „Die, die zwischen den Welten vermittelt" hat ja schon anklingen lassen, dass allein der Glaube daran, ein Medikament könnte helfen, zur Heilung beiträgt. Warum also, so fragen wir euch, glaubt ihr nicht daran, dass unsere liebende Quelle euch ebenso gut heilen kann?

Seht eure Tiere: Wenn sie krank sind, ziehen sie sich zurück, geben sich voller Vertrauen dem Heilschlaf hin und stehen, oh Wunder (Lächeln), gesund und munter wieder auf. Versteht, dass sie sich ganz selbstverständlich während des Heilschlafs an die freie Energie, die GOTTES Energie ist, anschließen, und genau das empfehlen wir euch und euren Kindern.

*Lasst eure kranken Kinder wieder schlafen! So, wie ihr auch wieder schlafen solltet. Zu unserem Bedauern sehen wir, dass viele von euch sich mit Hilfe von Medikamenten zur Arbeit schleppen, aus Angst, diese zu verlieren. Auch hier muss eure Gesellschaft umdenken lernen. Denn oft werdet ihr nur krank, weil ihr vollkommen überfordert seid und euch über den Weg der Krankheit Ruhe geschenkt werden soll. Lasst also alle Kranken krank sein und gönnt ihnen die benötigte Ruhepause.* (Anmerkung von mir: Appell an alle Chefs!)

*Nun ein Wort zu euren Medizinern und Chirurgen: Viele Mediziner können gar nicht anders, als Medikamente verschreiben, weil sie es so gelernt haben, und verschreiben in guter Absicht jeden Tag Unmengen von Gift. Wenn das neue Bewusstsein, dass alle Krankheiten nur durch Energieblockaden hervorgerufen werden, alle Lichtwesen erreicht hat, wird es zu völlig neuen Heilmethoden kommen. Es bedarf dann nämlich keiner Gifte mehr, sondern ihr werdet euch über Schwingungen, Klang, Farben, Heilgebete, Homöopathie, Kraftplätze und den richtigen Zeitpunkt vieles vollkommen ohne Medikamente oder Operationen heilen können und noch viel öfter durch eurer neues Bewusstsein.*

*Es wird eine Zeit kommen, wo ihr absolut ehrlich mit euch selbst umgehen könnt, weil ihr nicht mehr den Bewertungen unterliegen werdet. Vielmehr werdet ihr aufmerksam jede Störung in euch beobachten, die Zusammenhänge erkennen, und es wird Heiler geben, die euch auf sanfte Weise wieder dazu verhelfen, mit euch und*

*GOTT in Einklang zu sein. Hieraus ergibt sich zwangsläufig, dass Operationen nicht mehr nötig sein werden. Wozu sollte man auch nur ein Organ oder auch nur eine Drüse entfernen? Versteht, dass alle Organe ihre Daseinsberechtigung haben und sich sogar untereinander austauschen. Fehlt eins, ist der Kommunikationsfluss erheblich gestört. Zudem habt ihr euch zwar die betroffenen Organe, die euch zu schaffen machten, herausrupfen lassen, nicht aber die Ursache erkannt oder behandelt. Folglich ist eure Störung immer noch da.*

*Wir versichern euch, dass sich so keine Heilung einstellen kann – zumindest nicht bei denen, die nicht über ihr Leben nachdenken, um gegebenenfalls etwas zu verändern. Krankheiten rufen euch immer dazu auf, euch zu verändern. Stattdessen wollt ihr bleiben, wie ihr seid, und lasst lieber eure wunderschönen Körper aufschneiden und euch Organe entnehmen. Welch ein Jammer. Damit habt ihr lebenslang ein Störfeld, manche auch gleich mehrere, in eurem Körper wie auch in eurem Aurafeld.*

*Wir raten euch und auch euren Medizinern wie Chirurgen, achtsamer mit eurem Körper umzugehen. Noch braucht ihr sie, eure Ärzte, aber dennoch sollten die Mediziner mehr auf die homöopathischen Mittel zurückgreifen und Chirurgen ihre Schneidelust ablegen. Sicherlich dürfen Chirurgen nicht abgeschafft werden, denn sie sind unerlässlich für euch, wenn ihr einen Unfall hattet und wieder zusammengeflickt werden müsst. Das sind Notfälle, und diese stehen unter besonderem Schutz. Dennoch bitten wir euch, euch wie eure Kinder von Skalpellen fernzuhal-*

*ten, denn viel zu schnell (außer in Notfällen) wird überall auf der Welt völlig unnötig nach ihnen gegriffen.*

*Wir lesen gerade, dass viele von euch sich fragen, ob das, was wir hier gerade gesagt haben, auch für Krebs oder AIDS gilt. Wahrlich, es gilt für alle Krankheiten.*

*Noch einmal, geliebte Wesen: Krankheiten entstehen zuerst im Geist, folglich können (Anmerkung: „müssen") sie auch im Geist behandelt werden. Wenn ihr dieses Geheimnis verstanden habt, wird jegliche Krankheit für immer verschwinden. Bis es so weit ist, geht sanft und rücksichtsvoll mit euren Kranken um. Sie bedürfen eurer besonderen Zuwendung und Liebe, weil sie in einem Lernprozess stecken. Wer krank wird, hat nur versäumt, richtig, also seinen Anlagen nach, zu leben.*

☆☆☆☆☆

## Richtig leben

Was bedeutet Leben eigentlich? Richtig zu leben?

Richtig zu leben bedeutet immer, das Leben angstfrei und neugierig, aber vor allem im Einklang mit Allem-was-ist zu genießen. Mit unserem Körper haben wir die Möglichkeit geschenkt bekommen, uns selbst erfahren zu dürfen. Folglich sollte in einem Leben nichts ausgelassen werden. Damit meine ich, jeder sollte versuchen seine Träume zu verwirklichen.

Viele von uns murmeln tagein, tagaus vor sich hin: „Wenn ich später Zeit habe, dann..." Oft ist es aber so, wenn dieses Später dann endlich kommt, bleibt keine Zeit mehr, um seine, ein Leben lang gehegten Träume zu erfüllen. Darum sollte immer so gelebt werden, dass man vollkommen im Hier und Jetzt lebt. Nämlich immer aus dem Moment heraus. Nur so kann man sicher sein, im Einklang mit dem natürlichen Lebensfluss zu sein. Spart eure Träume nicht für später auf, lebt sie jetzt. Ich weiß, dass es in unserer Gesellschaft nicht leicht ist, da wir ja, was den freien Lebensfluss betrifft, so gar keine Handlungsfreiheit haben. Unser aller Leben läuft nach einem geregelten Stundenplan ab, zum Beispiel wie folgt:

Jeden Morgen zu gleichen Zeit klingelt der Wecker, jeden Morgen zur gleichen Zeit gehen wir zur Arbeit, fahren oder laufen immer den gleichen Weg, haben zur gleichen Zeit Feierabend und nehmen wieder den gleichen Weg zurück, um uns zum Feierabend vom Fernseher berieseln zu lassen und zur gleichen Zeit ins Bett zu gehen. An jedem

Wochenende (ausgenommen Ärzte, Feuerwehr, Gastronomen, Pflegepersonal und andere Dienstleistende) haben wir frei, und zur gleichen Zeit im Jahr nehmen wir unseren Urlaub (häufig im immer gleichen Ort). Und immer haben wir die gleichen Menschen um uns herum. Wir wissen also ganz genau, wie unser Leben verläuft und haben unser Leben somit in trockene (sichere) Tücher gepackt. Manche haben sich so fest eingewickelt, dass sie kaum noch Luft zum Atmen bekommen. Das, liebe Leser, hat mit Leben nichts zu tun, sondern eher mit einem Absitzen der Lebenszeit.

So lernen auch unsere Kinder mit der Zeit dieses falsche Lebensprogramm. Das hat mit Lebendigsein nichts zu tun, sondern mit einer Aneinanderkettung von vorprogrammierten Ereignissen. Wo bleibt unter diesen Umständen noch Raum für Kreativität und persönliche Entfaltung?

Kinder müssen ins Bett, selbst wenn sie nicht müde sind (weil ja jetzt Schlafenszeit ist), und morgens viel zu früh wieder raus, weil es Zeit für die Schule oder den Kindergarten ist. Nun wird deutlich, warum es ein völlig anderes Schulsystem geben sollte, nämlich eines, wo Kinder nach ihrem Biorhythmus entscheiden können, wann sie zur Schule gehen wollen.

Übrigens machen es uns ja die Fernsehanstalten schon vor. Zu jeder vollen Stunde kann man sich versäumte Filme ansehen. Das ist heutzutage kein Problem mehr. Ich höre in diesem Zusammenhang immer: „Hanne, wie stellst du dir das nur vor? Das kann doch gar nicht funktionieren!“ Dem stimme ich voll und ganz zu. Denn mit unserer jetzigen, eingefahrenen Sicht- und Lebensweise und der Beschaffenheit unserer gesellschaftlichen Struktur sind meine Vorstellungen nicht nachzuvollziehen, geschweige denn umzusetzen. Woran ich aber nur sehe, wie ein- und festgefahren unsere Gesellschaft ist.

Nun, wenden wir uns dann doch lieber leicht nachzuvollziehenden Dingen zu: Nämlich die Lebensfreude unserer Kinder zu erhalten.

Wir können und sollten zusehen, dass die mitgebrachte Lebensfreude unserer Kinder nicht mehr unterdrückt wird.

Ich erinnere mich meiner eigenen Kindheit und wie glücklich ich über jeden neuen Tag war. Ja, ich konnte es kaum abwarten, ihn zu begrüßen, sodass ich als Einzige in der Familie Frühaufsteher war. Morgens um fünf tappte ich auf leisen Sohlen durch das Haus und genoss es, wenn es langsam heller wurde. Auch hielt ich mich gerne gerade morgens in unserem Garten auf. Ich genoss den Duft des frischen Morgens und freute mich über das allgemeine Erwachen überall und die ersten Sonnenstrahlen. Und so begrüßte ich auf meine Weise jeden neuen Tag und empfand ein unglaubliches Einheitsgefühl, das mich sehr beglückte. Und genau dieses Einheitsgefühl trägt dazu bei, die reine Lebensfreude zu empfinden.

- Die Welt ist schön!
- Auf ihr leben zu dürfen ist schön!
- Die Welt zu entdecken ist schön!
- Sich selbst zu entdecken ist schön!
- Sich als Einheit mit Allem-was-ist zu fühlen ist schön!

Warum begrüßen wir nicht mit unseren Kindern jeden Morgen den neuen Tag? Sei es am Fenster, auf dem Balkon, im Garten, und wenn es gar nicht anders geht, im Schlafanzug vor der Haustür? Jeder neue Tag ist ein kostbares Geschenk und sollte nicht so achtlos hingenommen werden. Gleichzeitig tragen die ersten Sonnenstrahlen dazu bei, die oberen drei Chakren zu aktivieren, was uns und unseren Kindern hilft, aufnahmebereit durch den Tag zu gehen.

Ich habe ja schon deutlich gemacht, wie sehr wir unsere Kinder in ihrer Lebensfreude beschneiden, wenn wir sie viel zu früh in gesellschaftliche Regeln und Normen pressen und in ihrem Sein nicht so annehmen, wie sie sind. Auch wirkt sich Vernachlässigung an Kindern hemmend auf die Lebensfreude aus. Ein Kind, das auf allen Ebenen keine Sicherheit erfährt, kann sich nur schwer über sein Dasein freuen. Ebenso verhält es sich mit Kindern, die das Gefühl haben, nicht geliebt zu sein. Aber selbst Eltern, die ihren Kindern all das vermitteln, können sich nicht dagegen wehren, dass ihren Kindern spätestens bei der Einschulung die Lebenslust vergeht. Da beginnt, wie wir immer so treffend sagen, der Ernst des Lebens. Wieso eigentlich? Es muss doch möglich sein, unseren Kindern spielerisch und ihrem Alter angepasst Wissen zu vermitteln? Vermittelt man den Kindern ein lebendiges Wissen, gepaart mit einer Prise Humor, können sie alles, was sie lernen sollen, viel besser behalten.

Wer sagt denn, dass ein Unterricht so trocken daherkommen muss, wie er es tut? Liebe Lehrer, habt ihr überhaupt noch Spaß am Unterrichten? Nein? Ihr seid gezwungen, nur noch ein Programm durchzuziehen? Ah, verstehe, es macht euch auch keinen Spaß mehr. Ja, um Himmels Willen, warum haltet ihr euch denn an die albernen Vorgaben völlig weltfremder Sesselpupser? Viele von ihnen sind ja erst durch den sogenannten zweiten Bildungsweg auf den Sessel gekommen, und ebenso viele haben nicht einmal eigene Kinder..., vergesst das nicht!

Wie sehr wir unser schulisches Programm ändern müssen, ist ja von mir schon gesagt worden. Täten wir das, würde Schule endlich einmal Spaß machen. Aber, Moment einmal. Spaß? Spaß in DEUTSCHLAND? Geht das? Ist es überhaupt erlaubt, Spaß am Leben zu haben? Gibt es dafür nicht auch ein Gesetz?

Sorry, natürlich verhält es sich genau andersherum. Es gibt nämlich hierzulande (tröstlicherweise nicht nur hier) unzählige Gesetze, die den Menschen, und natürlich auch den Kindern, den Spaß am Leben gründlich verderben. „Betreten des Rasens verboten", ist nur ein Beispiel der Spaßbegrenzung. Wo sollen unsere Kinder denn noch spielen können, wenn sie nicht einmal einen Rasen betreten dürfen, der, wie ich oft genug beobachtet habe, tagein, tagaus sowieso von niemandem genutzt wird? Wieso setzt man nicht an jede Kiesgrube einen Rettungsschwimmer hin, damit ein Helfer vor Ort ist, wenn etwas passieren sollte (das schafft sogar noch einige Arbeitsplätze)? Stattdessen finden sich so gut wie überall die wohlbekannten Schilder: „Baden verboten" oder „Spielen verboten."

Kinder verstehen diese Verbote nicht, und selbst verständigere Jugendliche halten sich nicht daran. Warum wird von einer ganzen Gesellschaft lieber in Kauf genommen, dass wir unsere Kinder durch Ertrinken oder durch waghalsige Sprünge verlieren oder, noch weitaus schlimmer, sie durch unsere Sorglosigkeit zu Krüppeln machen? Ach ja, ich vergaß... weil Spaß zu haben hierzulande ein Fremdwort ist, beziehungsweise falsch verstanden wird. Wer hier Spaß haben will, muss schon zur Flasche oder anderen Drogen greifen (wozu auch Extremsport zählt) oder aber ein ausschweifendes Sexualleben führen... In einem Land, in dem es verpönt ist, scheinbar völlig grundlos aus ganzem Herzen laut zu lachen, ist kein Raum für Freude.

Habt ihr schon einmal in einem Restaurant völlig grundlos einen Lachanfall bekommen? Das ist schön für euch, aber wie war die Reaktion darauf? Ist es nicht so, dass in vielen Gesichtern die Augenbrauen hochgingen und so etwas wie Empörung in ihnen zu lesen war? Mit der eindeutigen Frage auf der Stirn: „Wieso lacht die/der jetzt so unkontrolliert?“ Fehlt nur noch, dass sich laut über den Lacher beschwert wird. „Herr Ober, könnten Sie denen am Nebentisch sagen, dass sie hier stören?“ Nein, hier in Deutschland ist es nicht schicklich, Spaß zu haben. Und grundlos schon mal gar nicht.

Ich erinnere mich daran, dass meine Schwester und ich so manchem grundlosen Lachanfall in den von uns in der Kindheit oft besuchten Gottesdiensten erlagen. Gleichzeitig war uns Kindern aber klar, dass man unmöglich in der heiligen Kirche lachen darf. Was dazu führte, dass meine Schwester und ich oft an unterdrücktem Lachen beinahe erstickt wären. Dieses Lachen habe ich mir bis heute erhalten. Immer, wenn es scheinheilig feierlich zugeht, wohlgemerkt nur bei Scheinheiligkeit, finde ich einen Weg, durch eine witzige Bemerkung für Lacher zu sorgen und damit die Scheinheiligkeit zu zerschlagen.

Kinder haben auch heute noch ein Gespür für die Echtheit der Situationen sowie die der Erwachsenen. Genauso, wie Kinder über Dinge lachen können, wo sich Erwachsene nur ratlos an den Kopf fassen, weil sie es nicht nachvollziehen können. Leider wird unseren Kindern aber genau diese Form des Lachens schon früh aberzogen. Schließlich muss es doch für alles einen Grund geben, nicht wahr? Nein, liebe Erwachsene, für pure Lebensfreude, die sich auch oder gerade in grundlosem Lachen äußert, gibt es keine Begründung. Lernen wir endlich einmal, die Lebensfreude, die in jedem von uns steckt, heraus- und zuzulassen, wenn wir nicht wollen, dass unsere Kinder diese Lebenslust frühzeitig verlieren. Tun wir das nicht, wird, wie wir sehen, der Raum für unsere Kinder und ihre Entwicklung immer kleiner, und so ist es kein Wunder, dass sie immer träger und lustloser werden und lieber mit Cola und Chips vor dem Fernseher oder PC hängen. Hinzu kommt der große Bewegungsmangel unserer Kinder dazu führt, dass sie das Leben nicht mehr durch ihre Adern pulsieren fühlen können, was aber sehr wichtig ist, damit ein Kind sich freudvoll entwickeln kann. Schon in jungen Jahren sitzen sie das Leben ab, anstatt es über ihren Körper zu erfahren.

Ich weiß, dass Kinder, die draußen spielen, oft als Lärmbelästigung empfunden werden. Und ehrlicherweise muss ich hier zugeben, dass es sogar mich manchmal stört, wenn am frühen Sonntagsmorgen Kinder hier auf unserem Schulhof bolzen. Dabei „nervt es mich vielmehr fremd", weil der Sonntag der einzige Tag ist, an dem mein Mann, der sonst jeden Morgen um sechs aufstehen muss, ausschlafen könnte. Mich persönlich stört es herzlich wenig, lachende und spielende Kinder zu hören. Wenn es das täte, würde ich bestimmt nicht zwischen einem Kindergarten und einer Schule wohnen.

Und da sind wir wieder am Anfang des Buches, in dem uns die Geistige Welt empfahl, für alle Bedürfnisse einen Raum zu schaffen. Wie wäre es, wenn es gerade in unseren Städten von Viertel zu Viertel beaufsichtigte Spielstätten oder Spielplätze (beide natürlich mit ausreichenden Gärten, ohne Glasscherben, Spritzen und Kondome) nur für Kinder geben würde, mit einem großem Schild vor dem Eingang „Erwachsene verboten"? Das würde doch der deutschen Mentalität entsprechen und dennoch unseren Kindern nützen.

Schafft Platz für unsere Kinder und lasst sie wieder hinaus in Mutter Natur. Das Spielen selbst ist so unendlich wichtig für sie, da es ihre Phantasie anregt. Unsere Kinder sind kaum mehr in der Lage zu spielen, weil sie keine Gelegenheit mehr dazu bekommen. Sie laufen mit uns mit, oder „lungern" um uns oder vor dem Fernseher herum, anstatt in ihrer eigenen Welt leben zu dürfen. Kein Wunder, dass schon Kinder die Lust am Leben verlieren.

Es gibt ja nichts Phantasievolles oder Spannendes, was sie entdecken könnten oder dürften. Die Städte sind reine Betonhalden, und die Phantasie unsere Kinder bleibt dort gänzlich auf der Strecke.

Kreatives Spielzeug für Kinder stirbt leider auch immer mehr aus, da die Technik der Kreativität durch schon fertige Produkte ihren Raum wegnimmt. Und so wird es in unseren Kinderzimmern zwar immer lauter, aber nicht kreativer. Auch das ist etwas, was in diesem Zusammenhang erwähnt werden muss. Es gibt keinen Raum mehr für Stille. Irgendetwas dudelt oder lärmt immer. Angefangen von den wirklich nervigen, weil Lärm machenden Spielzeugen (wer in drei GOTTES Namen ist bloß jemals auf die Idee gekommen, zarte Kinderohren so zu malträtieren?), zu Radios oder Fernsehern (letztere laufen in vielen Familien den ganzen Tag), bis hin zum Autolärm auf den Straßen und dem Lärm aus der Luft, besteht unsere Welt aus permanent ansteigender Lärmbelästigung. Selbst im eigenen Zuhause ist keine Ruhe zu finden, weil einer der Nachbarn den ganzen Sommer über garantiert Rasen mäht, häckselt, Kanten schneidet, Holz hackt oder im Haus hämmert. Wir sind doch sonst ein Volk der Regelungen. Warum legt man nicht feste Tage an, an denen alle gemeinsam Krach machen dürfen, damit der Rest der Zeit Ruhe herrschen kann? Über die Hälfte der Welt besteht aus Krach und Lärm. Und zwar zu Wasser, zu Land und in der Luft. Hinzu kommt, dass der Lärm immer lauter wird. Und zusätzlich haben unsere Kinder in Zeiten der I-Phone-Generation den ganzen Tag einen Knopf im Ohr.

Unsere Kinder und wir stehen also unter ständiger Reizüberflutung, was auch nicht dazu beiträgt, Lebensfreude zu empfinden, da wir durch die ständige Berieselung eben ständigen Reizen ausgesetzt sind, gegen die wir uns kaum wehren können. All das erzeugt so ganz nebenbei auch noch Stress. Und Stress erzeugt Krankheiten. Es ist nämlich keineswegs natürlich, in einer so lauten, lärmenden Welt zu leben. Gerade unsere Kleinsten reagieren ganz empfindlich auf den überall zu hörenden Lärm. Gönnen wir ihnen doch wenigstens einmal am Tag so etwas wie eine stille Stunde.

Wieso ist heute ein Kind nur glücklich, wenn es einen eigenen Fernseher oder PC im Kinderzimmer stehen hat? Ist es nicht so, dass diese Marotte mit den berufstätigen Müttern in den Kinderzimmern Einzug hielt? Da hatten Mütter wie Väter endlich ihre ersehnte Ruhe und konnten ihren Feierabend so gut wie störungsfrei genießen. Somit wurde die Emanzipation der Frauen auf den Rücken der Kinder ausgetragen.

Ich verstehe ja, dass Frauen Göttinnen sind, die tatsächlich alles mit links bewerkstelligen können, trotzdem habe ich es nie verstanden, warum Frauen ihre schönste Rolle im Leben aufgeben, um in die Berufswelt einzutauchen. Es mag altmodisch anmuten, aber ich habe kein Verständnis dafür, wenn Frauen sich ganz bewusst dafür entscheiden, trotz Nachwuchs arbeiten zu gehen. Wobei hier die Betonung auf „ganz bewusst“ liegt. Anders sehe ich das, wenn die Umstände nichts anderes zulassen. Aber auch da gilt: Niemand kann zwei Herren dienen, auch wir Frauen nicht! So wurden und werden Kinder geopfert des Geldes wegen. Mal ehrlich, was ist wichtiger? Dreimal im Jahr in Urlaub fahren zu können, oder glückliche Kinder zu haben?

Wieso schlägt ein Kinderherz höher, wenn es Markenklamotten tragen kann? Wieso orientieren sich unsere Kinder fast ausschließlich an Äußerlichkeiten? Nun, die Antwort ist einfach: Weil unseren Kindern keine Werte mehr vermittelt werden. Eltern, die den ganzen Tag arbeiten, haben keine Zeit dazu, ihren Kindern etwas von wahren Werten zu erzählen. Im Gegenteil, ganz oft ist es so, dass berufstätige Eltern wegen ihres schlechten Gewissens wegen der Vernachlässigung ihrer Kinder diesen alles nur erdenklich Materielle zukommen lassen. Sie glauben doch tatsächlich, auf diese Weise die Liebe ihrer Kinder erkaufen oder erhalten zu können. Was für ein Trugschluss...

Hinzu kommt, dass die Industrie und Wirtschaft ein großes Interesse daran haben, möglichst viel Geld zu verdienen und so künstlich Bedürfnisse hervorrufen. Sowohl bei uns, wie auch bei unseren Kindern. Und so definieren sich schon unsere Kinder recht früh über Äußerlichkeiten. Innere Werte zählen nicht mehr. Wie auch, wenn man vor lauter Ablenkung so gar keinen Zugang mehr zu sich selbst finden kann?

So sollte es im Laufe des hektischen Alltags tatsächlich immer auch die Zeit für eine stille Stunde geben. Auch unsere Kinder sollten sich „herunterfahren" dürfen. Und wir gleich dazu. Gewähren wir ihnen diesen Raum, lernen sie, sich selbst zu entdecken, weil sie ihre innere Stimme endlich wahrnehmen können. So viele Kinder langweilen sich zu Tode, weil sie nicht gelernt haben, mit sich selbst in Kontakt zu kommen. Gleich Junkies brauchen sie ständig Ablenkung und neuen Stoff, um sich lebendig zu fühlen.

Kinder mit Spielzeug zu überhäufen, überfordert sie nur, weil sie nicht wissen, womit sie eigentlich spielen sollen. Die Auswahl ist schlicht und ergreifend viel zu groß. Zudem nutzt unseren Kindern all das mechanische, hochtechnisierte Spielzeug nichts, weil, wie wir ja schon erfahren haben, es nicht dazu beiträgt, ihre Phantasie anzuregen. Kein Wunder, dass uns unsere Kinder manchmal so maßlos erscheinen. Das scheint aber nur so, denn sie hoffen im tiefsten Inneren immer darauf, mal etwas geschenkt zu bekommen, mit dem sie etwas anfangen können. Zur Maßlosigkeit kommt es erst später, und das ist nur die Saat, die aufgegangen ist, weil wir sie gesät haben.

In Wahrheit sind unsere Kinder immer nur auf der Suche nach ihrem inneren Kern und unserer Liebe. Leider können sie gerade, wenn sie noch sehr klein sind, noch nicht sagen, was sie wirklich wollen, und wenn sie unwirsch werden, bekommen sie sofort einen Schnuller verpasst. Das, liebe Eltern, geht überhaupt nicht. Wenn ihr euch bewusst macht, dass ihr mit der so verbreiteten Schnullermanie sämtliche Gefühle eurer Kinder im Keim erstickt (ihr stopft ihnen buchstäblich den Mund!), dann werdet ihr nie wieder zu einem Schnuller greifen.

Ich kenne Eltern, die schon beim kleinsten Anzeichen ihres Kindes, und wenn es nur kurz seine Miene verzieht, sofort den Schnuller in den Hals schieben. Warum dürfen unsere Kinder nicht weinen, wenn ihnen danach ist? Kinder, die weinen, haben immer einen Grund dafür. Immer! Schieben wir ihnen einen Schnuller zwischen die rosigen Lippen, zwingen wir sie zur Ruhe und dazu, ihre Gefühle herunterzuschlucken. So verhilft ein Schnuller immer nur uns zur Ruhe, nicht aber dem Kind. Die grausame Wahrheit ist, dass wir Kinder, denen wir bei jeder Gelegenheit einen Schnuller verpassen, mit allen ihren Gefühlen alleine lassen. Auch das gehört für mich zur Vernachlässigung.

Mal ehrlich, wenn GOTT gewollt hätte, dass Kinder was zum Nuckeln brauchen, dann gäbe es eine natürliche Vorrichtung dafür, die mit zwei Jahren oder so von alleine abfallen würde. Kinder nuckeln in der Regel nur an ihrem Daumen, wenn sie gestresst sind, um sich selbst wieder zu beruhigen. Ein Kind, das also ständig an seinem Daumen lutscht, steht unter Stress! Es liegt an den Eltern herauszufinden, was ihr Kind stresst. Übrigens all denjenigen, die nun sagen, dass ich hier Ammenmärchen erzähle, sei gesagt, dass ich ganz genau weiß, wovon ich spreche. Mein Sohn hat weder einen Schnuller zu (ins) Gesicht bekommen, noch hat er jemals sein Däumchen gebraucht, um sich beruhigen zu müssen.

Wenn wir unsere Kinder nicht schon früh entmündigen wollen, und wenn wir nicht wollen, dass sie später nicht fähig sind, ihre Gefühle auszudrücken oder unfähig sind, sie zu kontrollieren, dann appelliere ich an dieser Stelle: „Tod dem Schnuller!“, und hoffe, dass ich Gehör finde. Vielleicht muss ich sogar noch deutlicher werden.

Ich sprach ja schon davon, dass die Industrie immer künstlich Bedürfnisse erzeugt. So auch schon bei unseren Kleinsten. Der Schnuller wird nämlich zur Sucht. Eltern werden mir beipflichten, wie schwer die Zeit war, dem Kind das Schnullern wieder abzugewöhnen. Wenn schon am Anfang eines Lebens ein Suchtverhalten angelegt wird, so liegt es nahe, dass dieses Suchtverhalten später durch neues wieder aufgenommen wird. Natürlich gibt es wie immer auch hier Ausnahmen! Aber in der Regel kann man sagen: Einmal Junkie – immer Junkie!

Und wenn ich Vier- und Fünfjährige sehe, die noch mit einem Schnuller im Mund herumlaufen, dann könnte ich den Industriebossen, aber auch den Müttern, glatt an die Gurgel gehen. So sorgt die Industrie mit der Erfindung der Schnuller dafür, dass unsere Kinder sich nicht mehr ausdrücken dürfen und auch noch süchtig nach Ersatz werden. Aber letztendlich liegt die Verantwortung allein bei den Eltern. Warum werden solche Artikel überhaupt gekauft?

Ich erinnere mich, wie Jahre vor dem Schnulli Kinder überall mit einem Teefläschchen in den Händen zu sehen waren. Immerzu nuckelten sie an ihrem Fläschchen Tee. Die Folge davon war, dass es zu unschönen Kieferverformungen kam und die ersten Zähnchen der Kleinen schon gleich gezogen werden mussten, weil ihnen der Zucker im Tee massiv geschadet hatte. Anstatt dass nun die Eltern zu ihrer Gedankenlosigkeit standen, wurde der Hersteller des Tees verklagt. Entschuldigung, aber das kann es ja wohl nicht sein. Sein Kind den ganzen Tag über mit einer Teeflasche im Mund ruhigzustellen, um dann, wenn Schäden auftreten, den Hersteller verklagen zu wollen, anstatt sich einzugestehen, selbst einen Fehler gemacht zu haben, das geht mir wirklich zu weit. Es war nämlich keineswegs der Hersteller, der von Kind zu Kind gegangen ist und seine Fläschchen verteilt hat. Nein, das waren schon die Eltern selbst. So war das Tee nuckeln nur der Vorläufer der heutigen Schnullermanie, der, außer unseren Kindern die Gefühle zu ersticken, keine weiteren Nebenwirkungen hat. Jedenfalls keine sichtbaren. Im Inneren unserer Kinder sieht es da schon anders aus.

Gestehen wir also unseren Kindern wieder ihre Gefühle zu. Denn sie sind es, die ein Leben so wertvoll und erfüllend machen. Viele von uns funktionieren auf Knopfdruck (ohne es zu merken), leben aber in Wahrheit nicht mehr, weil wir unsere Gefühle eingesperrt haben. Und wir sind auf dem besten Weg, unsere Kinder ebenfalls zu lebenden Robotern zu machen. Ein Leben ohne Gefühl ist kein Leben. Im Gegenteil, ein Mensch der von seinen Gefühlen abgespalten ist, wird zum Schrecken der Gesellschaft. Wundert es da immer noch, dass immer mehr Jugendliche so gewalttätig sein können? Kinder, die einst aus dem Licht kamen, verrohen zusehends, wenn ihnen keine Gefühle entgegengebracht werden und sie wiederum ihre Gefühle nie zuzulassen durften oder nicht lernen konnten, mit ihnen umzugehen. Und wundert es immer noch, dass immer mehr Menschen, auch Kinder, krank darüber werden und nicht selten daran sterben? Lebensbedrohliche Krankheiten sind manchmal der einzige Ausweg, dieser lieb- und gefühlslosen Welt wieder zu entkommen.

Seine Gefühle nicht zum Ausdruck bringen zu dürfen, schneidet jeden Menschen von seinem Ursprung ab. Wir sind nun mal Wesen, die aus Gefühl bestehen und auf entgegengebrachte wie auch versäumte Gefühle reagieren. Aber bitte, wo in unserer Welt ist noch Platz für Gefühl? Unsere Welt ist inzwischen ein Ort, in dem es nur noch mit und ohne Ellbogen ums Kämpfen geht. Existenzkampf wird das genannt. Das trifft es ziemlich genau. Wir alle, und auch schon unsere Kinder, kämpfen nur noch um unsere Existenz und versäumen damit das Leben selbst. Wenn es so etwas wie Sünde überhaupt gibt (ich bin überzeugt davon, dass es sie nicht gibt), dann ist es die, nicht gelebt zu haben. Richtig leben heißt, der Spontaneität, der ja gerade auch die Gefühle unterliegen, den größten Raum zuzugestehen, aber auch seinen Impulsen und Träumen zu folgen.

Unsere Kinder sollten also so erzogen werden, dass sie später Spaß an unbegrenzten Möglichkeiten haben. Wir alle begrenzen uns. Tagaus, tagein. Nie tun wir das, was wir gerne tun würden, sondern halten uns an Vorgaben, die andere gemacht haben, und rennen Werten hinterher, für die es sich nicht lohnt, auch nur einen Fuß zu heben. Spätestens wenn wir ein paar Jahre im Beruf stehen, ist es vorbei mit unserer Neugier auf das Leben.

Erinnert euch daran, wie ihr als Jugendliche davon geträumt habt, in die Welt zu gehen, um endlich das Leben zu erfahren. Hauptsächlich wolltet ihr euch erfahren. Ihr wolltet alles anders machen als eure Eltern und eurer Umfeld. Ihr wolltet raus aus diesem Lebenstrott, der so gar keinen Raum für Entfaltung und persönliche Freiheit bot. Ja, die Vorsätze waren da, aber dabei ist es bei vielen auch geblieben. Unmerklich passt sich so gut wie jeder den gesellschaftlichen Spielregeln an, sodass wir uns lammfromm in das Kollektivbewusstsein einfügen und uns nicht einmal bewusst sind, dass wir in einer großen Herde mitlaufen.

Hier eine Denkaufgabe: Wenn sich Tausende von Fliegen auf einen Misthaufen stürzen, heißt das dann, das es erstrebenswert ist, auf einem Misthaufen zu landen? Nein? Genau das meine ich. Nur weil immer schon so gelebt wurde, heißt das noch lange nicht, dass es die richtige Art zu leben ist.

Unsere Ahnen kannten nur Entbehrungen und ein wirklich hartes Leben. Viele haben körperlich so schuften müssen, dass sie daran gestorben sind. Frauen brachten ein Kind nach dem anderen auf die Welt, was sie ebenfalls oft früh sterben ließ. Fließendes Wasser oder Strom aus der Steckdose war unbekannt, von daher haben wir es heute richtig gut. So meinen wir. Zwar hat uns die Technik ein körperlich leichteres Leben beschert, aber immer noch verstehen wir es nicht, richtig zu leben. Dank der Technik müssten wir doch endlich einmal Zeit für das Leben finden, schließlich gewinnen wir diese ja mit Hilfe der Technik. Unsere Ahnen rubbelten die Wäsche noch über einem Brett, wir werfen sie nur noch in die Waschmaschine. Wie ist es nur möglich, dass wir trotz unserer arbeitserleichternden Technik nie Zeit für uns, unsere Kinder und unser Leben haben? Ganz einfach, weil wir es schon in den Anfängen der Technik versäumt haben, uns diese Zeit zu nehmen. In uns allen steckt noch das Denken unserer Ahnen: „Arbeit adelt" oder „Wer nicht arbeitet, bekommt auch nichts zu essen." Und so wurde die plötzlich gewonnene Zeit mit neuer Arbeit ausgefüllt.

Tatsächlich leisten wir heute weitaus mehr, als unsere Ahnen jemals geschafft haben. Wir merken es nur nicht, weil es für uns selbstverständlich geworden ist, an einem einzigen Tag tausend Dinge zu erledigen. Und genau das hindert uns daran zu leben. Nicht nur uns, natürlich auch unsere Kinder. Ihr Tagesablauf richtet sich ja nach unserem, und so lernen sie fälschlicherweise, dass ein Tag randvoll mit Ablenkung gestopft werden muss. Wenn nicht mit Arbeit, dann bitteschön mit anderen Terminen. Wo bleibt das menschliche Zusammensein? Wann treffen sich Familien, um entweder zusammen zu spielen oder sich miteinander zu unterhalten? Wann haben wir noch Zeit für unsere Kinder? Ja, wir merken nicht einmal, dass das menschliche Miteinander auf ein Minimum reduziert ist. Das Wichtigste überhaupt, die menschliche (Ver-)Bindung nämlich, also die sozialen Kontakte, kommen zu kurz. Verwundert es noch, dass viele Kinder so gar keinen Bock mehr auf irgendetwas haben? Intuitiv wissen sie, dass all das nicht richtig und auch nicht erstrebenswert ist, sodass sie sich auf ihre Weise ausklinken. Die einen werden krank, die anderen aggressiv, wieder andere werden zu Nesthockern (was sollen sie auch draußen in der schnöden Welt?), und der Rest weigert sich, sich anzupassen und lungert auf den Straßen herum. Das Resultat ist, dass wir von einer Nullbock-Jugend sprechen. Ja bitte, worauf sollen sie denn auch Bock haben? Auf unsere ach so schöne Lebensweise?

Gerade die neue Generation unserer Kristallkinder, so, wie auch alle alten Seelen, wissen ganz genau, dass unsere Art zu leben nichts mit dem göttlichen Ursprungsgedanken zu tun hat. Auch dem steigenden Druck des Viel-wissen-Müssens halten unsere Kinder stand, indem sie voller Stolz von sich selbst sagen: „Wir sind die Generation DOOF." Ja, tatsächlich, das ist der neueste Trend. Unsere Jugend ist stolz darauf, nichts mehr zu wissen. Auch hier wissen sie, dass reines Kopfdenken nicht die Erfüllung sein kann und entziehen sich einfach, indem sie in der Schule nicht mehr zuhören. Anstatt uns nun zu fragen, warum die Jugend so unwissend sein will, haben wir nichts Besseres zu tun, als über sie den Stab zu brechen.

Für alles, was geschieht, gibt es immer eine Ursache, egal, was geschieht. Immer ist es eine Antwort auf ein ursächliches Prinzip. So antwortet uns unsere Jugend nur auf das, was wir einmal angelegt haben. So einfach ist das. Zwar sind wir alle hier, um zu leben, tun das auch, haben aber vergessen oder verlernt, uns mit unserem Ursprung zu verbinden und jagen deshalb Idealen nach, die keine sind. Würden wir endlich einmal begreifen, dass jeder von uns einzigartig ist und sowieso in Wahrheit ein Lichtwesen, und jeder von uns ein großes Talent besitzt, das er der Welt zu geben hat, würden wir uns die jetzige Art von Leben nicht mehr bieten lassen. Wir würden uns nie mehr so hilflos anderen ausliefern, wie wir es heute tun. Würden uns also nicht mehr abhängig von all den Sklaventreibern (Arbeitgebern (zumindest einige), Politikern, Wirtschaft und Religionen) dieser Welt machen lassen, weil wir sie einfach auflaufen lassen würden. Vielmehr würden wir uns und unsere Kinder vor all den falschen Werten schützen. So bedeutet richtig leben auch, schon unseren Kindern beizubringen, dass sie selbst Schöpfer sind. Dass es wichtiger ist, mit sich, der Welt und auch dem Universum im Einklang zu sein, als sich für nutzlose Güter zu versklaven.

Der Mensch ist mittlerweile gierig geworden. Er will immer mehr und mehr. Immer höher hinauf und immer reicher werden. Auch das ist reines Suchtverhalten und natürlich vor langer Zeit angelegt worden. Denn je mehr wir uns von den wahren Werten abgeschnitten haben, umso größer wurde die innere Leere, die wir durch nutzlose Werte versuchen aufzufüllen. So ist die Jagd nach Wohlstand, Besitztum, der Jugend und dem schönen Schein nur die Suche nach etwas, was uns schon lange verlorengegangen ist. Nach uns selbst nämlich, und daraus resultierend die Suche nach dem Sinn des Lebens. Ersparen wir unseren Kindern dieses erbärmliche Verhalten. Was nützt es ihnen, wenn sie einst am Himmelstor stehen und gefragt werden: „Nun, erzähl mal. Was hast du aus dem Geschenk deines Lebens gemacht?“ Und die Antwort darauf ist: „Geschenk des Lebens? Das gab es auch? Ne, ehrlich, das hatte ich nicht, ich habe immer nur gekämpft..." Spätestens dann wird klar, was man versäumt hat.

*Geliebte Wesen, hier möchten wir euch alle ansprechen, denn dieses Thema erscheint uns viel zu wichtig, um es nur auf Eltern und die, die es noch werden wollen, zu begrenzen. „Die, die zwischen den Welten vermittelt" hat zu diesem Thema viel aus menschlicher Sicht gesagt, dennoch wollen wir noch einiges ergänzen.*

*Wir wünschen uns von Herzen, dass ihr verstehen lernt, was es mit dem Leben auf sich hat. Ihr, die ihr so strahlende Lichtwesen seid, ihr, die ihr alle aus der Einheit kommt, ihr erfahrt das schmerzliche Gefühl der Trennung, sobald ihr in die Atmosphäre von Mutter Erde eintretet. Schon allein dafür lieben wir euch unendlich. Denn dieser Schmerz und diese Sehnsucht nach zu Hause begleitet euch ein Leben lang.*

*Ihr mögt euch fragen, wieso ihr überhaupt aus der Einheit geht? Warum ihr nicht gleich hier bei uns bleibt? Hier bei uns, in der ewigen Einheit, wissen wir zwar von Allem-was-ist, erfahren es aber nicht so, wie es in Menschengestalt möglich ist. Wir wissen, dass das wieder schwer zu verstehen ist und wollen euch deshalb ein Beispiel geben. Stellt euch vor, dass unsere Quelle ein reines, weißes Blatt Papier wäre. Auf diesem Papier ist alles schon enthalten, und dennoch seht ihr nichts außer dem reinen Weiß. So, wie euch helles Licht nur weiß erscheint, so wisst ihr dennoch, dass in der Farbe Weiß alle Regenbogenfarben enthalten sind. Brechen sich die Sonnenstrahlen in einem einzigen Tautropfen, werden diese Farben plötzlich sichtbar.*

*So brecht auch ihr mit der Einheit, um Alles-was-ist sehen zu können und zu erfahren. Und so geschieht hier bei uns Zauberhaftes. Ihr „beschreibt" mit eurem Leben ein bis dahin reines, weißes Blatt, das wir lesen können.*

*Wir sprachen ja schon davon, dass alles einander bedingt, und so ist eurer Leben unmittelbar auch mit unserer Entwicklung verbunden. Tatsächlich lernt also nicht nur ihr, sondern wir lernen auch von euch, denn ihr seid diejenigen, die die ewige Schöpferkraft unserer Quelle erst sichtbar machen.*

*Versteht ihr nun, warum wir euch zutiefst dafür verehren? Und versteht ihr nun, warum wir immer von euch als großartige Wesen sprechen? Ihr alle geht, ausgestattet mit allem, was ihr braucht, auf die Erde. Jeder von euch hat eine ganz besondere Aufgabe. Aber bitte, denkt jetzt nicht wie ein Mensch. „Besonders" muss nicht zwingend heißen, dass ihr auf der Erde so etwas wie eine Berühmtheit werdet. Nein, es ist viel einfacher. Muss es auch sein, weil ein kleiner Tropfen genügt, um ein ganzes Fass zum überlaufen zu bringen und viele kleine Tropfen ein Fass erst füllen können (Lächeln). So lautet eure Aufgabe als Mensch, eure und gleichsam unsere spirituelle Entwicklung zu fördern.*

*Der wahre Auftrag eines Lebenszyklus bedeutet aber, GOTT auf die Erde zu bringen, Spirit menschlich erfahrbar zu machen und in Einklang mit der Quelle auf der Erde zu leben. Um das zu verwirklichen, gibt es die Lebenszyklen, was bedeutet, dass es so gut wie nie vorkommt, nur ein einziges Mal auf die Erde zu gehen. Dennoch gibt es auch das, aber wenn das geschieht, sind es meistens hohe Wesenheiten, die euch und Mutter Erde energetisch anheben wollen.*

*In der Regel beinhaltet ein Lebenszyklus unzählige Inkarnationen. Denn wie bei dem Vergleich mit dem weißen Blatt, fangt auch ihr, wie ihr sagen würdet, bei Null an. Über all die Jahrtausende, die Mutter Erde nun schon besteht, gibt es kaum noch Seelen, die tatsächlich noch bei Null anfangen, außer denen, die zur Zeit des Aufstiegs diesen als Chance nutzen, um ihre „Lehrzeit" abzukürzen, um sich später anderen Aufgaben widmen zu können.*

*Über all die Jahrtausende ist es nun wieder so weit. Euer Bewusstsein ist enorm angestiegen, viele von euch sind sogar erwacht, ohne es gemerkt zu haben (Schmunzeln), und wir sehen das mit Freude.*

*Um diese Zeit des Aufstiegs, die auch mit Turbolenzen verbunden ist, besser durchzustehen, lassen wir durch immer mehr Menschen die Wahrheit durchsickern und schicken euch zur Verstärkung die Neuen Kinder.*

*Ihr alle seid von einer Sehnsucht erfüllt, die weitaus stärker ist als noch Jahrzehnte zuvor. Eure Seele weiß, dass sie kurz vor ihrem Ziel ist und diese Aufgabe hier beendet sein wird. Daher dieser Hunger in euch. Ganz so schnell, wie ihr euch den Aufstieg wünscht, wird er nicht geschehen, aber wir können euch diesen Übergang erleichtern, indem wir euch mit Erinnerungen an euer wahres Sein helfen.*

*Keine Frage, ihr seid Lichtwesen, und wenn ihr so wollt, seid ihr auf Erden alle Lichtsuchende. Der einfachste Weg, diese wahrhaft ereignisreiche Zeit gut zu überstehen, ist der, mit den Gesetzmäßigkeiten des Lebens in Einklang zu kommen. Was gleichbedeutend mit der Aufhebung der Dualität ist. Im Einklang mit allem zu sein schließt ein duales Denken aus, und so lautet eure letzte Aufgabe in diesem Spiel (Anmerkung: das sich tatsächlich dem Ende entgegenneigt), euch und eure Kinder mit beiden Welten in Einklang zu bringen.*

*Wir wissen, dass Mutter Erde ihre eigene Gesetzmäßigkeit und euer Schöpferpotenzial sämtliche Zustände auf ihr geschaffen hat. So lebt ihr also in einer Welt, die kraft eurer so ist, wie sie ist. Mit diesem Wissen könnt ihr euch und damit die gesamte Welt verändern. „Die, die zwischen den Welten vermittelt" hat ja schon ziemlich ausführlich beschrieben, worauf es im Leben ankommt. Und wir wollen das jetzt ergänzen.*

*Mehr und mehr hebt sich der Schleier zwischen unseren Welten, was euch befähigt, Dinge wahrzunehmen, die euer Denken und Bewusstsein verändern. So lasst euch sagen, dass ein Leben für sich allein genommen einer Melodie gleicht und alle Leben zusammengenommen eine Sinfonie ergeben. Die Wahrheit ist, dass unsere wie auch eure Welt aus unterschiedlichen Klängen, Schwingungen (Anmerkung: Frequenzen) und Farben besteht. Und ihr, auch wenn ihr in Menschengestalt wandelt, ebenfalls. Das können wir nicht oft genug wiederholen. Euer wahres Sein besteht aus dem gleichen „Stoff" wie wir. Nur mit dem Un-*

*terschied, dass ihr auf der Erde seid und wir nicht. Zu keiner Zeit hat es eine räumliche Trennung zwischen euch und uns gegeben, denn unsere Welt besteht (Anmerkung: wenn auch für euch unsichtbar, weil die Schwingung eine andere ist) direkt in eurer. Sie liegt nicht irgendwo hinter den Wolken oder dem Himmel, den ihr sehen könnt, sondern ihr alle seid mit uns verbunden, ohne es zu merken. Wenn ihr so wollt, betrachtet die Geistige Welt als Parallelwelt, was aber nur ein schwacher Vergleich ist. Ihr müsst nicht verstehen, wie es sich mit unseren beiden Welten verhält, aber es wäre wunderbar, wenn ihr euch bewusst würdet, welche Großartigkeit dahinter steckt.*

*So ist auch das Leben etwas Großartiges. Denn erst durch das „Abtauchen" in die Materie ist es möglich, Erfahrungen zu machen. Geht eine Seele auf die Erde, so ist sie mit allem ausgestattet, was sie zum irdischen Leben braucht. Auch wenn ihr nur ein kleines Bündel Fleisch seht, haltet ihr dennoch ein großartiges Lichtwesen in euren Armen. Seid euch bewusst, dass jedes Lichtwesen nicht nur zu seiner eigenen Entwicklung hier ist, sondern auch im Auftrag der Quelle. Der Gedanke, dass ihr alle Lichtwesen seid, sollte euch in Fleisch und Blut übergehen, denn daraus ergibt sich ganz von allein eine völlig andere Lebensgestaltung. Ihr wüsstet, dass alles aus Schwingung besteht, eure Physiker haben es euch ja schon bewiesen, und ihr wüsstet demnach von dem Prinzip der Ursache und ihrer Wirkung. Und ihr wüsstet genau, wie ihr leben wolltet, nämlich frei und autark, aber trotzdem voller Verantwortung für euer Tun. Ihr würdet nie wieder unsere Existenz lächelnd abtun, nur weil ihr uns und unsere Welt nicht sehen könnt, denn ihr würdet erfassen, dass wir genauso real sind wie euer Geist, der ja auch nicht zu sehen ist.*

*Wenn ihr unseren Perlen des Universums von Anfang an zugestehen würdet, dass sie wie ihr aus unserer Welt kommen, und wenn ihr dafür Sorge tragen würdet, dass die Verbindung zu uns nicht unterbrochen wird, dann ist all das keine Frage oder gar ein Streitpunkt mehr unter euch.*

*Das Leben selbst ist so komplex, dass es selbst uns schwer fällt, es euch zu erklären. Am einfachsten ließe es sich erklären, dass ihr euch selbst für euren ersten Abstieg auf einen winzigen Leuchtpunkt reduziert, und so beginnt ihr zu inkarnieren, um im Laufe eurer vielen Leben wieder zu dem strahlenden Wesen zu werden, das ihr immer schon gewesen seid. Das ist natürlich nur eine Metapher (Lächeln). So bitten wir euch: Öffnet euer Herz für die Wahrheit. Selbst wenn es euch schwerfallen sollte, gesteht sie euren Kindern zu. Nehmt teil an allem, was sie euch zu erzählen haben, denn damit fördern sie eure Entwicklung.*

*Richtig zu leben bedeutet, mit Spirit im Einklang zu sein. Das wiederum setzt voraus, dass die Existenz von Spirit anerkannt wird. Ist das der Fall, habt ihr wahrhaftig Gott auf die Erde geholt, und er wird euch zu Diensten sein. Ihr würdet erkennen, dass euer jetziges Leben eurem wahren Sein nicht gerecht wird. Ihr würdet das Spiel der Großen dieser Welt durchschauen und euch mutig dagegenstellen. Ihr würdet nicht mehr zusehen wollen, wie eure schöne Welt von einigen wenigen Gierigen ausgenutzt und buchstäblich ausgeschlachtet wird, wie ihr überhaupt die ganze Sinnlosigkeit hinter vielem erkennen würdet. Niemals wieder würdet ihr zusehen wollen, wenn Leid geschieht, und niemals wieder würdet ihr euch von anderen bestimmen lassen, denn ihr würdet erkennen, dass ihr gelebt werdet, anstatt aus eigener Kraft zu leben. Viele von euch haben das schon erkannt und fühlen sich mittlerweile regelrecht fremdbestimmt. So erging es auch allen Revolutionären eurer Geschichte. Sie alle wollten nur diesen eisernen Ring mit ihren Aufständen durchbrechen. Leider gewaltsam, was sie häufig das eigene Leben kostete. Dennoch haben sie viel damit bewirkt.*

*Heute braucht ihr nicht mehr zu rebellieren, ihr habt andere Kräfte zur Verfügung. Allein eure veränderte Sichtweise verändert euer gesamtes System. Je mehr Menschen sich der neuen Sichtweise öffnen, umso schneller kann der Wandel kommen. Aber Vorsicht, ihr müsst diesen Wandel erst in eurem Inneren vollzogen haben, bevor ihr euer neues Gedankengut auf andere übertragt. So fangt im Kleinen an, bei euren Kindern oder in eurem Umfeld. Klammert die spirituelle Welt nicht mehr aus, sondern ladet sie zu euch ein. Wir werden immer alles tun, um euch zu unterstützen, so, wie wir auch immer euch schützen werden, sofern ihr allem, was ihr tut, die Liebe zugrunde legt.*

*Lichtwesen zu sein bedeutet, bedingungslos zu lieben und immerwährende Freude im Herzen zu tragen. Denn nur so kann sich tiefes Mitgefühl für alle Seelen, die noch nicht so weit sind wie ihr, entwickeln. Ihr werdet gar nicht mehr anders können, als jede einzelne Seele daran zu erinnern, wer sie ist. So, wie ihr immer offen sein werdet für die Nöte und Sorgen anderer und euren Kranken wunderbare Möglichkeiten der Heilungschancen anbieten könntet. Nämlich allein durch eurer Wissen um Klang und Farben und das Zusammenspiel der Gefühle.*

*Eure Krankenhäuser flößen sogar uns einen gehörigen Schrecken ein, und noch einmal möchten wir betonen, dass, wenn es solche Häuser auch (Anmerkung: noch) geben muss, benennt sie um. Zwar kommen kranke Menschen hinein, aber doch mit der Absicht, gesund zu werden. So könnte jeder Heilungsprozess beschleunigt werden, wenn diese Einrichtungen andere Namen trügen. Solche Häuser sollten übrigens auf natürlichen Kraftfeldern erbaut werden. Die heilende Energie von Mutter Erde beschleunigt jeden Heilungsprozess.*

*Ganz bestimmt ist eure Technik in Zusammenhang mit eurem Gesundheitssystem manches Mal ein Segen. Wir aber sagen euch, dass sie in Wahrheit völlig überflüssig ist, genauso, wie eure Pharmaindustrie. Eure Körper sind alle mit einem wunderbaren Selbstheilungssystem ausgestattet, zudem ist gegen jede Erkrankung ein Kraut gewachsen. Aber die größtmöglichste Chance auf Heilung oder Gesundung erzielt ihr in naher Zukunft, wenn ihr den Menschen als Ganzes behandelt. Also seine spirituelle, seine wahre Natur mit einbezieht.*

*Ihr solltet euch dessen bewusst sein: Der Mensch ist mehr als nur Materie, und Krankheit ist sehr oft ein Zeichen dafür, dass der Erkrankte aus seiner Mitte, also Einheit, gefallen ist. So werdet ihr auf energetische Weise heilen, da ihr wisst, dass alle Maschinen dieser Welt nicht in der Lage sind, den Menschen zu heilen. So, wie eure Arzneien den ohnehin schon geschwächten Körper zusätzlich vergiften. So ist der neue Heilungsweg ein natürlicher und bezieht alles mit ein: Die Gemütsverfassung, die energetischen Blockaden sowie die Anwendung von Klängen, Düften und Farben und der Heilenergien unserer Welt.*

*Es wird eine Zeit kommen, wo ihr sowieso nur noch auf der energetischen Ebene heilen werdet. Also völlig frei von Nebenwirkungen (breites Grinsen). Und ihr werdet wieder im Einklang mit den Gestirnen sein. Bruder Sonne und Schwester Mond haben ebenfalls Heilkräfte, die von euch heute noch nicht genutzt werden. Im Einklang mit Allem-was-ist zu sein bedeutet, alles anzunehmen. Auch und gerade den eigenen Lebensplan. Vergeudet nicht euer Leben mit der Vorstellung von ihm. Lebt! Jeden Tag, jede Sekunde solltet ihr im Jetzt sein. Denn jeder Augenblick, der so genossen wird, schafft neue dieser Art. Wer mit seinem Jetzt zufrieden ist, ist es ein Leben lang. Diejenigen, die es nicht sind, haben die Kraft und unsere Unterstützung, dieses täglich zu ändern. So bedeutet im Einklang mit sich und Allem-was-ist zu sein auch das menschliche Bewusstsein mit dem seelischen Bewusstsein verschmelzen zu lassen.*

*Versteht, dass ihr alle eine Symbiose mit einem Körper eingeht, der ein eigenes Bewusstsein hat. Wenn ihr so wollt, stellt euch vor, eure Seele sei ein Reiter und beschließt nun, ein fremdes Pferd zu besteigen. Manche werden gleich am Anfang abgeworfen, manche später, manche gar nicht. Es braucht Übung, um als Reiter und Pferd zu einer Einheit zu werden. Aber ihr alle habt die Kraft dazu.*

(Anmerkung: Mein Philosoph witzelt hier gerade mal wieder herum. Er zeigt mir ein Bild von einem Reiter, der auf einem störrischen Esel sitzt und krampfhaft versucht, vorwärtszukommen...)

*Ihr seid die Be-Herrscher eures Lebens. Ihr alle könnt reiten. Es ist nur die Frage, wohin. Wenn beide zusammen zufrieden sind, dann ist das Leben harmonisch. So solltet ihr nie vergessen, euer Pferd gut zu versorgen, so, wie auch euch.*

*Wenn wir bei dem Bild von Ross und Reiter bleiben, so fragen wir euch, wo gehören diese beiden hin? Selbstverständlich in die Natur. Ihr und eure Kinder sind viel zu selten in ihr. Dabei hat sie euch so viel zu geben. Eure Krankheit, die sich Depression nennt, hat sehr viel mit Licht- und Luftmangel zu tun. Ihr seid nun einmal Lichtwesen. Bekommt ihr zu wenig Sonnenlicht, trauert eure Seele, genauso wie sie trauert, wenn sie kleine Belastungen nicht los wird, weil Bruder Wind sie nicht mitnehmen und forttragen kann. Leben bedeutet Grenzenlosigkeit in einem begrenzten Körper. Auch das mag sich verwirrend anhören, denn selbstverständlich zeigt euch euer Körper Grenzen auf. Dennoch seid ihr wahrhaftig grenzenlos, und das in eurem Geist.*

*Würdet ihr aufhören, euch und unsere Perlen des Universums immerzu zu begrenzen, würdet ihr alle Wunder vollbringen können. Euer Geist ist befähigt, in alle Dimensionen emporzusteigen, ihr aber haltet ihn zurück. Ihr bewundert eure vermeintlichen Genies. Wir sagen, da gibt es nichts zum Wundern. Glaubt ihr tatsächlich daran, dass ihr Gehirn ein besseres war oder ist als eures (breites Grinsen)? Mitnichten. Sie haben es nur verstanden, ihren Geist auf die Reise zu schicken und sind so zu großartigen „Erfindungen" gelangt.*

*Wer seinem Geist zugesteht, sich auszudehnen, der wird unweigerlich in andere Sphären gelangen und das Wissen auf die Erde tragen. So seid ihr also alle auch multidimensionale Wesen, denn oft arbeitet ein Teil von euch in anderen Seinsbereichen, die euer Geist dann aufsucht.*

*Zum Abschluss wollen wir euch noch etwas Erstaunliches sagen: Wenn davon gesprochen wird, dass jemand channelt oder mediale Fähigkeiten hat, so denkt euer Geist immer, dass wir durch eure Medien sprechen. Das stimmt und stimmt wiederum nicht (Lächeln). Zwar nehmen manche Medien Wesenheiten wahr, aber wir versichern euch, dass sie selbst ein Aspekt dieser Wesen sind. Erinnert euch, alles bedingt einander, und die schlichte Wahrheit ist, dass ihr euch mittlerweile selbst channelt. Menschen, die dazu in der Lage sind, lassen zu, dass sich ihr Geist ausweiten darf und bekommen dadurch Zugang zu ihren eigenen höheren Aspekten.*

*(Anmerkung: Wir sehen, wie „unser Medium" gerade innerlich zusammenbricht...)*

*Dennoch sind wir ebenfalls immer auch zugegen, denn ihr und wir sind eins. Das lehrt eure Kinder und seht, wie sie so auf ganz natürliche Weise verstehen lernen, Hochachtung vor allem, was lebt, zu empfinden. Das ist unser wichtigstes Anliegen an euch.*

*Empfindet Achtung und Respekt vor der Großartigkeit des Lebens! Wenn ihr jeden Menschen, jedes Tier, jedes Gestirn und vor allem auch Mutter Erde mit Achtung und Respekt behandeln würdet, wäre es euch unmöglich, auch nur einem Lebewesen Leid zuzufügen. All die kleinen Streitereien, wie auch die großen, die sich Kriege nennen, wären für euch ein Grauen, weil es sich mit eurer tiefen Liebe zu Allem-was-ist nicht vereinbaren ließe. Ihr würdet erkennen, dass jeder Mensch einzigartig ist, so, wie alles, was lebt.*

*Geht hin und macht die Welt wieder zu dem, was sie einst war: ein Ort des Lichts und der gelebten Liebe.*

Nun verstehe ich endlich, warum ich allen eine Antwort schuldig geblieben bin, die mich gefragt haben, wen ich denn in meinem neuen Buch channele..., es war mir einfach nicht möglich, darauf zu antworten. Aber was ich sagen konnte war, dass es unterschiedliche Wesenheiten sein müssen, denn die Botschaften unterscheiden sich von ihrer Schwingungskraft her. Manche sind sehr liebevoll, manche sehr ernst, manche beides.

Zugegebenermaßen ... ich bin geplättet. Und zwar dermaßen, dass ich jetzt erst einmal aufhören muss, dieses Buchweiterzuschreiben.

Nach einem schönen Spaziergang, in dem ich all das Gesagte in Ruhe verdauen konnte, sitze ich nun wieder hier und bringe noch eine schöne Botschaft mit. Nämlich die, dass es vollkommen normal ist, sich mit all seinen Aspekten verbinden zu können. Tatsächlich ist jeder Mensch dazu in der Lage, und ich bringe das Versprechen mit, dass es zukünftig immer mehr Menschen geben wird, die das auch tun. Allerdings, so wurde mir auch gesagt, ist jedes Medium nur so „gut", wie es sich ausweiten kann. Das erklärt, warum es so unterschiedliche Botschaften gibt und manche Botschaft an das Mittelalter erinnert.

Da ja Alles-was-ist immer noch existiert, haben wir auch Zugriff auf diese Ebenen. Somit ist zwar alles wahr, was „aufgeschnappt" wird, muss aber nicht zwingend für unsere heutige Entwicklung richtig sein. Darum geht gerade am Anfang eurer Arbeit vorsichtig damit um, indem ihr hinterfragt, ob die Botschaften für die jetzige Menschheit die richtigen sind.

Aber widmen wir uns nun dem nächsten Thema zu: Nämlich dem Tod und dem Sterben.

☆☆☆☆☆

# Das Mysterium des Todes

Der Tod gehört zum Leben wie die Luft zum Atmen. Wenn wir geboren werden, ist unser Leben von unserem ersten Atemzug an zielgerichtet, nämlich, diese Erde irgendwann wieder zu verlassen.

Nie werde ich vergessen, als mir kurz nach der Geburt meines Lieblingssohns die Tränen in die Augen schossen, weil mir blitzartig klar wurde, dass ich ihm zwar vor ein paar Stunden das Leben geschenkt hatte, aber einhergehend damit auch den Tod. Das hat mich damals sehr traurig gemacht. Ich sag es ja immer wieder, Spiritualität schützt nicht vor menschlichen Gefühlen.

Im Laufe der Zeit habe ich herausgefunden, dass ein Mensch, der nicht in der Lage ist, sein Leben zu genießen, nur schwer dazu bereit ist, dieses Leben loszulassen, was zur Folge hat, dass diese Menschen sich in ihrer Sterbephase unendlich quälen. So müsste also in den neuen Schulen eines der Hauptfächer "Leben und Tod" sein.

Ein wichtiger Faktor ist auch, dass in unserer heutigen Gesellschaft der Tod aus dem Leben verbannt wird. Gestorben wird heute in Krankenhäusern oder Hospizen. So verlieren gerade unsere Kinder vollkommen den Bezug zum Tod, aber damit auch zum Leben. Zwar kennen unsere Kinder „Gevatter" Tod, aber sie haben ein völlig verzerrtes Bild von ihm.

Vor einigen Jahren wurden Kinder gefragt, ob sie sagen könnten, wie gestorben wird, und die Antworten waren niederschmetternd. Bis auf einige wirklich wenige waren alle der Meinung, dass man durch Erschießen, Erstechen, Erwürgen oder Erschlagen oder andere Arten des unnatürlichen Todes aus dem Leben geht. Das wundert mich nicht, denn was unseren Kindern in diesem Zusammenhang geboten wird, muss sie ja annehmen lassen, dass es nur gewaltsame Arten des Todes gibt. Die Medien Film und Fernsehen strotzen ja nur so von Darstellungen, in denen Menschen gewaltsam aus dem Leben gerissen werden. Auch die Welt der Spielkonsolen trägt dazu bei, Kindern den Eindruck zu verschaffen, es sei normal, abgeknallt zu werden. So haben unsere Kinder eine falsche Vorstellung vom Mysterium des Todes, was so ganz nebenbei auch noch dazu führt, dass manche später selbst keine Hemmungen haben, andere Kinder oder auch Tiere zu quälen und noch später „über Leichen zu gehen".

Mit all diesen Actionfilmen trägt die Filmbranche dazu bei, dass es für unsere Kinder mittlerweile normal scheint, gewaltsam aus dem Leben gerissen zu werden, und es ebenso „normal" ist, anderes Leben auf diese Weise auszulöschen. Und das kann es ja wohl wahrhaftig nicht sein! Zwar ist, wie wir ja am Anfang des Buches erfahren haben, jede Seele unsterblich, sodass wir ihr nicht wirklich Schaden zufügen können, dennoch sind die Heiligen Hallen der Heilung in der Geistigen Welt voll von traumatisierten Seelen, die sich von ihrem gewaltsamen Todesschock erholen müssen. Manche werden so gewaltsam und plötzlich aus dem Leben katapultiert, dass sie nicht einmal mitbekommen, dass sie gestorben sind. Auch hier leisten unsere himmlischen Helfer Schwerstarbeit.

Was aber bedeutet es nun, zu sterben? Um das verstehen zu können, muss man das Mysterium des Lebens verstanden haben, und darum bemühe ich mich in diesem Buch. Bei allem, was ich bis jetzt schon dazu gesagt habe, fehlt noch ein wichtiges Element: Kein Leben ist ohne den Geist GOTTES möglich. Alles, was lebt, ist vom Geist oder, besser gesagt, vom Atem GOTTES „durchdrungen". Jeder Mensch, jedes Tier, jede Pflanze, jeder Stein, jeder Stern, jede Galaxie, einfach alles wird durch den Hauch GOTTES erst zum Leben erweckt. Jeder Atemzug, den wir tun, ist eine ständige lebenserhaltende Maßnahme GOTTES. Ohne seinen Atem könnten wir nicht leben. Dieses Element, das wir Luft nennen, ist also weitaus mehr, als „nur" leere Luft. Denn tatsächlich können wir die Luft und die in ihr enthaltenen Energien sehen. Tausende von Energiekügelchen schwirren in unserer Luft, und jedes Kügelchen trägt die gesamte Lebensinformation in sich.

Nehmt euch einmal die Zeit und schaut an einem sonnigen Tag in den blauen Himmel hinein. Schaut nur in das Blaue, und ihr werdet mit der Zeit diese Energiekügelchen buchstäblich tanzen sehen. In der Stadt, in der die Luft schlechter ist, sind sie nicht so gut wahrzunehmen wie auf dem Land, dennoch sind sie in den frühen Morgenstunden in der Stadt genauso aktiv wie tagsüber auf dem Land.

Ich habe beobachtet, dass die Ladung und Aktivität dieser Kügelchen am Morgen die höchste ist und im Laufe des Tages abnimmt. Was durchaus Sinn macht, denn wir brauchen die Nachtruhe, um uns vom Tag zu erholen.

Wer sich also bestmöglich mit Energie versorgen

möchte, der mache einen Spaziergang in den frühen Morgenstunden. Wer sich bewusst ist, dass jeder bisher so achtlos und unbewusst genommene Atemzug ein Geschenk GOTTES ist, der wird auch schnell verstehen, dass GOTT mit jedem Atemzug höchstpersönlich bei uns ist. Als ich das erkennen durfte, hat es mich förmlich umgehauen. Denn es ist die größte Erkenntnis, die mir bis jetzt „zugefallen" ist. Tatsächlich ist GOTT in jedem von uns, und es liegt nur an uns, ob wir das erkennen und ihn ganz bewusst in uns aufnehmen. Also bewusst einatmen. Auch wenn wir aus der Einheit gegangen sind, um als Mensch zu existieren, so werden wir dennoch die ganze Reise über von ihm begleitet. Da wir selbst ja feinstoffliche Wesen sind, brauchen wir diesen feinen Stoff, um hier existieren zu können.

Wer nun glaubt, mit seinem letzten Atemzug sei seine Existenz für immer ausgelöscht, der irrt gewaltig, denn kaum haben wir die menschliche Hülle mit Hilfe des letzten Atemzugs verlassen, befinden wir uns wieder dort, wo wir hingehören: in der Geistigen Welt.

Die Angst vor dem Tod beraubt viele Menschen eines leichten Todes, wobei es nur natürlich ist Angst vor etwas zu haben, das man nicht kennt. Es gibt unzählige Bücher darüber, in denen sehr eindrucksvoll (manchmal auch salbungsvoll) beschrieben wird, dass es nicht nötig ist, Angst vor dem Tod zu haben. Dennoch befällt sie meiner Meinung nach jeden, wenn es so weit ist.

Wie ich immer wieder zugebe, schützt mich all mein spirituelles Wissen nicht vor menschlichen Gefühlen, und von daher kann ich nicht einmal für mich selbst die Hand ins Feuer legen, wenn meine Stunde kommt. Ich weiß es einfach nicht. Aber was ich weiß ist, dass wir auch in unserer Todesstunde nicht allein gelassen werden. Und noch etwas weiß ich: Es ist bedeutend einfacher, zu sterben, als geboren zu werden. Wir erleiden nämlich einen weitaus größeren Schock, wenn wir uns in einem kleinen Körper wiederfinden, als wenn wir endlich wieder frei sind und zu unserer wahren Größe zurückfinden dürfen.

Wie erklären wir nun aber unseren Kindern den Tod? Und zwar so, dass sie nicht angstvoll an ihn denken? Bei dieser Frage zeigt sich, wie wichtig es ist, unseren Kindern den Glauben an die Geistige Welt zu lassen, denn nur wenn wir die natürliche Verbindung unserer Kinder bestehen lassen, verliert der Tod seinen Schrecken. Kinder, die mit dem Bewusstsein aufwachsen, dass sie kleine Engel auf Erden sind, die hier nur für eine Weile und nicht für immer leben, bekommen ein natürliches Verhältnis zum Tod. Erklären wir unseren Kindern, dass sie aus dem Himmel kommen und eines Tages dorthin wieder zurückkehren, entfällt jede Angst. Noch dazu, wenn die Spiritualität im Alltag, wie ich sie auf allen Seiten dieses Buches beschrieben habe, zur Selbstverständlichkeit werden darf. Worauf sollten sich unsere Kinder denn freuen können, wenn sie nicht wissen, WORAUF? Kindern, denen ihre Spiritualität nicht aberzogen wird, stehen in Kontakt zu ihrer Heimat, die für sie ein Leben lang Realität bleibt. Wenn sich dann endlich auch einmal die Lebensumstände dieser Wahrheit anpassen, nämlich dass es normal ist, sich als Lichtwesen zu sehen, und wenn, was das betrifft, unsere Gesellschaftsstruktur anfängt (von den neuen Schulen bis zu einem völlig neuem Verständnis des Menschseins), sich der Wahrheit zu öffnen, wird der Angst jeder Nährboden entzogen.

Die Angst vor dem Tod treibt merkwürdige Blüten, wie beispielsweise den Jugendwahn, lähmt aber zugleich auch jedes Leben. Menschen, die Angst davor haben, ein Risiko einzugehen, weil sie ja nicht wissen, was sie erwartet, versäumen ein aufregendes, erfülltes Leben. So ist diese Lebensunfähigkeit der äußere Ausdruck der inneren Angst. In Wahrheit haben diese Menschen gleichermaßen vor dem Tod wie auch vor dem Leben Angst, weswegen sich auch so viele Menschen vorschreiben lassen, wie sie zu leben haben. Sie überlassen so ihr Leben anderen und lassen sich bestimmen. Das ist wahrhaftig nicht erstrebenswert, hat aber zu unserem heutigen System geführt.

Ich möchte tatsächlich keine Gefahr laufen, mich zu wiederholen, weswegen ich hier auf mein Buch „DU bist der Meister“(erschienen im Smaragd Verlag) verweise, in dem ich beschreibe, wie sehr wir alle fremdbestimmt sind. Ersparen wir das unseren **Perlen des Universums,** denn sie sind großartige, freie Wesen (so, wie wir auch, wir haben es nur vergessen).

Wer also richtig zu leben versteht und angstfrei und mutig durchs Leben geht, weil er sich in unserer Welt sicher und geborgen fühlt, alleine dadurch, dass er weiß, er ist nur Gast hier und die himmlischen Begleiter sind für ihn da, wird hier tatsächlich eine wunderbare Spielwiese vorfinden, auf der er sich ausprobieren darf. Ich erwähnte ja schon die weitverbreitete „Später-Mentalität“. Vergesst sie und bringt euren Kindern bei, dass es Einschränkungen dieser Art und Grenzen nur in unseren Köpfen gibt.

Ist es nicht erstaunlich, dass ausgerechnet todkranke Menschen, die wissen, sie werden bald sterben, plötzlich anfangen zu leben? Es ist, als wenn ihnen ein Schleier von den Augen gezogen würde und sie schlagartig erkennen, dass sie niemals gelebt haben. Viele erfüllen sich nun ihre langgehegten Träume und sind zum ersten Mal in ihrem Leben glücklich! So sind viele todbringende Krankheiten in Wahrheit oft ein Segen, allerdings nur, wenn man bereit ist, die Botschaft dahinter zu hören.

Erstaunlich ist auch, wie sehr sich das Bewusstsein in der Sterbephase verändert. Ich habe schon einige Menschen in dieser Phase begleiten dürfen, und es war für mich jedes Mal ein unendliches Geschenk. Denn in dieser Zeit tritt das menschliche Bewusstsein zurück, und es erscheint die reine Seelenessenz. Das heißt, ich durfte jedes Mal die Seele selbst erblicken. Und siehe da, langsam aber stetig verschieben sich die Dimensionen. Das, was einem ein Leben lang wichtig wahr, wofür man vielleicht gekämpft hat, welche Werte man vertreten hat, wird nun unwichtig. Schon in dieser Zeit weiß der Mensch, was er alles richtig gemacht und was er versäumt hat. Viele sind anfangs traurig, weil sie erst jetzt das Leben verstehen, aber mit zunehmender Präsenz der Seele zieht Frieden ein. So ist die natürliche Sterbephase eine langsame Rückbindung an die Seele. Nun wird deutlich, warum Menschen, die in ner Form gewaltsam aus dem Leben gerissen werden, oft nicht realisieren, dass sie tot sind. All die Spukgeschichten liegen darin begründet. Denn diese Seelen halten sich noch im erdnahen Bereich auf und müssen langsam und sehr behutsam daran gewöhnt werden, dass sie weitergehen müssen. Ich sagte ja schon, unsere geistigen Helfer haben eine Menge zu tun.

Jeder, der bewusst, also mit Absicht, dazu beiträgt, einen Menschen gewaltsam aus dem Leben zu reißen, beraubt ihn seiner Rückverbindung zu seiner Seele. Dieses Wissen muss sich unbedingt durchsetzen, denn jeder, der das tut, wird im Jenseits seines Lebens nicht mehr froh, weil ihm aufgeht, welche „Schuld“ er auf sich geladen hat. Hat sich dieses Wissen verbreitet, erwächst daraus eine natürliche Scheu, andere Menschen umbringen zu wollen, oder, wie es in Amerika der Fall ist, Menschen per Todesstrafe aus dem Leben zu reißen. Kein Mensch und kein Tier sollte jemals durch fremde Hände gewaltsam zu Tode kommen, weil der Schock über dieses Ereignis mit hinüber genommen wird. Was dazu beiträgt, dass es unseren himmlischen Helfern eine Menge Arbeit einbringt. Denn die meisten können durch die Todespanik und den Schock die himmlischen Helfer gar nicht wahrnehmen, was dazu führt, dass sie nicht aus dem erdnahen Bereich herausgeleiten werden können.

Nun wird deutlich, warum alle Menschen die Sterbephase, die nötig ist, um sich zurückzuverbinden, erleben sollten, denn nur so lässt es sich auch leicht sterben. Sterben wir auf natürliche Weise, hebt sich der Schleier zwischen Diesseits und Jenseits langsam, und wir werden zunehmend von geliebten Wesen besucht. Viele Sterbende sehen längst Verstorbene oder auch Engel um sich herum. Und wie bei unseren Kindern versuchen wir, ihnen das auszureden. „Aber Opa, da ist doch keiner..." Oh doch, ein Sterbezimmer ist voller geistiger Wesen. Sie alle helfen dabei, den Übergang zu erleichtern.

Viele assoziieren den Tod auch mit Kälte, was dazu beiträgt, ihnen selbst Kälteschauer über den Rücken laufen zu lassen. Tatsächlich empfinden wir als Mensch die Gegenwart der Geistigen Welt als Kälte, und da ein Sterbender sich ja mit seiner wahren Seelenessenz verbindet, zudem jede Menge Besucher aus der Geistigen Welt um sich hat, kann es gar nicht anders sein, als dass wir dieses als Kälte wahrnehmen. Weil wir das Wissen darum aber vergessen haben, überfällt uns bei Kälte im Zusammenhang mit dem Tod immer auch Angst. Ja, vielen ist das sogar unheimlich. Das muss aber nicht mehr sein, wenn verstanden wird, dass in der Sterbephase unterschiedliche Dimensionen zusammengebracht werden. In dieser Zeit sollten wir die Seelen nicht mit unserem Egoismus belasten.

Da der Mensch erfolgreich verdrängt hat, dass der Tod nun mal jeden trifft, und partout am Leben festhalten möchte, können wir uns nur schwer damit abfinden, wenn gerade geliebte Menschen nach Hause gehen wollen. Wir tun buchstäblich alles, um sie daran zu hindern. Sei es, dass wir am Kranken- oder Sterbebett immer davon sprechen, dass wieder alles gut wird, sei es, dass wir hemmungslos schluchzen, sei es, dass wir die Ärzte beknien, alles zu tun, um dieses Leben zu erhalten und, und, und. Das belastet eine Seele, die gehen will, ungemein. Schließlich liebt sie uns genauso, wie wir sie, und es hält sie davon ab, dann zu gehen, wann sie eigentlich gehen möchte. Somit wird allein durch unseren Egoismus oft nicht das Leben, sondern das Leiden verlängert.

Wir sollten lernen anzuerkennen, wenn eine Seele nach Hause gehen möchte. Anstatt zu jammern und zu wehklagen, sollten wir vielmehr alles tun, um den Sterbenden liebevoll zu begleiten. Unsere Verlustangst und unsere Traurigkeit werden von dem Moment völlig gegenstandslos, wenn wir alle wüssten, dass es in Wahrheit keinen Verlust und Tod gibt. Denn wir alle sehen uns wieder. Im Himmel sowieso, und auf der Erde ebenfalls. Wir sind alle Reisende, die zu unterschiedlichen Zeiten die Lebensreise auf sich genommen haben, und alle haben wir unser Rückfahrticket in der Tasche. Es gibt keine Trennung zwischen Diesseits und Jenseits, was eindrücklich von den Hinterbliebenen beschrieben wird. Wie viele erzählen davon, dass sie ihre geliebten Verstorbenen sehen können und sogar mit ihnen sprechen? Das sind keine Hirngespinste, sondern das ist Realität. Unsere Trauer versetzt uns in eine andere Schwingungslage, sodass es möglich ist, mit Verstorbenen in Kontakt zu kommen. Denkt also niemals wieder, dass ihr spinnt oder eure Kinder spinnen, wenn ihr Verstorbene seht oder sie Verstorbene sehen.

Kurz und gut, den Tod kann man auch als etwas Positives auffassen, denn schließlich geht es in die Heimat zurück. Begrüßen wir dieses Ereignis ebenso, wie wir die Geburt unsere Kinder begrüßen. Und bitte, lasst nie wieder zu, dass ein Mensch einsam und verlassen von seinen Liebsten sterben muss.

So sollte gerade das große Tabuthema Tod und Sterbebegleitung in den Lehrplan der Schulen aufgenommen werden, denn nur so bekommen unsere Kinder eine natürliche Einstellung dazu und lernen, dass Tod und Geburt ein und dasselbe sind: Grenzüberschreitungen, die jeweils wieder zum Leben führen.

*Geliebte Wesen,*

*in vielen eurer Herzen liegt die Angst vor dem Tod vergraben, die ihr unbewusst auf eure Kinder übertragt. Versteht, dass es nichts zu befürchten gibt, denn es wäre für euch alle in Wahrheit unerträglich, nicht sterben zu dürfen. Der Tod ist eure Rückversicherung, ohne die kein Wesen die Reise zur Erde auf sich nehmen würde. Ihr braucht das zu eurer eigenen Sicherheit, damit ihr überhaupt den Mut findet, auf die Erde zu gehen. Könnten wir euch nicht garantieren, ganz bestimmt wieder in eure geliebte Heimat zurückzukehren, ihr würdet keinen Flügelschlag (Anmerkung: Lächeln, weil es keine Flügel gibt) rühren, um hinabzusteigen.*

*Wir wünschen uns, dass ihr eine andere Einstellung zum Leben bekommt, und wir wollen mit einer Metapher dazu beitragen. Wenn ihr einen Urlaub plant, plant ihr diesen aus eurem sicheren Zuhause heraus. Ihr schmiedet Pläne, überlegt, wo ihr hinfahren wollt, und wenn der Ort gefunden ist, so bucht ihr eure Reise. Und ihr bucht sie so, dass ihr in jedem Fall wieder nach Hause kommen könnt. Genauso verhält es sich, wenn ihr euch für ein Erdenleben entscheidet. Ihr bucht eine Reise. Wenn das Ziel feststeht, macht ihr euch eine Liste, was ihr alles mitnehmen wollt. Natürlich dem jeweiligen Land und den Umständen angepasst. Hier bei uns sucht ihr zwischen unendlich vielen Potenzialen aus, was ihr für euer Erdendasein benötigt. Dazu gehören Charaktereigenschaften, Talente, Vorlieben, Stärken und Schwächen, aber auch Stationen wie jede Menge Abenteuer. Habt ihr euch für ein Land entschieden, macht ihr in der Regel auch Pläne, was ihr dort entdecken wollt. Ihr steckt euch also Ziele. Genau das geschieht auch hier bei uns. Ihr steckt euch alle Ziele, denn ihr wollt ja etwas erleben. Natürlich seid ihr hier genauso aufgeregt wie auf Erden, wenn euer Abreisetermin näherrückt. Und, wie ihr auf Erden vor eurer Reise wichtige Dinge auf Nachbarn oder Freunde übertragt, sucht ihr bei uns himmlische Begleiter, die einige Aufgaben übernehmen. Für jedes eintretende Handicap trefft ihr im Vorfeld Vorsorge, was uns erlaubt einzugreifen, wenn ihr von eurer Reiseroute zu sehr abweichen solltet.*

*Schon in der Zeit vor eurer Geburt taucht ihr immer wieder in den erdnahen Bereich ab, um euch schon mal an die viel schwerere Schwingung zu gewöhnen. Geht es um eure irdische Urlaubsreise, seht ihr euch Berichte über das Land an, lest Bücher oder versucht sogar, die Sprache zu erlernen. Wenn alle Vorbereitungen getroffen sind, kann die Reise losgehen.*

*Stellt euch vor, wenn ihr auf die Erde geht, herrscht hier bei uns so etwas Ähnliches wie leise Wehmut. Denn wir lassen euch, unsere geliebten Wesen, nun ziehen und müssen eine ganze Weile auf eure wunderbare Anwesenheit verzichten. Auch ihr seid traurig, heiter und aufgeregt zugleich. Und damit euch in letzter Sekunde nicht der Mut verlässt, bekommt ihr alle einen Reisebegleiter zur Seite gestellt. Auch ihr habt auf Erden in der Regel einen Reiseführer, der mit euch durch das unbekannte Land zieht und euch sicher wieder zurückbringt. Das ist die Aufgabe eures Schutzengels. Er übernimmt unter anderem die Aufgabe, eure Ankunft und eure Wiederkehr zu sichern. So führt er euch zum himmlischen Terminal und sorgt dafür, dass ihr, wenn ihr nun hinabsteigt, euer Bewusstsein verliert. Denn würdet ihr bewusst den Abstieg erfahren, wäre es für euch kaum auszuhalten, da es in einem gewaltigen Wirbelsog geschieht. So, wie ihr, wenn ihr ein Flugzeug besteigt, nicht mitbekommt, was für Kräfte nötig sind, damit es sich in die Lüfte erheben kann, so ähnlich dürft ihr euch das auch bei der Erdenreise vorstellen.*

*Viele von euch sind im realen Leben bei der Abreise zu ihrem Urlaub so aufgeregt, dass sie erst bei ihrer Ankunft am Urlaubsort realisieren, dass sie tatsächlich dort sind. So gibt es wahrhaftig einige Parallelen zu euren irdischen Urlaubsreisen und der Reise zur Erde. Erfahrene Urlauber nehmen einen Flug gelassen hin, sie kennen das ja schon, während Menschen, die zum ersten Mal in den Urlaub fliegen, total aus dem Häuschen sind. Endlich angekommen, geht es nun daran, sich erst einmal zurechtzufinden, was meistens nicht schwerfällt. Hat man sich eingelebt, geht es ans Genießen.*

*Ist es nicht so, dass jeder von euch im Urlaub bereit dazu ist, auch Dinge in Kauf zu nehmen, die vielleicht nicht so angenehm sind? Dass es euch viel leichter fällt, die Dinge anzunehmen, wie sie sind, und ihr großmütig über Hindernisse oder Dinge, die euch nicht gefallen, wegschauen könnt? Ja, sie sogar eine Weile in Kauf nehmt, ohne zu klagen? Hat das etwas mit eurer Urlaubsstimmung zu tun? Sicherlich auch, aber der wesentliche Punkt eurer Gelassenheit ist der, dass ihr wisst, es ist nicht von Dauer, und deswegen seid ihr plötzlich so offen und tolerant. Ihr wisst genau, wenn ihr nach Hause kommt steht wieder alles zu eurer Bequemlichkeit bereit. Und so verbucht ihr alles, was euch im Urlaub widerfährt, als das ab, was es ist: reine Erfahrungen.*

*Genauso solltet ihr in Zukunft leben! Euer Leben sollte ein einziges Urlaubsgefühl sein, damit ihr dann angefüllt mit neuen Eindrücken und Erlebnissen nach Hause kommen und uns daran teilnehmen lassen könnt.*

*Nähert sich der Zeitpunkt eurer Abreise, steht ihr dem meistens mit gemischten Gefühlen gegenüber. Da in der Regel jeder Urlaub auf seine Weise schön ist, befällt euch Traurigkeit, den liebgewonnen Urlaubsort wieder zu verlassen, aber gleichzeitig freut ihr euch auch schon wieder auf zu Hause, da ihr ja alle wisst, dass ihr ein Zuhause habt. Und hier zeigt sich der einzige Unterschied. Im „wahren" Leben habt ihr vergessen, wie schön eurer Zuhause ist, ja, ihr habt vergessen, dass ihr überhaupt eines habt, sodass eure Herzen sich mit Angst füllen und viele von euch sich mit aller Gewalt am Leben festhalten. Wir erinnern euch hier an dieser Stelle daran: Ihr alle habt eurer Zuhause bei uns.*

*Gleichzeitig versichern wir euch, dass es kein schöneres Zuhause geben kann. Wir bitten euch, bewahrt in eurem Herzen dieses Wissen und übertragt es auf unsere Perlen des Universums. Wer sich ein Leben lang auf sein Zuhause freuen kann, dem wird der Glanz erhalten bleiben. Zu sterben muss also keineswegs etwas Schreckliches, sondern ist ein wunderbares Geschenk - das Ticket für die Reise nach Hause.*

*Es gibt unterschiedliche Arten zurückzukommen. Manche von euch kommen mit Überschallgeschwindigkeit wieder hier an, manche nehmen einen Linienflug, und wieder andere lassen sich auf einer Barke treiben oder von ihrem Schutzengel zu uns tragen. Egal, welches Transportmittel ihr nehmt, seid gewiss, ihr alle kommt wieder zu uns, und für jeden von euch gibt es eine großartige Begrüßungsfeier. Auch hier gibt es einen Unterschied zwischen eurer und unserer Welt. Während ihr auf der Erde um eure Verstorbenen trauert, feiern wir hier ihre Ankunft und lassen uns von den Heimkehrern begierig erzählen, wie die Reise war.*

*So bitten wir euch: Bekommt ein anderes Verständnis vom Tod und vom Sterben, denn in Wahrheit ist es nur eine Illusion. Es gibt keinen Tod, es ist nur eine menschliche Beschreibung eines Vorgangs, der euch unerklärlich ist. Wie sagt ihr so schön? „Des einen Freud, des anderen Leid."*

*Wir möchten euch euer Leid nehmen, indem wir euch darauf aufmerksam machen, dass es keinen Grund zur Trauer gibt. Wenn unsere Worte geholfen haben, euch die Angst vor dem Mysterium des Todes zu nehmen, so bitten wir euch, geht hinaus in die Welt und nehmt diese Ängste von anderen. Aber vor allen Dingen, lasst unsere Perlen des Universums nicht mehr so im Ungewissen. So sorgt ihr dafür, dass Ängste erst gar nicht auftreten können.*

Ja, vermitteln wir unseren Kindern doch spielerisch das Mysterium des Lebens und des Todes. Ich bin mir sicher, dass sie dadurch ein völlig anderes Verständnis zu sich, zu anderen, zu ihrer Existenz, aber auch zu der Welt, in der sie leben, bekommen. Denn es muss sich ebenfalls unbedingt herumsprechen, dass Mutter Erde ein Lebewesen ist. Sie ist nicht einfach nur eine tote Kugel, die zufällig im Weltall herumdümpelte, sodass wir uns einst entschlossen, sie zu besiedeln. Nein, Mutter Erde ist ein eigenständiges Wesen.

☆☆☆☆☆

# Vom Umgang der Menschen mit Mutter Erde

Ohne die Zustimmung von Mutter Erde wäre die menschliche Besiedelung nicht möglich gewesen. Das erst einmal vorab. Mutter Erde heißt nicht umsonst Mutter, da sie der weibliche Aspekt des Vaters im Himmel ist. Entsprechend der Dualität ist die Quelle allen Lebens feinstofflich, also ätherisch, und das Gegenteil davon ist die Materie. So hat sich der weibliche Aspekt GOTTES dazu bereit erklärt, Materie zu werden, um uns dienen zu können.

Was tut eine Mutter? Sie nährt und versorgt ihre Kinder mit allem, was sie brauchen. Und das Wichtigste überhaupt: Sie liebt ihre Kinder. Ohne diese Liebe, die die gleiche Liebe wie die des Vaters im Himmel ist, würden wir nicht so gedeihen können, wie wir es tun. Mutter Erde versorgt uns mit allen Energien, die wir für unser irdisches Dasein benötigen. Außerdem nährt sie uns mit all ihren Gaben und trägt uns sicher, indem sie uns Halt unter unseren Füßen gibt. Unter unseren Füßen ..., genau das ist ihr Dilemma. Da wir auf ihr herumlaufen, Mutter Erde also unter uns liegt, treten wir sie buchstäblich mit unseren Füßen. Die meisten von uns laufen Tag für Tag achtlos auf ihr herum, ohne auch nur eine Minute daran zu denken, dass sie auf einem Lebewesen herumtrampeln. Die Erde ist für sie leblose Materie und anstatt die Schönheit von Mutter Erde zu erkennen und damit ihr Leben zu erhalten, wird sie schon seit Jahrzehnten systematisch zerstört. Dabei sollten wir es auf der Erde mindestens genauso schön haben wie in unserer Geistigen Welt. Schönheit entspricht dem göttlichen Plan ebenso wie die Liebe zu Allem-was-ist und die damit einhergehende Selbstverständlichkeit, alles zu achten.

In frühen Zeiten, als die ersten Menschen auf Mutter Erde weilten, war es für alle eine Selbstverständlichkeit, mit den Gaben von Mutter Erde achtsam umzugehen. Die Menschen damals befanden sich noch im Einklang mit Mutter Erde. Alle wussten, dass sie hier nur zu Gast sind, was sie veranlasste, Mutter Erde mit anderen Augen zu sehen, als wir es heute tun.

Der moderne Mensch hingegen ist zum Ausbeuter geworden. Er achtet Mutter Erde nicht mehr, sondern treibt sein Unwesen so weit, dass sie mittlerweile vor einem Kollaps steht. Wie würde es jedem Einzelnen von uns gefallen, wenn unsere Gäste auf unserem Territorium buchstäblich die Sau rauslassen würden und uns eine Verwüstung hinterließen? Genauso verstehe ich die heutigen Zustände auf unserer Erde. Wie die Vandalen fallen wir auf Mutter Erde ein und vernichten alles. Wirklich alles. Danach verabschieden wir uns wieder und hinterlassen mit jedem Besuch größere Schäden. Dankt man so seinem Gastgeber?

Die ganze Menschheit und jedes Kind weiß mittlerweile, dass unsere Welt bedroht ist und das gesamte Ökosystem kurz vor dem Super-GAU steht. Und dennoch wird nichts zur Rettung getan. Wie borniert muss man eigentlich sein?

Hier eine Frage an die großen Wirtschaftsbosse dieser Welt. „Merkt ihr nicht, dass eure Gier nach Geld und Macht euch zu skrupellosen Zerstörern macht?“ Ich habe absolut kein Verständnis dafür, wenn nach irgendwelchen Umweltkonferenzen mit stolzgeschwellter Brust verkündet wird, man habe sich darauf geeinigt, in zehn Jahren die ersten Schritte zur Rettung von Mutter Erde zu unternehmen. Dass ich nicht lache. In zehn Jahren... In zehn Jahren laufen wir alle wie in China mit Masken vor den Gesichtern herum – falls wir noch laufen können.

Sollte sich in dieser Zeit der am Anfang des Buches erwähnte Außerirdische wieder einmal hierher verirren, so wird er vor Schreck das Weite suchen und umgehend alle Raumbrüder verständigen, sich ja nicht mehr in unsere Gegend zu verirren, da er das Ticken der Zeitbombe hören kann und damit zu rechnen ist, dass wir jeden Moment explodieren. Und hier frage ich: Was für eine Zukunft bereiten wir unseren Kindern? In welcher Welt müssen sie leben und aufwachsen?

Warum wohl haben schon unsere Kinder Allergien, Hautkrankheiten und andere Unverträglichkeiten? Weil Nahrung, Spielzeug, Cremes, Anziehsachen, kurzum alles, wie auch die Luft und Mutter Erde selbst, mit Umweltgiften belastet sind. Warum müssen wir exotisches Obst und Gemüse aus anderen Ländern auf unserem Tisch haben? Weil es ach so trendy ist? Oder weil es uns erfreut, dass mit ihnen auch so manches Tierchen mitgeliefert wird, das sich später als Schädling für unser Ökosystem herausstellt?

Damit der Unfug einmal aufhört, hier ein kleines Geheimnis. Alle importierten Nahrungsmittel haben überhaupt keinen Wert für uns. Zum einen, weil sie selbstverständlich mit Giften haltbar gemacht werden, und zum anderem, weil jedes Land seine ureigenen Lebensmittel hat, die für die Menschen, die in den jeweiligen Ländern leben, gut sind. Ja, Mutter Erde lässt für jedes Volk die passende Nahrung wachsen, weil sie genau weiß, was die Menschen dort jeweils an Energien benötigen. Wir erinnern uns: Alles ist Energie, so auch unsere Nahrung. So passen Südfrüchte natürlich zur Leichtigkeit des Südens, während unsere Kohlsorten zu unserer behäbig schweren Mentalität passen. Wer sich aus seinem Frankreichurlaub ein paar edle Tröpfchen mit nach Hause bringt, wird feststellen, dass sie bei uns längst nicht mehr so gut munden wie an ihrem Heimatort.

Und hier einige Worte zu der schon vor Jahrzehnten getätigten Aufhebung der saisonbedingten Lebensmittel. Müssen wir zu Weihnachten frische Erdbeeren kaufen können? Und das ganze Jahr über alle Obst und Gemüsesorten? Wieso muss uns alles ganzjährig zur Verfügung stehen? Weil wir nicht wissen, dass alle diese Produkte keinen Pfifferling wert sind und ihr Geld schon gar nicht. Denn jedes Lebensmittel (egal, ob Obst oder Gemüse, Reis oder Tee) hat seine bestimmte Wachstumszeit, und bedingt dadurch bekommt es erst seine Qualität. Jedes Obst und jedes Gemüse wie auch jedes Kraut und jeder Salat hat seinen ureigenen Wachstumsplan und entfaltet genau deswegen die besten Kräfte und Nährwerte. So wie die Natur selbst ihren Rhythmus hat, so auch der Mensch. Wie durch ein Wunder gedeihen zu allen Jahreszeiten die richtigen Früchte, um uns so ganzjährig bestmöglich mit den richtigen Energien zu versorgen. Stellt man alles das künstlich her, also in Gewächshäusern, ist zwar die Hülle vorhanden, aber der Inhalt fehlt. Das ist auch der Grund, warum Tomaten nicht mehr nach Tomaten schmecken und auch sonst kaum noch Geschmack enthalten ist.

Die Agrarwirtschaft verkauft uns also inhaltlich leere Produkte mit leckeren Zusätzen wie Pestiziden usw., und das auch noch aus einem überdüngten Boden. Ist es da ein Wunder, dass unsere Kinder allergisch darauf reagieren? Und nun eine Gewissensfrage. Wer von euch glaubt, dass in jedem Früchtejoghurt oder Quark tatsächlich Früchte enthalten sind? Oder in all unseren vielen Marmeladen? Wie ich sehe, einige…

Nun, hier muss ich euch enttäuschen. Nicht eine Frucht ist echt. Die Lebensmittelchemiker haben schon lange naturidentische Stoffe entwickelt, die ihrem Original aufs Haar gleichen und auch so schmecken. Selbst Shrimps werden künstlich hergestellt. Es kann auch gar nicht anders sein, denn wo sollen alle diese Gaben herkommen? Noch dazu, wo tonnenweise weggeworfen wird, nur um die Preise stabil zu halten? Bedenkt, wie viele Milliarden Einwohner die Erde hat. Zu glauben, für alle diese Menschen würden so viele Früchte wachsen, dass man sie auch noch für Joghurts und Marmeladen verarbeiten kann, ist schlicht und ergreifend Selbstbetrug, oder reine Dummheit, netter gesagt, reine Gedankenlosigkeit.

Die gleiche Gedankenlosigkeit haben wir auch in anderen Bereichen. Wozu brauchen wir alle zwei Jahre eine neue Wohnzimmereinrichtung und alle fünf Jahre neue Küchen? Damit noch mehr Bäume ihr Leben lassen müssen? Ja, tatsächlich, auch ein Baum ist ein Lebewesen, und wenn ich es hier hart auf den Punkt bringen möchte, so muss ich sagen, dass jeder, der einen gesunden Baum fällt, ebenso ein Mörder ist, als würde er einem Menschen das Leben nehmen. Wider besseren Wissens werden nach wie vor unsere Bäume abgeschlagen und somit die Lungen unserer Mutter Erde systematisch zerstört. Ohne die Bäume, die unseren Sauerstoff produzieren, geht uns langsam, aber sicher die Luft aus, zudem sorgen wir dafür, dass aus Mutter Erde ebenso langsam, aber ebenso sicher eine Wüste wird. Regen, der vom Himmel fällt, kann nicht mehr in den Boden sickern, was unweigerlich zu Überschwemmungen führen muss. Von den Eingriffen des Menschen, unbedingt die Landschaften verändern zu müssen, ganz zu schweigen. Man denke nur an den neuen Staudamm in China. Lange vorher haben Umweltschützer davor gewarnt, aber wurde darauf gehört? Mitnichten. Wie heißt es so schön: Wer nicht hören will, muss fühlen? Leider werden die Verantwortlichen, und nicht nur die in China, das Ausmaß ihres Tuns wohl kaum noch zu spüren bekommen. Wenn, dann sind es deren Kinder. Sie allein sind die Leidtragenden. Getreu nach dem Motto: Nach mir die Sintflut, betreiben wir weiterhin fröhlich Raubbau an Mutter Natur. Muss der Mensch tatsächlich jedes Jahr neue modische Kleider tragen? In Ermangelung an Baumwolle oder Wolle ist das meiste sowieso aus chemischen Fasern hergestellt, die wiederum Allergien auslösen.

Es gibt so viel Unsinniges auf dieser Welt, dass mir übel werden könnte. Bäume müssen sterben, weil wir alle nasenlang neue Möbel haben wollen. Der Boden von Mutter Erde wird gnadenlos ausgebeutet, genauso wie unsere Nutztiere bejammernswert leben und sterben müssen. Unter den erbärmlichsten Umständen müssen Hühner Eier legen, werden Gänse gemästet, Schweine vollgestopft, Hunde gezüchtet, Nerze in Farmen gehalten, Robben abgeschlachtet, Wale ebenso und, und, und. Allein mit dem Missbrauch an unserer Gastgeberin wie unseren tierischen Mitbewohnern, aber auch dem Missbrauch an uns, könnte ich ein ganzes Buch füllen. Und all das geschieht, damit einige wenige in Geld schwimmen und diejenigen, die sich noch etwas leisten können, vermeintlich gut leben.

Im- und Export, sämtliche Industrien, Fabriken, Landwirtschaftsverbände, Pharmaindustrien, Raumfahrt, Züchter, ja, selbst Ärzte mit ihren hochgiftigen Arzneien tragen dazu dabei, uns systematisch zu vergiften. Somit hinterlassen wir unseren Kindern nicht nur eine vergiftete Welt, sondern schauen auch noch zu, wie sie so ganz nebenbei weiter vergiftet werden, genauso, wie die Tiere dieser Welt und Mutter Erde selbst.

Die sogenannte moderne Gesellschaft ist so vollkommen von der Natur und somit dem Natürlichen abgeschnitten, dass es mich wundert, dass hier überhaupt noch Leben möglich ist. Aber auch das hatten wir schon. Es wird ja nicht mehr gelebt, sondern es werden nur noch Funktionen aufrechterhalten. Kein Wunder, dass schon unsere Kinder und immer mehr Erwachsene krank werden.

Wie wenig es tatsächlich für ein erfülltes Leben braucht, wird in dem Buch von Marlo Morgan „Traumfänger“ beschrieben. Drei Monate zog sie mit den Aborigines durch das australische Outback und erfuhr auf ihrer Reise als „verwöhnte“ Amerikanerin, wie es ist, im Einklang mit der Natur zu leben. Und siehe da, es braucht keinen Lippenstift, keinen teuren Schmuck mehr, geschweige denn einen Fernseher zum Leben, denn die Natur selbst ist die beste Kosmetikerin wie auch die beste Unterhalterin. Genauso braucht es weder Plastikprodukte noch jeden Tag frische modische Kleidung. Mutter Erde wird mit allen organischen Stoffen fertig. Nur nicht mit chemisch hergestellten Produkten und den daraus entstehenden Giften.

So beschreibt Morgan eindrucksvoll, dass, wenn ein Tier erjagt wurde, alles, aber auch wirklich alles Verwertung fand, sämtliche Rastplätze sauber hinterlassen wurden und nicht zu erkennen war, dass dort etwas stattgefunden hatte.

Das ruft bei mir Erinnerungen an meine letzte Inkarnation als Indianerin hervor. Denn wir waren genauso mit Mutter Erde verbunden und haben es ebenso verstanden, alles zu nutzen und uns dafür bei ihr zu bedanken. Niemals haben wir etwas mutwillig zerstört, kein Tier musste aus reinem Jagdtrieb sterben, und immer haben wir uns mit Mutter Erde und auch mit dem großen Geist Manitu verbunden. Gingen unsere Männer zur Jagd, haben wir uns abends vorher mit dem Geist unserer Brüder der Tiere verbunden und so Kontakt aufgenommen. Tierische Brüder, die uns als Nahrung dienen wollten, sind nicht selten einfach stehengeblieben, sodass es ein Leichtes war, sie zu töten. Nach der Jagd haben wir uns bei dem Geist des Tieres bedankt, so, wie wir Mutter Erde auch für ihre Früchte dankten. Für uns war nichts selbstverständlich. Wir haben alles mit Achtung und Freude entgegengenommen. Auch karge Zeiten, denn wir brauchten ja nur die Zeichen am Himmel und auf der Erde zu beobachten, um zu wissen, dass jede Zeit ihre Qualität hat. Auch konnten wir mit den Kräften unserer tierischen Brüder verschmelzen und sie zu unserer eigenen Kraft werden lassen, allen bekannt als unsere Krafttiere. So lebten wir tatsächlich in großer Freude, bis der weiße Mann kam. Hier muss ich meiner Indianerseele Einhalt gebieten, sonst hört sie überhaupt nicht mehr auf zu erzählen…

Zurück zu unserem Thema. Da Mutter Erde mittlerweile an all dem Giftmüll erstickt, sind einige besonders „schlaue“ Köpfe jetzt auf die glorreiche Idee gekommen, unseren Müll im Weltall zu entsorgen. Ganz klasse, diese Idee. Wirklich, aus den Augen, aus dem Sinn? Ist es nicht genug, dass wir unseren Planten verseuchen, muss jetzt auch noch das Weltall damit belastet werden? Was für Folgen wird das haben? Und da sind wir wieder bei der Verantwortung eines jeden Menschen. Alles, was wir mit unserem Gewissen nicht vereinbaren können, sollten wir lassen. Die Frage ist nur, wer hat noch ein Gewissen? Wer von denjenigen, die solche Entscheidungen treffen, hat noch eins?

Wir können die vermeintlich Großen dieser Welt nicht ändern, aber wir können unseren Kindern ein neues Bewusstsein geben. Öffnen wir ihnen die Augen für die Schönheit dieser Welt, lehren wir sie, dass der Mensch ebenfalls ein Teil der Natur ist, und lassen wir sie in Einklang mit den irdischen Gesetzen aufwachsen. Umweltverschmutzung fängt in meinen Augen schon damit an, wenn wir zulassen, dass unsere Kinder ihren Abfall, der ja größtenteils aus Plastik besteht (wie beispielsweise Trinkflaschen), achtlos ins Gebüsch werfen. Außerdem sollten unsere Kinder wieder mit Holzspielzeug spielen dürfen, das sich wie früher von Generation zu Generation vererben lässt. Wir sollten tatsächlich von all dem Plastik und den Kunststoffen wegkommen und uns mit unserem heutigen Wissenstand organischen Stoffen zuwenden. Diese lassen sich weitaus besser recyceln.

Wenn wir unseren Kindern beibringen, dass es nicht nötig ist, trendy gekleidet zu sein, ja, wenn wir ihnen von klein auf das Gefühl geben, dass nur der Mensch selbst etwas wert ist, entfällt die Jagd nach dem Immer-mehr-haben-Wollen von allein. Und bringen wir ihnen doch die Schönheit von Mutter Erde wieder nah: Weg vom Fernseher und PC und raus in die Natur. Lasst unsere Kinder wieder barfuß auf grünem Gras laufen und über die Stoppelfelder rennen. Erlauben wir ihnen doch, all die Naturgeister, die übrigens schier an dem überall herumliegenden Müll verzweifeln, wieder sehen zu können. Es gibt sie. Sie sind genauso real wie du und ich. Alles, was lebt, hat auch mindestens einen Schutzgeist. Folglich ist allein eine

Wiese voll von diesen Geistern. Elfen, Gnome, Zwerge, Devas, es gibt sie alle. Auch wenn ihr, also die Erwachsenen, sie nicht sehen könnt, so wäre es schön, wenn ihr eure Gärten oder einen Wald, Park und Ähnliches nicht betreten würdet, ohne vorher dieses Völkchen begrüßt, aber auch vorgewarnt zu haben, dass ihr kommt.

Bringt euren Kindern bei, dass Mutter Erde lebt! Und bringt ihnen bei, dass Mutter Erde sowie die kosmischen Gesetzte in Einklang zu bringen sind. Ich will hier nicht sagen, dass man mit den Hühnern ins Bett gehen sollte, aber alleine ausreichender Schlaf harmonisiert den Menschen. Genauso, wie der Mensch das Sonnenlicht benötigt, um sich wohlzufühlen. Kommt die Nacht, ist das der beste Zeitpunkt, mit der Geistigen Welt Kontakt aufzunehmen, weil in dieser Zeit der Lärm der Welt für eine Weile verstummt und wir besser „hören“ können. Auch unsere Kinder nutzen die Nacht, um sich während des Schlafs in andere Seinsbereiche aufzuschwingen. Und nicht selten ereichen sie Ebenen, die ihnen Angst einflößen. Dann ist es für sie tröstlich, in unseren Armen liegen zu dürfen, damit sie beruhigt wieder einschlafen können. So, wie die Natur ihren eigenen Rhythmus hat, so auch wir und unsere Kinder. Kinder wie auch Erwachsene, die müde sind, sollten sich schlafenlegen dürfen, wann immer ihnen danach ist.

Ich glaube, es war in Japan. Dort sieht man Menschen, die an den unmöglichsten Orten zu jeder Tageszeit schlafen. Auf Wiesen, auf Parkbänken, im (parkenden) Auto, einfach überall. Und jeder von ihnen hält nur ein kurzes Nickerchen, um dann erfrischt da weiterzumachen, wo er aufgehört hat. Na bitte, geht doch…

Lehrt unsere Kinder auch, dass alles in einer Wechselbeziehung steht. Ohne die Sonne kein Leben auf der Erde. Ohne die Nacht keine Erholung vom Leben, ohne den Regen kein Sonnenschein, ohne Eltern gäbe es keine Kinder und ohne glückliche warmherzige Kinder keinen Himmel auf Erden. Denn Kinder werden groß...

Aber das Wichtigeste von allem ist, dass wir ohne die Liebe von Mutter Erde nicht hier sein könnten. Geben wir Mutter Erde also einmal Liebe zurück, und sei es nur, dass wir einmal am Tag zusammen mit unseren Kindern liebevoll an Mutter Erde denken. Mutter Erde ist ihrem Wesen nach genauso geistig und feinstofflich hoch entwickelt wie wir, folglich hilft ihr schon jeder einzelne liebevolle Gedanke. Warum also immer nur zu GOTT beten? Mutter Erde ist genauso göttlich!

Unsere Kinder können mit all dem Missbrauch, den wir Mutter Erde und ihren Bewohnern antun, Schluss machen. Sie bringen die Voraussetzungen dafür mit. Es liegt nur an uns, ob wir sie darin unterstützen oder nicht. Unterstützen wir sie darin, werden es unsere Kinder sein, die Mutter Erde retten. Wenn nicht? Dann nicht!

*Viele von euch sind beunruhigt, wenn sie an den Klimawandel und all die Naturkatastrophen denken. Versteht, dass Mutter Erde ebenso wie ihr ein Lebewesen ist und sich genau wie ihr auf den Aufstieg vorbereitet. Überall dort, wo zu viel alte Energie haftet, versucht Mutter Erde auf ihre Weise, die Krusten aufzubrechen.*

*Jede Katastrophe ist für euch die Chance, Veränderungen zuzulassen. Das habt ihr noch nicht erkannt, denn wir sehen, dass dort, wo etwas zerstört wurde, nach dem alten Muster wieder aufgebaut wird. Dies ist auch der Grund warum es immer die gleichen Regionen trifft. So lange nicht verstanden wird, was in Wahrheit geschieht, wird es immer wieder Katastrophen geben. Mutter Erde ist so sehr darum bemüht, Vergangenes loszuwerden. Kaum hat sie es geschafft, kommt ihr daher und baut wieder auf. Dabei liegt es nicht daran, dass ihr eure zerstörten Stätten wieder aufbaut, nein, es liegt allein an eurem unveränderten Bewusstsein.*

*Noch einmal erinnern wir euch daran, dass alles einander bedingt und alles in Wahrheit aus Schwingungen besteht. So kann Mutter Erde unmöglich zur Ruhe kommen, wenn nicht auch in eurem Bewusstsein Ruhe einkehrt.*

*Ihr wisst, dass ihr euch alle im Aufstieg befindet, und zwar zusammen mit Mutter Erde, und selbstverständlich bemühen wir uns darum, so viele Seelen wie möglich an diesem Aufstieg teilhaben zu lassen. Diejenigen unter euch, die schon zu den Fortgeschrittenen zählen, wissen um all die Zusammenhänge, aber dennoch gibt es ganze Länder, die von allem nichts bemerken. Immer noch halten sie an alten Spielen fest, und selbst wenn sie wollen, können sie nicht aussteigen, weil ein ganzes Landeskarma auf sie einwirkt. Dort hilft Mutter Erde zur Zeit.*

*Alle, die noch in der Dualität verhaftet sind, sind davon überzeugt, dass jeder andere Mensch etwas Fremdes und Eigenständiges ist, das in irgendeiner Form bekämpft* werden muss. Welch Trugschluss! Ihr alle seid miteinander vernetzt, also verbunden. Ebenso wird Mutter Erde als etwas Lebloses, Totes angesehen. Wir fragen euch, wie kann Mutter Erde tot sein, wenn sie so viel Leben hervorbringt? Alle Bäume, Blumen, Gras, eure Früchte und vieles mehr können nur aus einem Lebewesen hervorgebracht werden. Wie könnt ihr auch nur eine Sekunde daran zweifeln, dass Mutter Erde ein Lebewesen ist? Was musste sie nicht alles wegen eurer Unwissenheit über sich ergehen lassen?

Ihr habt sie getränkt mit dem Blut eurer Schlachten und Kriege. Das tut ihr immer noch. Jeden Tag, irgendwo auf der Welt, geschehen Morde, und zwar an Mensch und Tier. Jeden Tag auf der Welt werden Mutter Erde achtlos tiefe Wunden gerissen, auf allen euren Baustellen. Versteht, dass wir hier nichts gegen das Bauen sagen, schließlich müsst ihr ja irgendwo wohnen und arbeiten. Wir sagen hier nur etwas zu der Selbstverständlichkeit, mit der ihr das tut. Ein kleiner Dank an Mutter Erde ist wahrlich nicht zu viel verlangt. Jeden Tag werden Gifte in Mutter Erde eingeleitet. Entweder sie sickern in den Boden, verseuchen ihre Adern (Anmerkung: Flüsse) oder die Luft. Ihr vergesst, dass ihr euch selbst damit verseucht und euch die Basis für ein gesundes Leben entzieht. So ist also jede Form der Achtlosigkeit in Wahrheit gegen euch selbst gerichtet. Um richtig leben zu können, gehört auch das Verständnis dazu, dass alle Menschen in Wahrheit ein Wesen sind. Wer andere unterdrückt, versklavt, foltert, gängelt, umbringt oder in ihrem Sein nicht annimmt, unterdrückt, *versklavt, foltert und gängelt nur sich selbst. Dieses Spiel, auch wenn es euch nicht als solches erscheint, war zu früheren Zeiten so gewollt, ist euch aber heute nicht mehr angemessen. Ihr und Mutter Erde strebt dem Licht zu und solltet das auf allen Ebenen tun.*

*Manchmal erinnert ihr uns an „übereifrige Gläubige", die, wann immer sie können, zur Gebetsstunde gehen, dort eine Stunde oder länger beten, um dann einige Minuten später alles wieder vergessen zu haben und sich nicht scheuen, andere, in welcher Form auch immer, zu verletzen. So verhalten sich viele von euch. Alle, die sich bewusst sind, dass Mutter Erde in Gefahr ist, erkennen es immer nur Momente lang, tun aber nichts, um dem Einhalt zu gebieten (Anmerkung: Die Geistige Welt meint damit jeden Einzelnen von uns, denn Gott sei Dank gibt es Organisationen, die sich für Menschenrechte und die Welt einsetzen).*

*Ihr habt noch nicht verstanden, dass es eines Lichtwesens unwürdig ist, so gedankenverloren in den Tag hinein zu leben. Eure Mutter Erde, die euch erst ein Leben hier ermöglicht, hat es wahrhaft nicht verdient, so missachtet zu werden. Aber auch hier gilt das Gesetz, dass nichts ohne die Zustimmung unserer Quelle geschieht. So hat auch Mutter Erde schon lange bevor es Menschen auf ihr gab, dieser Entwicklung zugestimmt. Für sie ist es ein Einfaches, alles Leben mit einem Schlag auszulöschen, dazu braucht sie nur ihren Mantel aufzuschlagen und ihr inneres Magma über den Erdboden fließen zu lassen, oder darum zu bitten, die Schleusen des Himmels mögen sich wieder auftun: Das ist, wie ihr es nennen würdet, der letzte Ausweg. Und das würde sicherlich auch wieder geschehen, wenn ihr nicht bereit gewesen wärt, euer Bewusstsein zu ändern.*

*Glaubt uns, wenn wir sagen, dass dieses in ähnlicher Form auf anderen Planeten schon geschehen ist, und glaubt uns auch, wenn wir sagen, dass es durch die Kraft der vier Elemente schon zu mehreren solcher Auswege auf der Erde gekommen ist. Es wäre also nicht das erste Mal, dass Mutter Erde sich von all dem unnötigen Ballast befreit. Allein euer Bewusstsein lässt sie innehalten. Denn sie liebt euch und würde euch niemals Schaden zufügen wollen. So wird euch auch auffallen, dass bei allen Katastrophen immer nur wenige Menschen sterben. Da alles einander bedingt, sind es immer Seelen, die sich dazu bereit erklärt haben. Sie wollen entweder der Menschheit zeigen: Seht her, was muss noch passieren? Oder aber sie erkennen, dass sie noch nicht bereit dazu sind, umzudenken und bitten darum, wieder nach Hause kommen zu dürfen. Versteht bitte, dass wir hier keine düsteren Prognosen abgeben, sondern nur aufzeigen wollen, wohin es führen kann, wenn kein kollektiver, innerer Wandel erfolgt.*

*Wir werden euch gleich noch mitteilen, dass Mutter Erde nicht immer an Katastrophen beteiligt ist. Aber das später. Jetzt sollte der erste Schritt zur Veränderung bei euch selbst anfangen. Nur wenn ihr ein anderes Verhältnis zum Leben und zu Mutter Erde bekommt, gebt ihr anderen die Chance, ebenfalls umzudenken. Vor allem aber euren Kindern! Gleich einem Stein, den ihr ins Wasser werft, wird dieses neue Bewusstsein seine Wellen schlagen, und so werdet ihr wie auch Mutter Erde geheilt.*

*Wir bitten euch zutiefst, erkennt, dass Mutter Erde euer Gastplanet ist, und erkennt, dass ihr euch nur für eine kurze Weile auf ihr aufhaltet. Erkennt, dass ein gesundes Miteinander nur möglich ist, wenn ihr anfangt, euch rückzuverbinden. So bitten wir euch, erzählt unseren Perlen des Universums von all den wunderbaren Zusammenhängen zwischen uns und euch, aber auch von denen zwischen euch und Mutter Erde. Die Erde reagiert immer auf euer Bewusstsein, aber auch auf euren Missbrauch an ihr. Letzteres dauert sehr lange, weil Mutter Erde nie die Hoffnung aufgibt, ihr möget doch noch umdenken. Schneller reagiert sie auf euer Bewusstsein. Jeder liebevolle Gedanke an sie lässt sie aufatmen und auch innehalten. Dieses Bewusstsein haltet in unseren Perlen des Universums aufrecht, denn sie kommen mit diesem schon bei euch an. Lehrt sie, die Natur zu lieben so wie die Tiere und die Menschen. Und lehrt sie, dass euer Dasein auf diesem Planeten nur möglich ist durch die Liebe des Vaters im Himmel und der Liebe eurer Mutter Erde. Lehrt sie auch, dass beide zu achten sind, denn die eine Kraft bedingt die andere. Eure Raumforschung sucht schon lange nach Möglichkeiten, das Leben an anderen Orten aufzubauen. Wir sagen euch, kein Ort ist so gastlich wie eure Mutter Erde. Denn sie ist genau auf eure Bedürfnisse abgestimmt. Anstatt nach Wegen zu suchen, wie ihr eure Misswirtschaft einfach hinter euch lassen könnt, bitten wie euch, Mutter Erde zu heilen. Jeder ernsthafte bewusste*

*Gedanke daran leitet die Hilfe ein. Und wir sagen euch: Es ist nie zu spät. Es mag noch so sehr danach aussehen, als ob ihr, also jeder Einzelne von euch, nichts tun könnte. Das ist ein Trugschluss. Jeder von euch ist in der Lage, Mutter Erde „zu retten“, indem er ihr einfach „nur“ sein Bewusstsein, seine volle Aufmerksamkeit und seine Liebe schenkt. Tut ihr dieses, so heilt ihr damit euch, Mutter Erde und tragt dazu bei, dass unsere Perlen in einer gesunden Atmosphäre aufwachsen dürfen.*

*Aber das allein reicht nicht ganz aus. Ihr solltet euch auch gezielt für Mutter Erde einsetzen, und nun erklären wir, warum Mutter Erde keineswegs an allen Naturkatastrophen beteiligt ist, sondern genau wie ihr davon überraschend heimgesucht wird.*

*Was eure Energieressourcen anbelangt, stellt ihr fest, dass sie zur Neige gehen, und krampfhaft sucht ihr nach neuen Energiequellen. Lasst euch sagen, dass es so einfach wäre, wenn ihr endlich die Kräfte der Natur verstehen würdet.*

*Vor einigen Jahrzehnten gab es jemanden, der dem Geheimnis dieser Kräfte auf die Spur gekommen ist, der aber, weil auch damals schon von einigen „Großen“ eurer Welt nicht erlaubt wurde, euch unabhängig zu machen, auf nicht sehr schöne Weise, wie ihr sagen würdet, mundtot gemacht wurde. Wir sprechen hier von Freier Energie. Und nun werdet ihr fragen: Wer war dieser Mensch? Nun, er ist euch unter dem Namen Nicola Tesla bekannt. Beschäftigt euch mit seinem Nachlass. Das meiste werdet ihr in Amerika finden, denn dorthin ist er damals, als er erkennen musste, dass er nicht gehört werden würde, ausgewandert. Heute steht euch die gleiche Freie Energie zur Verfügung. Sie liegt in der Luft, im Wasser und in der Erde.*

*Jeder Blitz birgt Unmengen von Energie in sich. Ihr habt nur noch nicht herausgefunden, wie ihr diese Energie einfangen und euch nutzbar machen könnt. Deswegen bitten wir alle Forscher auf diesem Gebiet: Forscht daran und hört damit auf, das hochempfindliche Ökosystem von Mutter Erde immer neu zu belasten. So stören eure überall entstehenden Windparks dieses System gewaltig. Versteht, dass die sich ständig drehenden Windflügel für atmosphärisches Chaos sorgen, da sie als Orkan oder Hurrikan zu euch zurückkommen.*

*Immer noch wisst ihr viel zu wenig über die Gesetzmäßigkeit der Dinge. Nicht nur, dass eure Windparks künstliche Stürme erzeugen, sie verändern auch die Meeresbewohner. Erinnert euch daran, alles ist Schwingung. So erzeugt die Drehbewegung der Flügel Schwingungen, die sich bis auf den Meeresgrund übertragen, und damit auch auf das empfindliche Leben unter Wasser, und sich am Ende über die ganze Welt ausdehnen.*

*Wundert es euch immer noch, dass es zu gewaltigen Überschwemmungen und Stürmen kommt? Viele der heutigen Katastrophen sind von euch künstlich erzeugt, zum Schaden für euch und eure Mutter Erde. Fragt ihr euch nicht, wieso gerade in letzter Zeit Wale und Delfine an Stränden landen, wo sie gar nicht hingehören? Gerade diese wunderbaren Tiere verständigen sich über viel-*

*schichtige Schwingungsfrequenzen und orten auch auf diese Weise. So ist es kein Wunder, dass auf Grund eurer künstlich erzeugten Schwingungen viele dieser Tiere in die Irre geleitet werden. Wir bitten euch, versteht es, die Zeichen richtig zu deuten.*

*Glaubt ihr tatsächlich, eure Raumflüge, unterirdischen Atomversuche und ähnliche Experimente würden sich nicht auf euer System auswirken? Wie könnt ihr so unbedacht sein? Nach und nach habt ihr euch ein Pulverfass erschaffen. Leider auf vielen Gebieten, wie wir sehen.*

*Könnt ihr heute abschätzen, wie sich alle eure „Erfindungen" und Versuche auf euch und Mutter Erde auswirken? Nein, das könnt ihr nicht. Denn könntet ihr es, wüsstet ihr um die Gesetze von Ursache und Wirkung.*

*Unser Vater im Himmel hat vor vielen Äonen „eine" liebevolle Wesenheit gefunden, die bereit war, all dies mit sich machen zu lassen (Anmerkung: „eine" stimmt natürlich nicht, vielmehr ist Mutter Erde ein Zusammenschluss von vielen Wesenheiten, die zu einem verschmolzen sind).*

*Ihr habt einen so wundervollen Ort bekommen, der voller Liebe bereit war, euch in allem zu dienen. Leider (wehmütiges Lächeln) bekamt ihr aber auch euren freien Willen von unserem Vater geschenkt.*

*Alle eure Kinderkrankheiten (Anmerkung: So wollen wir einmal euer Tun nennen) sind in Abstimmung und Einverständnis mit Allem-was-ist geschehen. Jetzt aber kommt die Zeit, wo ihr aus euren Kinderschuhen heraustreten solltet. Versteht, dass alles, was Kinder in ihrer Unbewusstheit tun, keine Auswirkungen hat. Wohl aber, wenn man weiß, was man tut oder gar versäumt. So bitten wir euch: Haltet inne mit eurer Vogel-Strauß-Methode!*

*Benutzt euren freien Willen dazu, Mutter Erde zu retten und euren Kindern eine gesunde Welt zu übergeben.*

Ich darf noch ergänzend erwähnen, selbst, wenn es zu einem Zusammenbruch von Mutter Erde kommen würde, geschieht das immer mit unser aller Zustimmung. Manchmal muss Altes einfach zerstört werden, damit Platz für Neues geschaffen werden kann. So wäre ein Super-GAU, egal, ob von unserer Hand ausgelöst oder von Mutter Erde eingeleitet, immer nur der allerletzte Schritt.

Mit unserem heutigen Bewusstsein ist es nicht mehr nötig, die Dinge auf diese Weise zu verändern. Wenn uns bewusst wird, dass der Flügelschlag eines Schmetterlings im Garten irgendwo auf der Welt eine Lawine auslösen kann, so wird auch deutlich, warum die Geistige Welt davon spricht, dass alles einander bedingt. Nichts geschieht, ohne dass es eine (Neben)Wirkung hat. Egal, ob es auf uns selbst einwirkt oder auf Mutter Erde.

So wird auch deutlich, dass der zunehmende Lärm (unabhängig von all den anderen Faktoren), wozu auch das Surren unserer Windparks gehört, mit dafür verantwortlich ist, Katastrophen auszulösen. Denn alles schwingt und durchdringt sich gegenseitig.

Ich erinnere hier nur an das kleine Steinchen, das ins Wasser geworfen wird und seine Kreise bis zu den Uferrändern zieht. Dort macht die Schwingung keineswegs halt, sondern geht darüber hinaus und wabbert letztlich über den gesamten Globus, um in veränderter Form zu uns zurückzukommen. Alles besteht aus Energie, und Energie ist nicht vergänglich, nur wandelbar. So wird jetzt deutlich, was unsere Gedanken, also unser Bewusstsein, bewirken können. Geben wir unseren Kindern das richtige Bewusstsein mit auf den Weg. Es wird seine Wirkung erzielen!

☆☆☆☆☆

## Von Gefühlen, Moral und Ethik

Das gleiche Prinzip finden wir im Umgang mit unseren Mitmenschen. Ständig geben wir Signale ab und fangen auch welche auf. Die meisten tun dies, ohne sich dessen bewusst zu sein, und dennoch stehen wir mit allem, was uns begegnet, in ständiger Wechselbeziehung.

Kinder haben ein natürliches Gespür dafür, welche Menschen eine positive Ausstrahlung haben, sind aber dennoch leicht zu beeinflussen. Das erklärt, warum sie entgegen ihren Gefühlen so leichtgläubig mit fremden Personen gehen. Kinderherzen mit niedlichen Tieren, Süßigkeiten oder Spielzeug zu erobern ist keine Kunst. Sofort lenkt sich ihr ganzes Bewusstsein auf das Angebot, ihre Neugier ist geweckt, und damit wird die innere Alarmglocke ausgeschaltet. Es liegt an euch, liebe Eltern, euren Kindern, ohne ihnen Angst zu machen, immer wieder zu sagen, dass sie, egal, wer da Fremdes vor ihnen steht, und egal, womit gelockt wird, sich auf keinen Fall darauf einlassen sollen. Selbst oder gerade wenn es Menschen im näheren Umfeld sind, die eure Kinder kennen, solltet ihr ihnen verbieten, mit ihnen mitzugehen, und achtet darauf, dass sie niemals alleine mit sogenannten Bekannten (aber auch völlig fremden Personen) bleiben. Denn zu neunzig Prozent lauert die Gefahr im näheren Umfeld. Schaut euch alle Erwachsenen genau an, die in irgendeiner Form mit euren Kindern zu tun haben. Seien es Kindergärtner, Trainer, Lehrkräfte oder Seelsorger (Seelsorger sind auch nur Männer...)

Ich verstehe nicht, wieso es für viele der Eltern von heute nicht mehr selbstverständlich ist, ihre Kinder rechtzeitig vor dieser Gefahr zu warnen und auch immer wieder zu wiederholen. Zu meiner Kinderzeit war das vollkommen normal. So normal, dass wir es nicht mehr hören konnten. Aber wir haben uns daran gehalten. Wir haben grundsätzlich von keinem Fremden etwas angenommen und sind davongelaufen, wenn jemand nicht lockerließ. Also bitte, schützt eure Kinder! Und schickt ruhig Testpersonen los, um zu überprüfen, wie eure Kinder sich verhalten.

Euch selbst möchte ich nahelegen, an eurem Gespür zu arbeiten oder, besser gesagt, an euren Empfindungen, sprich Wahrnehmungen. Bekommt ein Gefühl für die Schwingungen anderer, denn sie sind es, die euch rechtzeitig die richtigen Informationen übermitteln. Wenn das mit unseren Kindern regelrecht trainiert wird, werden sie Meister darin sein, sich in andere hineinzuversetzen und können so ganz von alleine rechtzeitig Gefahren erspüren.

Bringt unseren Kindern auch bei, dass jedes Gefühl und jeder Gedanke seine eigene Schwingungsfrequenz hat und sich selbstverständlich auf andere auswirkt, auch auf sie selbst. Lehrt sie schon frühzeitig, dass es keine Schande ist, Gefühle zu haben, sondern bringt ihnen bei, richtig mit ihren und den Gefühlen anderer umzugehen.

So ist Wut in der Regel etwas Zerstörerisches, kann aber dennoch umgewandelt werden. Nie bin ich schneller und bekomme innerhalb kürzester Zeit Unmengen erledigt, als wenn ich wütend bin. Wut ist also auch ein wunderbarer Motor, etwas zu schaffen. Man muss nur lernen, die Energie der Wut umzuwandeln. Natürlich ist das bei Kleinkindern noch nicht möglich. Wenn ein Kind wütend ist, dann ist es wütend. Mit Haut und Haar. Gesteht man seinem Kind den Wutausbruch zu, sorgt man dafür, dass diese Energien freigesetzt werden. Und damit sind sie aus dem Körper raus. Je verständiger ein Kind wird, umso näher rückt der Zeitpunkt, dem Kind seine Wut zu lassen, aber danach sich auch die Zeit zu nehmen, mit dem Kind zu besprechen, was es denn so wütend gemacht hat. Das ist wichtig, denn so lernt es mit der Zeit, dass es sich bei vielen Dingen gar nicht lohnt, wütend zu werden. Wenn ein Kind dazu neigt, während eines Wutanfalls sein Spielzeug zu zerstören, sollte dieses auf keinen Fall ersetzt werden! Sollten es eure Sachen sein, die bei einem Wutanfall kaputtgehen, hat das Kind es mit seinem Taschengeld zu ersetzen. Denn ein Kind sollte schon früh lernen, dass sein Tun Folgen hat. Nur so lernen Kinder nach und nach, mit ihren Gefühlen umzugehen. Lasst eure Kinder niemals in dem Gefühl, dass das, was sie empfinden und aus diesem Gefühl heraus tun, schlecht ist. Denn damit lernt es nur, dass es „schlechte“ Gefühle nicht haben darf. Reden wir unseren Kindern ihre „negativen“ Gefühle aus, stoppen wir damit automatisch auch die „positiven“. Die Konsequenz eines Kinderköpfchens daraus ist nämlich, sich selbst zu sagen, Gefühle zu haben sei schlecht, und automatisch werden keine Gefühlsregungen mehr zugelassen. Wundert es immer noch, dass manche Kinder und Jugendlichen so gefühlskalt sind? Sie bezeichnen sich selbst, ironischerweise höchst passend, als cool, womit sie nur ihren Gefühlsstand kundtun. Kalt nämlich. Wie kalt soll unsere Jungend noch werden? Kinder, die keine Chance dazu erhalten, ihre Gefühle zuzulassen und auszudrücken, mutieren später zu gefühlsarmen Erwachsenen.

Jedes Kind kommt aus der Welt der Liebe. Jeder Mensch sehnt sich nach Liebe. Bekommen wir diese Liebe nicht, verrohen wir.

Liebevoll miteinander umzugehen bedeutet immer, für sich selbst Gefühle zu haben, sich aber auch auf die Gefühle anderer einzustellen. Den anderen in seinem Sein anzuerkennen und ihn anzunehmen, wie er ist. So sollten wir unseren Kindern, gerade wenn der Zeitpunkt kommt, an dem ihr eigenes Bewusstsein erwacht, sie also, wie wir so schön sagen, ihren eigenen Kopf entwickeln, fürsorglich zur Seite stehen.

Kinder haben Spaß daran, sich selbst zu entdecken, aber vor allem haben sie Spaß daran, ihre Grenzen auszutesten. Werden ihnen keine liebevollen Grenzen gesetzt, werden sie, wie Ingo Appelt und andere Comedians immer so gerne diese Kinder beschreiben, zu Arschlochkindern. Wer will schon ein Arschlochkind? Noch dazu, wenn man weiß, dass dieses Kind einmal erwachsen sein wird? Natürlich werden manche Kinder wütend, wenn sie Grenzen erfahren, aber das legt sich wieder. Keine Sorge. Erfahren Kinder die Grenzen als das, was sie sind, erkennen sie die Liebe dahinter. Wenn ein Kind tatsächlich einmal etwas Größeres angestellt hat, sollte man ihm niemals die

Zuwendung entziehen. Immer sollte es das Gefühl haben, trotz allem geliebt zu sein.

Und bitte, hört euren Kindern wieder zu. Nehmt sie in dem, was sie sagen, ernst. Viele ihrer Sorgen und Nöte erscheinen uns lächerlich, für ein Kind sind sie aber nun mal todernst. Wir müssen uns immer wieder in Erinnerung holen, dass Kinder ein anderes Bewusstsein haben als wir. Ich erinnere hier daran, dass ein einziger Pickel in unserer Teenagerzeit eine Katastrophe auslösen konnte. Während meine Mutter bei jedem neuen Pickel scherzhaft sagte: „Siehst du, da kommt deine ganze Schlechtigkeit raus" (ich war als Teenager aber auch wirklich der reinste Kotzbrocken), tat meine große Schwester das einzig Richtige, indem sie mir eine Tube Clearasil schenkte. So habe ich mich verstanden und mit meinen Problemen ernst genommen gefühlt und auch noch die ersehnte Hilfe bekommen.

Gefühle machen ja etwas in unserem Körper. Kinder, die sie nicht rauslassen dürfen, mutieren zu tickenden Zeitbomben, selbst wenn diese erst in den späteren Erwachsenenjahren hochgeht. Wollen wir das? Wollen wir tatsächlich unseren Kindern ein verkorkstes Leben ebnen? Oder wollen wir nicht viel lieber dafür Sorge tragen, dass sie fröhliche, in sich ruhende Erwachsene werden können? Letzteres wäre doch weitaus erstrebenswerter, nicht wahr? Kinder, die gelernt haben, mit ihren Gefühlen umzugehen, wissen automatisch um die Gefühle anderer. Auch wenn euer Kind immer das Gefühl vermittelt bekommen sollte, ein ganz besonderer Schatz zu sein, sollte es gleichzeitig von euch lernen, dass andere Kinder und

Menschen ebensolche Schätze sind und es nicht allein auf der Welt ist. So wird es für das Kind selbstverständlich werden, Rücksicht auf andere zu nehmen.

Mal ehrlich, welches Kind oder welcher Jugendliche räumt heute noch freiwillig seinen Platz im Bus oder in der Bahn für ein altes Mütterlein, das sich kaum noch auf den Beinen halten kann? Das ist nicht nur ungehörig, sondern auch noch äußerst menschenverachtend. Überhaupt sollten Kinder wieder lernen, dass sie Achtung vor dem Alter haben, denn im Alter eines jeden Menschen steckt Weisheit. Und genau deswegen sollte gerade der älteren Generation im doppelten Sinn Achtung entgegengebracht werden. Einmal wegen ihrer Lebensweisheiten, die sehr lehrreich für unsere Kinder sein können, und zum anderem, weil es auf der Hand liegt, dass ältere Menschen uns nicht mehr allzu lange zur Verfügung stehen.

Aber wie alles im Leben ist dieses Schwert ebenfalls zweischneidig. Denn ich kenne genauso viele ältere Menschen, die mit Abwehr auf Kinder und Jugendliche reagieren, sie Rüpel nennen, bei jeder Gelegenheit beschimpfen und dennoch ganz selbstverständlich Achtung von ihnen verlangen. So geht es natürlich auch nicht. Manchmal frage ich mich, ob es wohl daran liegt, dass ältere Menschen so grantig gegenüber Kindern und Jugendlichen sein können, weil sie es bedauern, nicht mehr jung zu sein und deswegen an der Jugend kein grünes Haar lassen können. Einige mögen vielleicht auch neidisch auf unsere Jugend sein. Denn sie sehen nur, dass unsere Jugend vieles mehr zur Verfügung hat als sie selbst damals. Das ist aber ein

Trugschluss. Unsere Kinder und Jugendliche haben zwar mehr an materiellen Dingen, dafür aber oft viel weniger Nestwärme.

Sicherlich mögen wieder andere vieles an der Jugend nicht verstehen, aber das ist noch lange kein Grund, sie achtlos oder respektlos zu behandeln. Jede junge Generation hat ihre eigene Dynamik. Bei der einen war es die Rock'n Roll Zeit, wo Eltern reihenweise über ihre Kinder, die außer Rand und Band erscheinen, stöhnten, bei den anderen war es die Hippiebewegung. Dann gab es noch die politisch interessierte Jugend, bis hin zur heutigen Jugend, die wieder eine völlig andere Sprache als die Erwachsenwelt spricht. Vergessen wir nicht, dass wir selbst alle mal Jugendliche waren und wir selbst es sind, die die Weichen für unsere Jugendlichen stellen.

Ohne Oswald Kolle zum Beispiel wäre unsere Jugend nicht so aufgeklärt, wie sie es heute ist. Damals war das eine Revolution. Heute ist es normal. So ändern sich die Moral- wie auch andere Vorstellungen.

Bringen wir also unseren Kindern bei, jede Lebensphase zu achten, denn sie werden ja später genau diese Phasen selbst durchleben. Wenn wir es verstehen, unseren Kindern zu vermitteln, dass alles, was lebt, Gefühle besitzt, haben wir gute Arbeit geleistet.

Gefühl und Ethik sind zwei Dinge, die unweigerlich zusammengehören. Was bedeutet Ethik eigentlich? Nun, ganz einfach: Ethisches Verhalten bedeutet, Ehrfurcht vor dem Leben zu haben. Um es verständlicher auszudrücken, hier ein Auszug aus einer Rede von Albert Schweitzer (christlicher Missionar und Arzt) von 1919:

*„Ich kann nicht anders als Ehrfurcht haben vor allem, was Leben heißt: Das ist der Anfang und das Fundament der Sittlichkeit. Wer dieses einmal erlebt hat und weiter lebt – und wer es einmal erlebt hat, erlebt es immer weiter –, der ist sittlich. Er trägt unverlierbar eine Sittlichkeit in sich, und sie entwickelt sich in ihm. Wer es nicht erlebt hat, der hat nur eine angelernte Sittlichkeit, die nicht in ihm gegründet ist, ihm nicht gehört, sondern von ihm abfallen kann."*

Dieser großartige Mann war sich also dessen bewusst, dass nur jemand, der keine Achtung vor dem Leben empfindet, zu unmoralischen, sittenwidrigen Handlungen fähig sein kann. Tatsächlich spricht Albert Schweitzer mir aus der Seele. Und ich kann mich, was das betrifft, nicht oft genug wiederholen und immer wieder betonen: Achtet das Leben! Und zwar nicht nur eures, sondern auch das anderer.

Alles Elend auf dieser Welt resultiert nur aus der Missachtung des anderen Lebens und der mit ihr einhergehenden fehlenden Liebe. Immer noch nicht hat der Mensch eingesehen, dass er von anderen Menschen nicht getrennt ist. Wir alle, und damit meine ich die gesamte Erdbevölkerung, sind miteinander verbunden. Folglich ist es völlig irrelevant, andere Völker wegen ihrer Andersartigkeit zu verfolgen oder es zuzulassen, dass es Menschen auf dieser Erde gibt, die in sogenannten Armenvierteln unter bedauernswerten Umständen leben müssen. Immer noch denken wir, was geht es uns an? Afrika ist ja so weit weg. Asien? Ebenfalls.

Wir wissen alle, wie es in anderen Ländern politisch zugeht, und dennoch treiben wir regen Handel mit Ländern, deren Regierungen menschenverachtend mit ihrer Bevölkerung umgehen. Das ist in meinen Augen zutiefst sittenwidrig. Merkt denn niemand, dass wir unsere Seelen buchstäblich verkaufen? Das gleiche Problem besteht aber auch in unserem eigenen sowie in allen Ländern dieser Erde. Russland ist das Beispiel dafür, wie unterschiedlich die Menschen dort leben. Die einen werden immer reicher, und die, die sowieso schon nichts haben, werden immer ärmer. Gleiches geschieht in jedem Land, also auch bei uns. Statt dafür zu sorgen, dass jeder Mensch im eigenen Land ein würdevolles Leben genießen darf, werden jede Menge Gelder zum Fenster hinausgeworfen – für andere Länder wohlgemerkt. Milliarden wandern so ab und verpuffen meist auch noch. Nämlich in den Taschen derjenigen, die die Gelder verteilen sollten. Nicht dafür Sorge zu tragen, und hier sind jetzt alle unsere **Politiker** angesprochen, dass es allen Menschen im eigenen Land gut gehen kann, ist sittenwidrig und verstößt gegen jede Ethik. Aber wie wir ja schon gelernt haben: Wie kann sich etwas im Großen durchsetzen, wenn es nicht einmal im Kleinem klappt?

Fangen wir doch einmal bei unserem alltäglichen Miteinander an. Ich möchte wetten, dass jeder von uns gleich mehrere Menschen in seinem Umfeld kennt, von denen er weiß, dass es ihnen wirtschaftlich nicht gut geht. Helfen wir etwa persönlich diesen Menschen? Nein, dafür gibt es ja Hilfsorganisationen. Mehr als einmal habe ich in meinen Büchern betont, dass nur die Herz-zu-Herz-Verbindung echte Abhilfe schaffen kann. Und hier möchte ich es noch einmal anmerken.

Hört auf zu spenden und kümmert euch lieber persönlich um die Betroffenen!

Ach, und nehmt dabei eure Kinder mit. So lernen sie, dass es normal ist, seinen Mitmenschen zu helfen und beizustehen!

Auch sind wir nicht bereit, andere so zu lassen, wie sie sind, denn jeder von uns kennt wiederum mindestens einen Menschen, mit dem er nicht in Frieden auskommt und/oder an dem er ständig etwas auszusetzen hat. Wir haben also immer etwas auszusetzen – an anderen. Wieso eigentlich? Warum sind wir nicht in der Lage, jeden so zu akzeptieren, wie er ist? Möchten wir selbst nicht auch so angenommen werden, wie wir sind? Na bitte, was hindert uns dann daran, andere in ihrem Sein anzunehmen?

Die Antwort ist einfach: Wir sind nicht in der Lage, hinter die Illusion des Getrenntseins zu blicken, und so erfassen wir nicht, dass jeder andere in Wahrheit ein Teil von uns selbst ist. Ist das nicht phänomenal? Jeder Mensch auf dieser Welt, und ich betone noch einmal, JEDER, repräsentiert einen Teil von uns selbst.

Lehne dich jetzt und hier einmal zurück und lasse diese Worte auf dich wirken. Erkennst du nun, dass du ein

Teil der anderen und andere ein Teil von dir sind? Gleich einem Mosaik ergeben alle Menschen zusammengenommen ein klares Bild von einer atemberaubenden großartigen Wesenheit!

Jeder Baum hat zahlreiche und auch unterschiedliche Blätter, aber dennoch ist er eine Einheit. Genauso dürft ihr das Mysterium der Menschheit verstehen. Auch wenn er das eine oder andere Blatt verliert oder zum Herbst hin alle Blätter abwirft, er bleibt, was er ist, ein Baum nämlich. Wir aber, wir nehmen den anderen Menschen immer als ein Wesen wahr, das völlig von uns getrennt zu sehen ist und somit ja etwas anderes sein muss. Je fremdartiger uns jemand erscheint, umso mehr Angst flößt er uns ein, was sich dann so ausdrückt, dass wir das Andersartige, in welcher Form auch immer, ablehnen und dazu auch noch meinen, es bekämpfen zu müssen. Und genau das übertragen wir auf unsere Kinder. So lernen sie in manchen Familien schon frühzeitig, dass andere Kulturen nichts mit unserer gemein haben und man (im besseren Fall) diesen Menschen aus dem Weg zu gehen hat. In schlimmeren Fällen schließen sich unsere Jugendlichen rechtsradikalen Gruppierungen an und meinen dann, unser Land säubern zu müssen...

Ach bitte, vergessen wir doch nicht, dass alles Leben sich aus Zentralafrika entwickelt und über Asien seinen Weg über die Erde genommen hat. Vergessen wir auch bitte nicht, dass die katholische Kirche sich nur ungern daran erinnert, dass ihr Heilsbringer ein Jude und das Alte Testament in Wahrheit altes jüdisches Schrifttum war. Und vergessen wir auch nicht, dass jeder das Recht hat, so zu sein, wie er ist.

Die gesamte Erdbevölkerung besteht aus verkleideten Lichtwesen. Jeder Einzelne von uns ist ein Wesen des Lichts. Wir verkörpern hier nur alle unterschiedliche Aspekte. Und genau das macht doch unseren Reichtum aus. Ist es nicht einfach nur faszinierend, dass jeder Einzelne von uns – auch wenn wir alle eins sind – dennoch einmalig ist? Jeder Einzelne von uns repräsentiert einen anderen Aspekt GOTTES. Schon allein deswegen müsste es jedem Lichtwesen, also jedem von uns, unmöglich erscheinen, auch nur einen einzigen Menschen abzulehnen. Vergessen wir auch bitte nicht, dass unsere Kinder nur das austragen und ausleben, was wir in ihnen angelegt haben oder vorleben.

Ist es nicht merkwürdig, dass wir doch so gerne in andere Länder reisen, uns dort die großartigen Kulturen ansehen, die Gastfreundschaft genießen, aber wenn wir wieder zu Hause sind, genau diese unsere Mitbürger, deren Länder wir so gerne besuchen, meiden, als wenn sie die Pest an sich hätten? Entschuldigung, das ist mehr als schizophren und hat ja auch dazu beigetragen, dass nun wiederum diese Menschen nichts mehr mit uns zu tun haben wollen, weswegen wir hier tatsächlich von Parallelwelten sprechen können.

Aber übertragen wir doch einmal dieses Gedankengut auf unsere Kinder und unseren Bekanntenkreis. Lehrten wir unsere Kinder, dass sie Achtung vor jedem Menschen haben sollten und leben ihnen dieses im normalen Alltag vor, ließen sich viele Missverständnisse und viel Ärger ersparen. Wenn wir ihnen erzählen, dass wir alle eine weite und lange Reise auf uns genommen haben und dafür unser himmlisches Paradies verlassen haben, können sie gar nicht anders, als jedem Respekt zu zollen.

Kindermund tut Wahrheit kund. Diese Wahrheit ist auf der einen Seite zwar sehr bewundernswert, auf der anderen Seite aber tut sie oft gerade anderen Kindern weh. Egal, ob andere Kinder eine Brille tragen müssen, übergewichtig sind, keine Markenkleidung tragen können oder sich im Sportunterricht nicht gerade als Asse darstellen, Kinder finden immer etwas, um andere Kinder zu hänseln.

Hier sind wir wieder in der Gefühlswelt. Der Satz: „Was du nicht willst, das man dir tu, das füg auch keinem andern zu", hat eine tiefe Bedeutung und bringt die Befreiung mit sich, niemand anderen mehr zu verletzen. Erklären wir unseren Kindern, wie sich andere Kinder fühlen müssen, wenn sie ständig gehänselt oder nicht in die Gemeinschaft aufgenommen werden, werden sie es fühlen können. Kinderherzen sind nämlich auch voller Mitgefühl, und so brauchen wir sie nur daran zu erinnern, dass andere Kinder todtraurig sind, wenn sie verlacht werden oder nicht mitspielen dürfen.

Aber vor allem sollten wir unseren Kindern beibringen, dass das Leben und der Körper eines jeden unantastbar ist. „Eines jeden" beinhaltet auch den eigenen Körper der Kinder. Heutzutage wird ja gepierct und tätowiert, was das

Zeug hält. Blei unter die Haut geschoben, und das Branding erfreut sich auch großer Beliebtheit. Macht euren Kindern klar, dass sie damit auf die Meridiane (Energielaufbahnen im Körper) negativ einwirken, ja, dass sie sogar manche Akupunkturpunkte zerstören, die vielleicht später zur Heilung gebraucht werden. Dann dürfte dieser Trend aufhören. Sich übrigens Totenköpfe oder Ähnliches auf die Haut tätowieren zu lassen, macht ebenfalls etwas mit unseren Kindern. Zur Erinnerung: Alles besteht aus Schwingung. Na, was bewirkt wohl ein Totenschädel oder eine anderer gruselige Fratze am Körper unseres Kindes?

Auch das sogenannte Ritzen nimmt rasant zu sowie Krankheiten wie Magersucht (Anorexie) oder Bulimie, aber natürlich auch das Gegenteil, Adipositas. Nun, dazu werde ich später noch etwas sagen. Jetzt möchte ich darauf hinaus, dass unsere Kinder rechtzeitig lernen, andere Kinder nicht körperlich oder seelisch zu quälen. Früh schon fangen Kinder an, ihre körperlichen Kräfte zu entdecken, und im Laufe der Zeit wird sich auch immer wieder gerne gemessen. Das hauptsächlich bei den Jungs, aber auch immer mehr Mädchen testen ihre körperlichen Grenzen aus. Es ist nur natürlich, dass unsere Kinder auf diese Weise erfahren wollen, wie viel Kraft in ihnen steckt, außerdem ist es wichtig. Denn so lernen sie, ihre Kräfte einzuschätzen, aber vor allem, wo ihre Grenzen sind. Einhergehend damit sollten sie von uns lernen, dass, selbst wenn sie die Kraft dazu haben, jemanden buchstäblich umzuhauen, sie es dennoch niemals tun.

Ich erwähnte ja schon, dass es früher immer eine natürliche Grenze gab, und wenn einer am Boden lag, der „Kampf“ entschieden war. Heute wird dann aber erst noch richtig drauf- und reingetreten, was mich zutiefst erschreckt. Es ist keine Kunst, jemandem, der schon am Boden liegt, auch noch den Rest zu geben. Darauf auch noch stolz zu sein, ist einfach unwürdig. Überhaupt, wie kommen unsere Kinder dazu, sich zu diesen wirklich gewalttätigen Aktionen hinreißen zu lassen?

In unserem Grundgesetzt steht: „Die Würde des Menschen ist unantastbar.“ Leider weiß kaum noch ein Kind um die Würde des anderen, ja, es kennt nicht einmal seine eigene Würde. Das, liebe Eltern, ist reine Erziehungssache und ihr müsst zugeben, dass in Sachen Erziehung bei vielen einiges versäumt wurde und wird. Keineswegs ist nämlich die Gesellschaft daran schuld (womit nämlich nur wieder einmal der Sündenbock hübsch ins Außen verdrängt wird), sondern wir sind es doch, die unserer Gesellschaft erst ein Gesicht geben. So ist die würdelose Gewaltbereitschaft unserer Kinder und Jugendlichen nur die Antwort auf das, was wir in der Erziehung versäumt haben.

Diese Oberflächlichkeit, dieses „Mir doch egal, wie es anderen geht“, diese egoistische und gleichzeitig gefühlsarme Gesellschaft, die sich selbst für so tolerant und offen für alles hält, ist einfach nur beschämend. In Wahrheit sind wir weder tolerant noch offen oder sonst irgendetwas, wie wir uns diesen Missstand ja immer so gerne schönreden, sondern vollkommen gleichgültig. Gleichgültig unseren

Kindern, wie auch jedem anderen Menschen sowie anderen Schicksalen gegenüber, und nicht zuletzt uns selbst. Ich muss das hier so hart sagen, damit ich auch verstanden werde. Es ist mir unmöglich, diese Missstände in die sogenannte Blümchensprache zu verpacken, denn so kann die Wahrheit niemals ankommen. Die Wahrheit ist, dass wir eine gefühlskalte, lieblose Umgangsform miteinander haben, weil wir nach und nach sämtliche Werte aufgegeben haben. Und damit auch unseren eigenen Wert! Und damit versündigen wir uns an unseren Kindern. Ihnen keine Werte mehr beizubringen, bringt sie von ihrem wahren Wesen weg – hin zu gefühlslosen Monstern.

Vor einiger Zeit verbreitete sich die Nachricht in den Medien, ein siebenjähriger Junge habe in einem australischen Zoo einige Käfige aufgebrochen und mit einem breiten Grinsen und sichtlichem Spaß einige Kleintiere an die Krokodile verfüttert. Wie verroht muss ein Kind sein, um Spaß am Töten zu haben? Wie sich herausstellte, kam es aus einer Familie, die bekannt dafür war, äußerst roh und gewaltigtätig zu sein. Muss ich tatsächlich noch einmal erwähnen, dass Kinder nur das werden können, was wir ihnen vorleben?

Zum Thema Ethik, Moral und Gefühl werden ja gerne von unterschiedlichen Fernsehanstalten Szenarien nachgestellt, um zu erkunden, wie es mit der Moral oder den Gefühlen der Menschen bestellt ist. Das Ergebnis ist jedes Mal niederschmetternd. So sieht man zum Beispiel, wie eine Frau auf offener Straße belästigt oder gar geschlagen wird, die sogar um Hilfe ruft – aber vergeblich. Alle Passanten sehen, was sich dort abspielt, aber so gut wie niemand greift ein. „Vergessene“ vollgepackte Einkaufwagen stehen einsam auf Kundenparkplätzen, und so gut wie jeder packt sich deren Inhalt in seinen Kofferraum. Geldbeutel, die gut gefüllt sind und auf der Straße liegen, werden eingesteckt, ohne überhaupt auch nur einen Gedanken daran zu verschwenden, sie im Fundbüro abzugeben. Aber die Krönung war, als kürzlich getestet wurde, wie andere auf jemanden reagieren, der offensichtlich großen Kummer hatte. „Verzweifelt“ taumelte ein männlicher Schauspieler durch die Straßen, setzte sich dann blind vor Tränen zu Passanten in einem Straßencafe an einen Tisch, schluchzte herzerweichend, und das etwas ältere Ehepaar, zu dem er sich gesetzt hatte, kaute in aller Seelenruhe an seinem Stück Kuchen weiter, stierte dumm in der Gegend herum und reagierte nicht einmal, als es direkt von dem Schauspieler angesprochen wurde. Da frage ich mich, wie verroht muss man eigentlich sein?

Aber genau das ist es, wovon ich hier spreche. Denn Ähnliches erleben wir jeden Tag in unserem Land. Viele aus der Bevölkerung leben nach dem Motto: „Was geht es mich an?“ Aber, und das hat man auch getestet, wenn es ums Lügen oder Betrügen geht, dann wird so gut wie jeder aktiv. So hat sich bei einem anderem Test, indem es darum ging, jemandem, der seinen Partner betrügen wollte, Rückendeckung zu geben, erwiesen, dass alle Befragten bereit waren, nach besten Kräften den vermeintlich betrogenen Partner zu belügen, um den vermeintlich abtrünnigen Partner zu schützen.

Bei der Gelegenheit fällt mir wieder ein, dass ich vor etlichen Jahren einmal für eine kurze Zeit bei der größten Kartenlegerfirma Deutschlands „gearbeitet" habe (ich war jung und brauchte das Geld). Nach einer Woche hatte ich die Nase gestrichen voll. Es war nämlich keineswegs so, dass dort echte hilfesuchende Menschen anriefen, sondern schnell stellte sich heraus, dass es immer nur um das Betrügen ging:

„Guten Tag, mein Name ist Verlogenheit, ich bin verheiratet, habe aber nebenbei einen Freund oder eine Freundin und möchte gerne wissen, ob wir noch für eine längere Zeit ungestraft unsere Partner betrügen können." Nein, Danke, das war nun überhaupt nicht das, was ich machen wollte, und es ließ sich auch nicht mit meinen Gewissen vereinbaren (Geld hin, Geld her...). Wahrhaftig – was sind wir doch für glänzende Vorbilder für unsere Kinder. Gefühle, Moral, Ethik, Liebe, Verständnis für andere? Alles Fremdworte!

Anstatt andere in ihre Schranken zu verweisen oder Stellung zu beziehen wenn wir sehen, dass irgendetwas keineswegs in Ordnung ist, „schlucken" wir alles nur hinunter oder regen uns zu Hause über das Verhalten anderer auf. Das ist die denkbar schlechteste Methode, unsere Gesellschaft wieder auf den richtigen Weg zu bringen.

Dass es auch anders geht, bewies kürzlich eine ganze Stadt, nämlich die Stadt Köln. Dort wollte eine kleine Randgruppe Randale gegen den Bau einer geplanten Moschee machen, und sämtliche Taxifahrer waren sich einig, keinen von denen zu befördern, und kein Hotel und keine Pension nahm sie auf. Es gab für sie keine Möglichkeit, in die Stadt zu kommen. Das nenne ich einmal Courage!

Und da sind wir wieder bei der Gemeinschaft. Tatsächlich kann ich nicht oft genug wiederholen, dass nur ein intaktes Gemeinschaftsgefühl eine andere Gesellschaftsform hervorbringen kann.

Unsere wunderbaren Kinder, die ja in dieser Gesellschaft aufwachsen müssen, verdienen wahrlich etwas anderes. So viele von ihnen quälen sich mit seelischen Belastungen, die sich später auf die körperliche Ebene verlagern, weil sie mit der lieblosen Gesellschaft nicht zurechtkommen. Wohin sie blicken, nur Chaos, Seelenlosigkeit, Verlogenheit und Gewalt. Alles lässt sich auf allen Ebenen beobachten, aber das Thema hatten wir ja schon. So drücken sich ihre seelischen Qualen in unterschiedlichen Formen aus. Mit zunehmender Zahl steigt die Zahl der jungen Mädchen, die an Anorexie, Bulimie oder Adipositas leiden, aber auch immer mehr Jungen schliddern in diese Krankheiten hinein.

Das geschieht, weil unsere Jugendlichen unbewusst keine Lust auf eine Gesellschaft haben, die nun mal alles andere als erfreuliche Perspektiven aufzuweisen hat und sich zudem größtenteils an Äußerlichkeiten und Oberflächlichkeit orientiert. Somit wird ein Selbstzerstörungsprogramm aktiviert, denn unbewusst empfinden die Betroffen das Leben als nicht lebenswert und versuchen, sich selbst auszulöschen.

Nicht anders verhält es sich im Umgang mit Drogen und Alkohol. Jugendlichen und Kindern, die keine Perspektive mehr sehen, ist es völlig egal, ob sie sich ruinieren, genauso, wie es ihnen egal ist, notfalls andere zu ruinieren. Die so hoch angestiegene Gewaltbereitschaft ist auch mit ein Ausdruck des inneres Zorns auf unsere Gesellschaft. Ja, wir ernten hier ganz klar, was wir einst gesät haben. Keine Frage.

Seit einigen Jahren gibt es eine neue Ausdrucksform der inneren Ohnmacht unserer Jugendlichen. Das Ritzen (mit Rasierklingen oder scharfen Messern die Arme aufschneiden). Die Psychologen behaupten, das geschieht nur, damit die Betroffenen sich selbst wieder fühlen könnten, wozu ihnen der Schmerz verhelfen würde. Dem widerspreche ich hier vehement, denn das sehe ist so nicht. Meiner Meinung nach ritzen sich die Jugendlichen, die echte seelische Qualen haben, in erster Linie, weil sie zu viele Gefühle in sich tragen, sie aber nicht ausdrücken können, wollen oder dürfen. Das ist das eine. Das andere ist, dass es mittlerweile zu einem „Sport“ unter den Jugendlichen geworden ist. Tatsächlich geht der Impuls zum Ritzen zu 89 % von anderen Jugendlichen aus dem Umfeld unserer Kinder aus (genau wie Rauchen, Trinken oder Drogenmissbrauch). Ich will nicht sagen, dass es als schick gilt, aber es scheint zumindest trendy zu sein. Dennoch gilt: So oder so sendet ein Kind einen Hilferuf aus!

Da eine natürliche Abneigung besteht, sich selbst Schmerz zuzufügen, können wir Eltern oder andere Außenstehende nur erahnen, was in unseren Kinderseelen für ein Druck vorherrschen muss. Und zwar unabhängig davon, ob der Druck von der Clique ausgeht, oder ob es eigener seelischer Druck ist.

Bitte, liebe Eltern, beobachtet eurer Kinder! Veränderungen an ihnen sind doch so offensichtlich. Kinder, die ritzen, tragen auch im Sommer langärmelige Pullover, und Kinder, die in die Magersucht abrutschen, werden doch immer schmaler, und je weiter die Krankheit fortschreitet, umso mehr frieren sie. So sollten wir hellhörig werden, wenn unsere Kinder selbst im Hochsommer dicke Winterpullover tragen und ihre Jacken oder Mäntel in geheizten Räumen nicht mehr ausziehen wollen. Kinder die nach dem Essen sofort aufs Klo verschwinden, sind ebenfalls ein Alarmzeichen! Und Kinder, die sich uns nicht mehr mitteilen wollen, bedürfen unserer ganz besonderen Zuwendung.

Immer dann, wenn sich ein Kind verändert, andere Gewohnheiten annimmt, durch Aggressivität oder Rückzug auffällt, sich anders kleidet, kaum noch spricht, zerstreut wirkt, sich von der Familie abgrenzt, Heißhunger auf Süßes hat, scheinbar einen guten Appetit hat, aber nach dem Essen als Erstes auf das Klo verschwindet, öfters glasige Augen hat oder erweiterte Pupillen, dann, liebe Eltern, lasst nicht nach. Seid achtsam! Und begegnet gerade dann euren Kindern mit Gefühl!

Moralpredigten, Strafen, Verbote, Vorwürfe oder dergleichen nützen in dem Fall überhaupt nichts. Im Gegenteil, all das ist nur neuer Druck, den die Kinder dann noch zusätzlich verkraften müssen. Wenn ihr wollt, dann haltet euch selbst alle diese Predigten, denn dort würden sie hingehören. Aber auch das wäre völlig nutzlos, denn in all den Fällen müsste sich selbstverständlich die Frage erheben: Wie helfe ich jetzt am besten meinem Kind? Ergeht euch also nicht in endlosen Streitgesprächen mit dem üblichen Spielchen der Schuldzuweisung, sondern setzt euch hin und fragt euch, was ihr ändern und wie ihr helfen könnt. Dinge, die schon passiert sind, kann man nicht mehr rückgängig machen, warum also noch unnötige Energie hineingeben?

Egal, was Eltern jemals versäumt haben, jede Krise birgt die Chance in sich, Veränderungen herbeizuführen. Um genau zu sein: Genau deswegen kommt es ja zu Krisen. Wer lange Zeit nicht bemerkt, dass er sein Verhalten und seine Einstellung ändern sollte, wird früher oder später durch Krisen dazu „gezwungen", und wenn er das erkennt, als neuer Mensch daraus hervorgehen.

Wir alle sind doch nur auf der Welt, um die Liebe Gottes hier auf die Erde zu bringen und sie auch zu leben. Würden wir diese Liebe zu uns hereinlassen, würden wir automatisch allem, was lebt, Liebe, Achtung und Respekt entgegenbringen, und unsere Kinder würden automatisch das Gleiche tun.

Warum beschränken wir unsere Liebesfähigkeit nur immerzu? Warum verschenken wir unsere Liebe nur an einige wenige „Auserwählte?" Nämlich an unsere Partner, unsere Kinder, unsere engsten Freunde oder unsere Haustiere? Habt ihr euch schon jemals einer Blume zugewandt, um erfreut über ihre Schönheit ihren Duft wahrnehmen zu wollen, und erleben müssen, wie sie schon bei eurem Näherkommen ihren Kelch in Windeseile vor euch verschließt und ein weißes Fähnchen herausbaumeln lässt mit der Aufschrift: „Deine Nase kommt hier nicht rein?“ Na bitte. Warum tut ihr das? Warum verschließt ihr euer Herz anderen gegenüber, Unbekannten? Euer Herz ist wie eine Blume. Es möchte die Liebe, die es beherbergt, einfach nur verströmen, und zwar an jeden. Stattdessen habt ihr euch vor langer Zeit schon ein Fähnchen mit oben beschriebenen Worten gewebt – manche haben es sogar geerbt – und nun hängt diese Fahne als Dauerbrenner vor eurer geschlossenen Herzenskammer. Nein, verbrennt diese Fahne! Und öffnet das Tor zu eurem Herzen!

Lasst alle eure wunderbaren Gefühle zu und verschenkt eure Liebe bedingungslos an jeden! Da alles einander bedingt, gebt ihr nämlich damit das Startsignal für andere, ihre Liebe ebenfalls bedingungslos zu verschenken. Das ist der einzige Weg, Begriffe wie Ethik und Moral, Achtung und Respekt buchstäblich aufleben zu lassen. Die Liebe, der ihr nun alles überlasst, wird euch immer sicher leiten. Nämlich zu eurem Wohl, wie auch zum Wohl eurer Kinder und anderer.

*Ethik, Moral und Gefühl sind die Werte, die euch Menschen als Engelwesen, die ihr in Wahrheit seid, kennzeichnen. Jeder von euch, der es versteht, der bedingungslosen Liebe sein Herz zu öffnen, wird sich gefühlvoll, ethisch und moralisch verhalten. Das liegt in der Natur der Liebe. Denn jeder, der bedingungslos liebt, wird gar nicht anders können, als das Wunder des Lebens, gleich in welcher Form es sich zeigt, zu bewundern und zu beschützen. Das Leben ist ein Wunder, jeder Einzelne von euch ist ein Wunder, und dieses gilt es in euer Herz zu lassen.*

*Sicher habt ihr als Mensch auf der Erde eure eigenen Gesetzmäßigkeiten, aber dennoch bitten wir euch, von nun an eure Denkweise umzustellen. Was sind Begriffe wie Moral und Ethik? Ihr habt, was das anbelangt, eure Gesetzgebung, die euch sagt, was richtig oder falsch ist. Das war bis jetzt auch angemessen.*

*Lasst uns hier ein wenig über eure Gesetze sagen, denn das ist ein, wie ihr noch sehen werdet, wichtiges Thema.*

*In allen unseren Erklärungen versuchen wir immer, euer Herz zu erreichen, versuchen also immer euren Blick nach innen zu lenken, denn nur dort ist der Sitz der Wahrheit und der Menschlichkeit. Eure Gesetze sind zu einer Zeit entstanden, als das große Spiel verlangte, eure Eigenverantwortung abzugeben. Über die Jahrtausende habt ihr euch daran gewöhnt, euch sagen zu lassen, was ihr tun dürft und was nicht. Ihr habt also zugestimmt, euer Herz zu verschließen, was dazu geführt hat, dass ihr euch selbst, also die Erinnerung an euer wahres Wesen, ausgeschlossen habt und somit darauf angewiesen wart, euch an Gesetzen zu orientieren. Im Laufe der Zeit sind immer mehr Gesetze erlassen worden, sodass ihr unmerklich immer mehr in eurem Sein beschnitten wurdet.*

*Kaum ein Mensch kann sich noch wirklich frei fühlen. Auch ihr nicht! Selbst unsere so geliebten Perlen des Uni-*

*versums nicht, denn sie unterliegen ja ebenfalls euren Gesetzen. All das war so gewünscht und ist somit nicht verwerflich. Wisst aber, dass nun die Zeit der Veränderung gekommen ist. Ihr alle seid auf dem Weg der Erleuchtung, und so werdet ihr uns zustimmen, wenn wir sagen, dass ihr bald keine Gesetze mehr braucht. Denn trotz eurer Gesetze sind viel zu viele Fehlentscheidungen getroffen worden. So fragen wir euch, ist es moralisch vertretbar, dass ein Mensch, der in elenden Verhältnissen lebt, aus der Not heraus einen Diebstahl begehen muss, damit seine Kinder etwas zu essen auf dem Tisch haben? Eure Moral oder, besser gesagt, eure Gesetze sehen das als Diebstahl an und verurteilen den armen Menschen zu einer Strafe. Dabei ist es zutiefst unmoralisch, dass Brüder und Schwestern von euch überhaupt in Elend leben müssen. Gäbe es dieses Ungleichgewicht nicht, gäbe es auch keinen Grund, zu stehlen, unabhängig davon, dass eine Bestrafung hier wirklich unnötig ist.*

*Nicht einmal unsere so geliebte Quelle würde euch jemals bestrafen wollen. Und zwar egal, was ihr vermeintlich falsch gemacht habt. Ihr seid es, die die Dinge in Gut und Böse einteilen. Wir dagegen sehen in allem nur Erfahrungen, die gemacht werden.*

*„Die, die zwischen den Welten vermittelt" hat schon lange erkannt, wie unfrei die Menschheit lebt, und wir wissen, dass es sie zutiefst wütend machen kann, wenn sie länger darüber nachdenkt und lenken sie rechtzeitig ab. Wir lassen sie jedes Mal in eine Welt schauen, in der es nur noch freie Wesen gibt. Freie, liebe- und respektvolle*

*Wesen, die alles, was lebt, mit Achtung behandeln. Sie weiß also genau wie wir, dass diese Zeit kommen wird! Was sie noch nicht weiß ist, dass sie genau zu dieser Zeit wieder auf der Erde sein wird (breites Grinsen), und zwar freiwillig und sozusagen als Belohnung. Denn keineswegs müsste sie noch einmal wiederkommen, da ihr Inkarnationszyklus abgeschlossen ist. (Anmerkung: Mir fällt gerade alles aus dem Gesicht...)*

*Ja, es wird eine Zeit kommen, in der ihr alle euch zurückverbunden habt, an euer Herz, euer wahres Wesen und an unserer Quelle angeschlossen seid und wahrlich ein Goldenes Zeitalter beginnt. Es wird keinen Hunger, keine Not, keine Gewalt, keine Kriege mehr geben, aber auch keine Politiker und Wirtschaftssysteme, wie ihr sie heute kennt. Ihr werdet wissen, dass ihr als Gemeinschaft dafür Sorge zu tragen habt, dass jede Seele auf der Erde ein Geburtsrecht darauf hat, ein schönes Leben zu führen. Vom ethischen und moralischen Standpunkt aus gesehen, „versündigt" sich heute ein Teil die Menschheit an ihren Mitmenschen. Eure Wirtschaft sorgt dafür, dass die Gaben, die Mutter Erde für jeden Menschen bereithält, längst nicht jeden erreichen. So beutet eure Wirtschaft andere Länder und Völker aus, um sich an den Gütern zu bereichern. So viele Früchte, die Mutter Erde euch schenkt, damit ihr leben könnt, werden achtlos weggeworfen, nur um die Preise halten zu können. Wir sagen euch, das ist ein euch unwürdiges Verhalten.*

*Ja, wir gehen sogar noch einen Schritt weiter und fragen euch, ob ihr es tatsächlich moralisch vertreten könnt, eure Teller gut gefüllt zu haben, während in anderen Ländern jede Minute eine Perle des Universums wegen Hunger zu uns zurückkommen muss?*

*Ebenso unmoralisch ist es, ein Stück Land, das ein Teil von Mutter Erde ist, also allein Mutter Erde gehört, kaufen zu müssen, wenn ihr darauf leben möchtet. Eure Gesellschaft verkauft tatsächlich alles. Land, Luft, Wasser, Feuer, Lebensmittel, künstliche wie auch echte Gefühle, Blumen, Bäume, Holz, Tiere, ja selbst GOTT – einfach alles. Unmerklich habt ihr damit auch eure Seelen verkauft. In Wahrheit verkauft ihr immerzu Dinge, die nicht zu verkaufen sind. All das ist euch gegeben worden, sind Gastgeschenke gewesen, die euch das Überleben sichern sollten.*

*Wir geben zu, dass wir uns einst über euren „Geschäftssinn" amüsiert haben, aber nun ist der Zeitpunkt gekommen, an dem es an eure Seelensubstanz geht. Und wir bitten euch, eure Einstellung zum Leben gründlich zu überprüfen.*

- *Könnt ihr es weiterhin vertreten, dass unsere Perlen in der heutigen gefühllosen, leistungsorientierten Gesellschaft leben müssen?*
- *Könnt ihr es noch vertreten, dass ihr und eure Kinder an dieser Gesellschaft erkranken?*
- *Könnt ihr es weiterhin vertreten, euch und eure Kinder zu Sklaven falscher Vorstellungen zu machen?*
- *Und weiter fragen wir euch, könnt ihr immer noch in Ruhe schlafen, wenn ihr wisst, dass woanders Krieg geführt wird?*

- *Mögt ihr euer Essen und eure Getränke noch genießen, wenn ihr wisst, dass es Menschen gibt, die weder das eine noch das andere haben?*
- *Könnt ihr immer noch das Zepter der „Großen“ dieser Welt in deren Händen lassen?*
- *Wollt ihr immer noch, dass euch vorgegeben wird, was ihr zu tun und zu lassen habt?*
- *Wollt ihr euch immer noch mit unsinnigen Gesetzen belasten und beschneiden lassen?*
- *Wollt ihr weiterhin in einer Gesellschaft leben, in der Gefühle so gut wie ausgeschlossen werden und in der kaum Raum für die Liebe und das Wissen um uns und die Quelle besteht?*

  *Und zu guter Letzt die Frage:*
- *Wollt ihr immer noch, ohne GOTT in euer Herz einzuladen, leben?*

*Natürlich wollt ihr das nicht. Wir sehen in so viele Herzen und sehen, wie traurig euch all das macht. Ihr wünscht euch alle so sehr Veränderungen, aber ihr wisst einfach nicht, wie ihr sie bekommen könnt. Zu fest hält euch eure Gesellschaftsform. Trotzdem braucht ihr nicht aufzugeben. Jeder Einzelne von euch hat die Möglichkeit, etwas zu verändern.*

*„Bittet und es wird euch gegeben.“ Wie wahr ist das. So bitten wir euch, öffnet euer Herz für uns und für GOTT und bittet uns, euch begleiten und unterstützen zu dürfen.*

*Aber Vorsicht, wir sprechen hier nicht davon, dass ihr euch einem Religionssystem anschließen sollt, denn dann würdet ihr wieder nur etwas von anderen übernehmen. Es wäre nicht eure Religion. Echte (Anmerkung: Rückverbindung) und die einzig wahre Religion könnt ihr nur finden, wenn jeder von euch sein Herz öffnet. Denn dann kann die göttliche wie auch unsere Liebe in euch einströmen, und ihr werdet immer wissen, was ethisch und moralisch vertretbar ist. Schon allein deswegen, weil ihr gar nicht mehr anders könnt, als auf eure Gefühle zu hören. Sie sind es doch, die euch und das Leben ausmachen. Und sie sind es, warum ihr alle Menschen sein wolltet.*

*Wir hier kennen „nur" das Gefühl der Liebe, ihr aber, ihr habt so einen fantastischen Gefühlsreichtum und wisst ihn nicht zu schätzen. Stattdessen versucht ihr, eure wie auch die Gefühle anderer abzustellen oder sie zu unterdrücken, was euch, anderen und Mutter Erde schlecht bekommt. Ganz besonders aber bekommt es euren Kindern schlecht. Ihnen schon früh beizubringen, dass Gefühle unerwünscht sind, lässt sie buchstäblich verkümmern. So verdursten sie regelrecht, und ihr mit ihnen.*

*Ihr alle seid tatsächlich durstig nach Liebe. Sucht sie nicht länger im Außen. Sucht sie in euch. Dazu braucht ihr nur euer Herz weit zu öffnen und schon durchströmt sie euch. Wisst, dass ihr unermesslich geliebt werdet, und wisst, dass keiner von euch so durstig sein müsste, gäbe es da nicht euren freien Willen (leises, wehmütiges Lächeln).*

*Wählt, ihr über alles geliebte Wesen, wählt! HIER und JETZT ist der richtige Zeitpunkt.*

An dieser Stelle muss ich unbedingt einmal anmerken, wie sehr die Geistige Welt uns liebt. Bei allem, was sie bis jetzt zu sagen hatte, schwang immer – auch wenn das eine oder andere nicht gerade gefällig zu „hören“ war – eine große Liebesenergie mit. Tatsächlich werden wir unermesslich geliebt. Warum? Weil wir es einst wagten, aus der himmlischen Einheit zu gehen, um in das Spiel „Menschwerdung“ einzutauchen. Wir haben freiwillig unsere Heimat der Liebe verlassen, wohlwissend, dass wir nun eine Trennung erfahren. Und genau dafür liebt uns unsere geistige Familie so, denn alle Erfahrungen, die wir als Mensch machen, sorgen dafür, dass auch unsere geistigen Freunde sich weiterentwickeln können, und zwar ohne den Abstieg selbst machen zu müssen. So ist es kein Wunder, dass wir so unendlich geliebt werden. Gleichzeitig unterstützen sie jeden, der sich auch nur ansatzweise an die Geistige Welt erinnert.

Es liegt an uns, wie wir unser Geschenk GOTTES, den freien Willen, einsetzen wollen. Ist es unser Wille, uns der Geistigen Welt zu verschließen, so ist diese machtlos. Laden wir sie aber zu uns ein, so wird uns alles gegeben, was wir uns wünschen. Wirklich alles. Voraussetzung dafür ist, immer in Liebe und zum Wohl aller zu wünschen und auch zu leben. Dann endet der Liebesfluss niemals. Im Gegenteil, er potenziert sich, wird also immer mehr. Auch das ist etwas, was unsere Kinder unbedingt wissen sollten!

## Die unterschiedlichen Glaubenssysteme

Hier nun komme ich direkt zu einem meiner Lieblingsthemen: den Religionen dieser Welt.

Der Mensch braucht etwas, woran er glauben kann, damit sein Erdendasein einen Sinn ergibt. Bevor die Menschheit in die absolute Dunkelheit hinabstieg, hatte sie, wie eingangs schon beschrieben, noch den Zugang zur Geistigen Welt. Es gehörte zum großen Spiel, den Schleier des Vergessens über die Menschheit zu legen, sodass wir die Erfahrung machen durften, im wahrsten Sinne des Wortes GOTT-los zu sein.

Die heilige Bibel beschreibt diese Zeit im Alten Testament sehr eindrucksvoll, anhand der Geschichte von Sodom und Gomorrha.

Auch wenn inzwischen sogar schon von einigen der Wissenschaftler von heute gesagt wird, dass die heilige Bibel ein Märchenbuch für Erwachsene sei, so sind sich doch alle größtenteils darüber einig, dass einige Dinge einen wahren Ursprung haben müssen. So hat man zum Beispiel herausgefunden, dass es die große Sintflut tatsächlich gegeben hat. Also ist davon auszugehen, dass die Geschichte über Sodom und Gomorrha ebenfalls einen wahren Kern beinhaltet.

Ich sagte ja schon, der Mensch braucht etwas, an das er glauben kann. So erklären sich die Geschichten in der heiligen Bibel um Götzenanbetung und das Tänzchen um das goldene Kalb. Denn auch als die Menschheit ihren Weg ohne GOTT ging, brauchte sie etwas, woran sie sich orientieren konnte. Anstatt sich GOTT wieder anzuschließen, erfand sie eben kurzerhand andere Götter.

Wenn wir uns die unterschiedlichen Länder und Kulturen anschauen, sehen wir, dass der Mensch schon immer seine Götter hatte. Ob im Norden oder Süden, im Westen oder Osten, in allen Kulturen gab und gibt es jeweils eine vorrangige Glaubensrichtung. Was für die Griechen ihre Götterwelt ist, ist für die Norweger die Welt der Trolle. Nein, Spaß beiseite, erkennbar ist, dass jeder Kulturkreis seine eigene Glaubensrichtung hat. Was treibt den Menschen dazu, im tiefsten Innern an etwas nicht Greifbares glauben zu wollen? Es ist der Funke GOTTES, der in jeden von uns hineingelegt wurde, bevor wir das Spiel des Menschseins antraten. Tief in unserem Inneren „wissen" wir alle, dass es eine Kraft geben muss, der wir unser Leben verdanken. Nur – dass diese Kraft im Lauf der Evolution mit unterschiedlichen Namen belegt wurde.

In alten Zeiten wurde allein zur Großen Mutter oder zur Großen Göttin gebetet, und einhergehend mit dem Göttinnenkult gehörte die Macht den Frauen. Später wendete sich das Blatt, und es trat der strafende Gott auf die Weltbühne, und einhergehend damit war die Macht der Frauen gebrochen, und die Männer übernahmen die Herrschaft. Das beinhaltete, dass Frauen von nun an nichts mehr zu sagen hatten, sie sich den Männern unterordnen mussten, was soweit ging, dass die Frauen dieser Welt gedemütigt, versklavt, jederzeit missbraucht werden konnten, bis zur Hexenverfolgung im späten Mittelalter.

In Wahrheit wurde gegen das Mysterium der Frauen gekämpft, denn Frauen sind nun einmal (und nicht nur durch ihre Biologie bedingt) diejenigen, die empfangen können. Nicht nur, dass sie Kinder empfangen, nein, da sie diejenigen sind, die dazu beitragen, Leben erst auf die Erde zu bringen, sind sie zwangsläufig auch in der Lage, sich weitaus besser mit der Geistigen Welt zu verbinden, als es die Männer jemals könnten.

Ausnahmen bestätigen natürlich immer die Regel. Man denke da nur an Jesus, Buddha und Gandhi.

Das oben Gesagte ist allerdings keine Bewertung, denn es gibt gerade heute auch spirituelle Männer, nur verfallen einige leider in einen völlig unangebrachten Größenwahn und platzen fast vor lauter Guru-Gehabe. Frauen arbeiten viel lieber im Verborgenen und in erster Linie an sich selbst, während Männer sich nach außen wenden und ihr Wissen in die Welt hinausschreien müssen, um andere von ihrer Wahrheit zu überzeugen. Man denke da nur an die Zeit der Missionare.

Da dem männlichen Prinzip oft das nötige Feingefühl fehlt, überhört es gerne wichtige Dinge oder hinterfragt sie erst gar nicht, rennt aber sofort los, um seine „Erkenntnisse" in die Welt hinauszuposaunen. Männer arbeiten zudem mit dem Kopf und möchten (weil sie dennoch nicht viel behalten können) alles festhalten. Frauen dagegen verlassen sich auf ihre Gefühle und neigen dazu, ihre Erkenntnisse immer neu zu überdenken und somit auch loszulassen, was ihnen den Ruf einbrachte, wankelmütig, leicht beeinflussbar, ja, unberechenbar zu sein. Oder, wie man heute sagen würde: keinen festen Standpunkt zu vertreten.

Nun, die Frauen haben das Leben selbst begriffen. Leben bedeutet nämlich, im ständigen Fluss zu sein und sich Veränderungen anzupassen. Ohne unsere Bereitschaft, uns dem Fluss des Lebens hinzugeben, wären die Männer niemals an die Macht gekommen! Also können wir tatsächlich voller Stolz sagen: „Was schert uns das Geschwätz von gestern?“ Von gestern? Ach ja, zurück zu unseren Religionen.

Sie alle entstammen unterschiedlichen Kulturkreisen, noch dazu einer Zeit, die wir bei genauer Betrachtung Vergangenheit nennen, und sie sind der Versuch, etwas nicht Greifbares, also GOTT oder die Quelle allen Seins, in eine feste Form zu pressen. Wie es nun einmal der Mentalität der Menschheit entspricht, wollte sie dieses Wissen festhalten und von Generation zu Generation weitergeben. Ich sage hier nicht, dass Religion auszuüben falsch ist, sondern ich möchte hier erklären, dass das beste Glaubenssystem nichts nützt, wenn es inhaltlich nicht gelebt wird. Hohle Phrasen in Gottesdiensten herunterzurasseln oder fünfmal gen Mekka zu beten, um sich kurz danach nicht zu scheuen, andere ins Verderben zu stürzen oder als Selbstmordattentäter sich und andere in die Luft zu sprengen, hat für mich nichts mit wahrer Religion zu tun.

Man muss wissen, dass alle Glaubensrichtungen dieser Welt in ihrem Kern immer die gleichen Aussagen machen: Alle erinnern uns daran, dass es eine Kraft gibt, der wir unser Leben zu verdanken haben, und alle mahnen uns, menschlich und liebevoll miteinander umzugehen. Es ist ein Trauerspiel, aber bezeichnend, dass ausgerechnet die katholische Kirche, deren Grundlage das Leben des großen Meisters Sananda ist, – dieses wunderbaren Meisters, der die Verkörperung der Liebe und Nächstenliebe war, – nicht in der Lage war und ist, diese Liebe weiterzugeben oder gar zu leben. Noch heute maßt sie sich an, sich als die einzig wahre Religion auszurufen, versäumt aber mit schöner Regelmäßigkeit, ihren Inhaltskern auch zu leben.

Ich habe mich speziell in meinem Buch „DU bist der Meister“ (erschienen im Smaragd Verlag) zur katholischen Kirche erklärt, weswegen ich hier nicht noch einmal meinen Standpunkt darlegen möchte. Aber dem aufmerksamen Leser wird nicht entgehen, was ich von ihr halte.

Es geht mir hier nicht darum, die Religionen auseinanderzupflücken, sondern ihre Überflüssigkeit in der heutigen Zeit aufzuzeigen. In welcher Welt leben wir eigentlich, dass wir Angst haben müssen, auch nur ein kleines Wörtchen der Kritik gegenüber der heutigen Auslegung des Islams zu sagen?

Was ist das für eine Welt, in der die katholische Kirche tatenlos zusieht, wie Menschen in Armut und Elend hausen, ohne auch nur auf die Idee zu kommen, ein bisschen von ihrem unermesslichen Reichtum abzugeben?

Was sind das für Religionen, die den Menschen nur Angst oder gar leere Versprechungen machen?

Man denke hier nur an die 72 Jungfrauen, die jedem Attentäter versprochen werden. Nun, ganz sicher NICHT belohnt Allah Mörder! Aber das darf man ja nicht einmal sagen, ohne Angst um sein Leben zu haben. Ich tue es trotzdem, denn ich sage hier die reine Wahrheit. Missachtung des Lebens, Mord an anderen, Unterdrückung des anderen Seins -, all das und vieles mehr wird sicherlich nicht belohnt, und bitte, es hat auch nichts mit Religion zu tun. Im Gegenteil, die Religionen wurden und werden ungehemmt missbraucht, um ganze Völker zu knechten oder gar im Namen Gottes umzubringen. Das ist und bleibt Hochverrat an unsere Quelle des Lichts wie auch an uns selbst, da wir ja ebenfalls Lichtträger sind.

Das neue Miteinander sollte so aussehen, dass jeder jeden sein und glauben lässt, was jeder glauben und sein möchte! Toleranz ist also gefragt. Toleranz ist aber nur möglich, wenn die Menschen begreifen, dass alles und jeder seine Daseinsberechtigung hat. Wäre dem nicht so, gäbe es all die unterschiedlichen Menschen und ihre Glaubensvorstellungen nämlich nicht.

Hören wir also auf, uns der Religion oder anderer Glaubensvorstellungen wegen die Köpfe einzuschlagen! Es ist unser nicht würdig. Egal, ob Moslem, Buddhist, Jude, Katholik, Protestant oder Atheist, wir alle sind Lichtwesen unterschiedlichster Couleur. Und genau das gestaltet doch erst unser aller Leben so bunt.

Näherten wir uns anderen Kulturkreisen mit offenem Herzen, und würden wir alle unsere Religionen mit dem Herzen ausüben (statt nur mit dem Kopf), gäbe es keine Glaubenskriege mehr. Die meisten Glaubenssysteme haben eins gemeinsam: Sie sind so alt wie Methusalem. Sie sind also schon unvorstellbar alt und können so gesehen keine Gültigkeit mehr für die heutige Menschheit haben. Besinnen wir uns doch auf das Wort Religion. Es bedeutet im eigentlichen Sinne: „Sich zurückzuverbinden." oder „Rückanbindung". Da erhebt sich doch die Frage: Mit wem sollten wir uns denn nun rückverbinden? Die Antwort ist einfach: Mit uns selbst!

Wir alle sind Kinder GOTTES, egal, wie er nun genannt wird, wir alle tragen das Licht GOTTES in uns selbst, womit bewiesen ist, dass es zwecklos ist, GOTT immerzu ins Außen zu verlagern.

GOTT ist in jedem von uns, und sein Sitz ist nun mal in unserem Herzen. Das kann ich gar nicht oft genug betonen. Denn würden wir alle anfangen, auf unser Herz zu hören, wären wir sofort rückverbunden und könnten niemals wieder Entscheidungen treffen, die andere Menschen ins Unglück stürzen oder in anderer Form treffen. So gilt es, GOTT die Tür unseres Herzens aufzumachen, damit wir die Religion (Rückverbindung) wahrhaft erleben können. In Wahrheit spielt es nämlich keine Rolle, ob wir Anhänger einer Glaubensrichtung sind oder nicht. Es kommt nur darauf an, wie sehr oder wie gut man auf sein Herz hören kann.

Glaubt mir, selbst die Geistige Welt kann über unsere Glaubenssysteme nur die Köpfe schütteln. All das ist menschengemacht und hat ihren Ursprung garantiert nicht in der Geistigen Welt. Im Gegenteil, sie betont immer wieder, dass sie und GOTT jeden Einzelnen von uns unendlich lieben, und sie machen bestimmt keine Unterschiede in Sachen Konfessionen. So mag jeder glauben, was er möchte, aber bitte, niemals jemand anderen von seinen Gottes-Vorstellungen überzeugen. Und mit Gewalt schon gar nicht!

Ebenso verhält es sich mit unseren Glaubensvorstellungen im ganz normalen Alltag. Viele von uns sind doch tatsächlich der Meinung, dass nur ihre Sicht der Dinge die einzig wahre und richtige Sichtweise sein kann, und vergessen dabei, dass jeder Mensch seine ureigenen Erfahrungen macht und somit eine ureigene Prägung erhält. Je nachdem, was man erlebt hat, kann man eine Situation eben so oder so sehen. Es lohnt sich also auch hier nicht, darüber zu streiten.

Ein Kind, das beinahe fast ertrunken wäre, wird sicherlich immer einen großen Bogen um das Element Wasser machen, während ein anderes Kind, dem diese Erfahrung fehlt, nicht nachvollziehen kann, wieso man Angst vor Wasser haben kann. Es kommt also bei allem tatsächlich auf die Erfahrungen eines jeden an, und soll ich euch etwas verraten? Somit hat jeder, von seinem Standpunkt aus gesehen, recht!

Warum also darüber streiten? Viel schöner wäre es, die Bereitschaft zu entwickeln, anderen einfach nur zuzuhören und gegebenenfalls mit ihnen mitzufühlen.

Kein Mensch käme jemals auf die Idee, sich mit guten Freunden, die, sagen wir mal nach Amerika ausgewandert sind, zu verkrachen, weil sie uns mitteilen, dass sie dort aufstehen, wenn wir uns schlafen legen. In diesem Fall wissen wir ganz einfach, dass es der Wahrheit entspricht.

Genauso wissend sollten wir uns anderen gegenüber verhalten. Dies ist ein ganz wichtiger Punkt für unsere **Perlen des Universums**!: Lernen sie frühzeitig, dass jeder Mensch seine eigene Wahrheit hat, lernen sie spielerisch, jeden so anzunehmen, wie er ist.

Das ist der Schlüssel für ein friedliches Zusammenleben. Niemand ist besser oder schlechter als ein anderer. Das Einzige, was uns unterscheidet, ist unsere jeweilige Andersartigkeit. Von jedem von uns gibt es nur ein Exemplar auf dieser Welt. Und doch „hängen" wir alle zusammen. Verletzen wir jemand anderen (egal, in welcher Form auch immer), verletzen wir in Wahrheit immer nur uns selbst. Jeder Kampf, der gegen einen anderen Menschen geführt wird, ist ein Kampf gegen GOTT und gleichzeitig gegen uns. Sananda sprach schon davon, indem er sagte: „Was du dem Geringsten meiner Brüder getan, hast du mir getan." Wie wahr.

Vermitteln wir also unseren Kindern Toleranz und schenken wir ihrem Herzen Freiheit, indem wir sie aus allen Glaubenssystemen heraushalten, wodurch sie durch nichts zu beeinflussen sind. Machen wir uns nichts vor, die heutigen Glaubenssysteme (zumindest die großen) beeinflussen uns doch immer noch alle. Die Christen glauben an ein Fegefeuer und den Satan persönlich, die Juden warten immer noch auf ihren Erlöser und die Muslime auf ihre 72 Jungfrauen. Und wir alle zusammen? Wir warten auf eine bessere Welt. Da können wir lange warten, wenn wir nicht bereit sind, uns selbst zu hinterfragen und zu verändern.

Einhergehend damit müssen wir unseren Kindern eine andere Welt vorleben, als wir es jetzt tun. Jedes Kind kommt gesegnet mit Liebe, also mit GOTT im Herzen, auf die Welt. Wir müssen dafür Sorge tragen, dass sein Herz offen bleibt, müssen es lehren, dass das Leben ein unschätzbares Gut und unantastbar ist. Unsere Aufgabe ist es, aus unseren Kindern liebevolle und mitfühlende Menschen zu machen. Wir müssen diesen wunderbaren GOTTES-Kern in ihnen stärken, was unmöglich ist, wenn wir ihnen stattdessen Sodom und Gomorrha vorleben.

*Wisst, geliebte Wesen: Ihr könnt nur glücklich sein, wenn ihr euch gänzlich frei von euren Systemen macht. Ihr alle lebt in dieser aufregenden Neuen Zeit, der Zeit der Befreiung.*

*Ja – ihr wart eine lange Weile wie an Ketten gelegt, aber versteht, dass es euer Wunsch war, diese Erfahrung zu machen. Nun habt ihr genug von diesem Spiel und in eurem Herzen regt sich eine tiefe Sehnsucht. Diese Sehnsucht, die ihr alle verspürt, ist die Reaktion auf GOTTES Weckruf an euch. Jeder von euch hat diesen Ruf vernommen, aber ihr könnt euch nicht daran erinnern. Zusammen mit dem Weckruf der Quelle hat es eine Energieveränderung auf eurem Planeten gegeben, die langsam erfolgte und durch unsere geliebte Wesenheit KRYON vom Magnetischen Dienst über viele Jahre erbracht wurde.*

*Es ist kein Zufall, dass seit dieser Zeit eure Glaubenssysteme ins Schwanken geraten sind, was gerade auch eure Kirchen als erste zu spüren bekamen. Viele von euch fanden dort keine Antworten mehr auf ihre Fragen und wandten sich somit von ihr ab. Was nicht gleichbedeutend war, an nichts und niemanden mehr zu glauben. Alle, die sich aus dem äußeren Schein zurückzogen, um ernsthafte Innenschau zu halten, haben ihre Antworten gefunden und sind somit schon frei.*

*Eure alten Glaubenssysteme haben schon lange keine Gültigkeit mehr für euch, und trotzdem sehen wir, dass gerade jetzt die wenigen, die daran festhalten wollen, immer fanatischer werden. Habt Mitgefühl mit ihnen und begegnet ihnen mit Liebe in eurem Herzen, denn ihr Fanatismus ist nur ein Zeichen ihrer Angst. Wer mag schon gern vertraute Dinge loslassen? Erinnert euch daran, wie schwer es euch selbst gefallen ist, euer Denken und Fühlen zu verändern, dann könnt ihr das Aufbäumen gegen die neue Schwingung besser verstehen.*

*Wir bitten euch von Herzen und mit all unserer Liebe: Lasst jede einzelne Perle des Universums aufwachsen, ohne sie in eines eurer Glaubenssysteme zu zwingen. Vermittelt ihnen stattdessen die gelebte Liebe. Wie oft schon habt ihr erkennen müssen, dass ihr euch geirrt habt. Dachtet ihr früher nicht auch einmal, die Erde wäre eine Scheibe? (Lachen) Seht ihr, mit euren ständigen Bewusstseinswandlungen kamen immer neue Erkenntnisse hinzu, und Altes wurde verworfen.*

*Früher oder später werden also eure sämtlichen veralteten Systeme zusammenbrechen müssen, und zwar nicht nur eure Religionen, die in Wahrheit keine sind, sondern auch euer gesamtes Wirtschaftssystem, ebenso wie eure persönlichen Glaubensvorstellungen oder Denkmuster. Ihr alle bekommt diesen Wandel schon zu spüren, weswegen wir hier ein großes Angstpotenzial auffangen. Wir sagen euch: Es gibt keinen Grund, Angst zu haben, wenn ihr euch willig dieser neuen Entwicklung anpasst.*

*Frauen, die Angst vor einer Geburt haben, quälen sich oft über Stunden, ja, manchmal Tage, bis das Unvermeidliche sich dann doch ereignet: Neues Leben wird geboren. Versteht, dass neues Leben immer geboren wird, also ein kosmisches Gesetz ist. Was liegt näher, als sich vertrauensvoll in die unbekannte Situation zu begeben, sie als unabwendbar anzunehmen und mit ihr mitzufließen? Genau dazu raten wir euch. Glaubt uns, wenn wir hier sagen, dass euch auf diese Weise nichts geschehen kann!*

*Frauen, die darauf vertrauen, dass die Geburt schon ihren richtigen Verlauf nimmt, erleben dieses Ereignis völlig anders als Frauen, die ihre Ängste nicht loswerden können.*

*Wir können nur sagen, Angst ist der schlechteste Ratgeber, den ihr an eurer Seite haben könnt, weil sie euch blind macht. Blind für die Wahrheit. Die Wahrheit ist, niemand von euch braucht einen Vermittler zu GOTT, unserer geliebten Quelle. Er wohnt in euch allen, und jeder von euch kann den Kontakt zu ihm/ihr herstellen. Verabschiedet euch auch von dem Bild, das so viele von euch in ihrem Herzen von der Quelle tragen: Die Quelle ist weder männlich noch weiblich, sie ist alles, also beides zusammen, und doch wieder nichts von alledem. Es mag schwierig für euch sein, aber betrachtet sie doch einfach als „die Kraft“.*

*Unsere Perlen, die wir so heiß und innig lieben, kommen mit dem Bewusstsein der liebenden Quelle zu euch. Und ihr? Ihr geht hin und verdunkelt ihr Herz wie auch ihr Bewusstsein mit euren Glaubenssystemen und flößt ihnen Angst und Zweifel ein.*

*In manchen Systemen werden zu unserem tiefsten Bedauern noch heute des Glaubens wegen Kinder, hauptsächlich Mädchen, regelrecht verstümmelt und Knaben beschnitten. Niemals und zu keiner Zeit hat unsere liebende Quelle, die mit so viel Liebe und Sorgfalt euren Körper ersonnen hat, vorgeschrieben, dass Menschenkinder beschnitten werden müssten. Das entspringt allein euren menschlichen Vorstellungen. Euer Körper ist ein Gefäß GOTTES. Wie konntet ihr nur auf die Idee kommen, GOTT würde so etwas Grausames jemals von euch verlangen?*

*Zu anderen Zeiten wurden GOTT zu Ehren erst Menschen, dann Tiere geopfert. Wahrlich, auch das ist niemals verlangt worden.*

*In anderen Kulturen und Glaubensrichtungen herrschen ähnlich grausame Sitten. Junge Mädchen werden zwangsverheiratet oder müssen sterben, wenn sie jemanden außerhalb ihres Kulturkreises lieben. Wunderbare Frauen müssen in manchen Kulturkreisen ein wahrlich unwürdiges Leben führen. Die Schönheit einer Frau unter Tüchern verstecken zu wollen, sie in ihrer persönlichen Freiheit zu beschneiden, sie auf etwas zu reduzieren, nämlich auf die Bedürfnisse des Mannes abzurichten, ist Blasphemie an dem Schöpfer dieser Welt.*

*In Indien ist die Gesellschaft so auf männlichen Nachwuchs fixiert, dass die indischen Frauen sich dazu gezwungen sehen, sobald das Geschlecht des Kindes erkannt werden kann, jedes Mädchen das hereinkommen will, abzutreiben. Wahrlich, was für Abgründe. Somit beraubt sich Indien selbst seiner so schönen und sanftmütigen Frauen und seinen so ersehnten Söhnen ihrer zukünftigen Ehefrauen. Dort, wo keine Frauen mehr zu finden sind, können auch keine Kinder mehr geboren werden, womit jetzt schon aus unserer Sicht zu sagen ist, dass dieses schöne Land Indien einmal nicht mehr existieren wird, sofern nicht doch ein Umdenken erfolgt. Soviel dazu, was menschlicher Irrglauben anrichten kann. (Anmerkung: Über die Vergangenheit wollen wir erst gar nicht sprechen ... Wehmütigkeit.) (Anmerkung: Gemeint ist die Inquisition.)*

*Wenn es also um Ansichten, Glaubensvorstellungen, egal, ob religiöser Art oder menschlicher Denkmuster geht, so bitten wir euch, immer euer Herz mit einzuschalten. GOTT selbst wird euch die Kraft und den Mut geben, um gegen bestehendes Unrecht anzugehen, um es aufzulösen.*

*Wenn ihr unseren Perlen schon zu Beginn ihres Lebens eure ganze Liebe mit auf den Weg gebt, wenn ihr sie später dazu erzieht, sich selbst zu lieben, so, wie sie jedes andere Wesen lieben sollten, wenn ihr ihnen von Anfang an den Zugang zu uns offenhaltet, sodass sie sich jederzeit mit uns und damit mit der Quelle verbinden können, werden sie zu dem, was sie in Wahrheit sind:* ***Engel auf Erden****.*

*Sie werden diejenigen sein, die das versprochene Goldene Zeitalter einläuten. Aber das können sie nur mit eurer Liebe, eurem Verständnis für sie, eurer Fürsorge und eurem Mitgefühl. Lebt die Liebe und holt euch damit das so oft zitierte Christusbewusstsein auf die Erde. GOTT ist die Liebe, so, wie ihr ebenfalls aus Liebe geschaffen und beschaffen seid. Die Welt braucht euch und eure Liebe, so, wie sie liebevolle Kinder braucht. Sie braucht Kinder, die frei von Vorurteilen sind, die ihre Gefühle leben und sich in dieser Welt geborgen fühlen dürfen. Unser über alles geliebter Meister Sananda hat es euch schon vor 2000 Jahren gesagt: „Wenn ihr nicht werdet wie die Kinder, kehrt ihr nicht ein ins Himmelreich." Genau diese Zeit ist jetzt angebrochen.*

*Die Pforten zum Himmelreich beginnen sich jetzt zu öffnen. Darum bitten wir euch, lernt von euren Kindern, denn sie sind dem Himmelreich so unermesslich nahe. Lasst nicht mehr zu, dass auch nur ein Kind vor Kummer, Leid, Hunger oder Schmerz, oder weil es in anderer Form gequält wird, weinen muss. Geht um die Welt und rettet eure Kinder, weltweit. Aber versäumt nicht, bei euren eigenen Kindern anzufangen.*

*Kinder sind wahrlich Perlen des Universums. Geht hin und lasst sie in vollem Glanz erstrahlen, auf dass ihr helles, glockenreiches Lachen wieder über die Erde erklingen kann. Wenn ihr doch nur wüsstet, was ein einziges, aus tiefstem Herzen kommendes Kinderlachen bewirkt. Es gleicht einem goldenen Sonnenstrahl und webt sich über die ganze Erde. Je mehr Kinder wieder von Herzen lachen können, umso goldener wird euer aller Dasein. Es liegt nun allein an euch, was ihr mit diesem Wissen anfangt.*

*Es war unser Bemühen, euch neue Sichtweisen aufzuzeigen, neue Impulse zu geben und euer Verständnis zu wecken für das Geheimnis des Lebens. Aber unser größtes Anliegen waren die unschuldigen Kinder. Sie kommen in eure Welt mit den besten Absichten, und oft genug erleben wir, dass sie von ihrem Weg abkommen, weil es ihnen an Liebe und Fürsorge mangelt. Und so raten wir euch ein letztes Mal:*

*Liebt eure Kinder, liebt alle Kinder so, wie ihr alles, was lebt, lieben solltet. Wir, auch das sagen wir euch noch einmal, lieben euch unermesslich für alles, was ihr auf euch genommen habt. Ihr dürft euch sicher sein, egal, für welchen Weg ihr euch entscheidet: Ihr werdet immer von uns geliebt. Dieses gilt auf EWIG.*

☆☆☆☆☆

# Nachwort

Nun ist es vollbracht. Mein erstes Werk, in dem ich die Geistige Welt selbst zu Wort kommen lasse, ist beendet.

Wie deutlich zu spüren war, gab es unterschiedliche Wesenheiten, die hereingekommen sind, was sich dem Leser vielleicht im Ausdruck und mir nur zu deutlich in den verschiedenen Schwingungsenergien mitgeteilt hat.

Ich persönlich kann sagen, dass mich diese Art des Schreibens weitaus mehr Kraft und Zeit gekostet hat, als meine vorangegangen Bücher. Kein Wunder – besteht die Hälfte des Buches doch aus reiner Energiearbeit. Dennoch bin ich unendlich dankbar, dass mir diese Art der Vermittlung geschenkt wurde.

Sicherlich hätte es noch einiges mehr gegeben, was erwähnenswert gewesen wäre, aber die Geistige Welt wollte sich auf die wichtigsten Punkte beschränken, weil – wie sie mir immer wieder mitteilte – die Zeit drängt.

Es ist also höchste Zeit, unsere Beziehung zu unseren Kindern zu hinterfragen, und ebenso zwingend erforderlich ist es, unser bestehendes System zu verändern. GOTT ist es vollkommen egal, ob unsere Kinder später einen Doktortitel tragen oder nicht. Er sieht nur in ihr Herz.

Übrigens fällt mir dazu gerade ein, dass Titel, die hier auf der Erde erworben wurden, tatsächlich nur Schall und Rauch sind. Niemand bekommt im Himmel eine Sonderbehandlung, nur weil er hier auf der Erde ein Dr. Dr. Sowieso war. Was liegt also näher, als uns dem Wesentlichen zuzuwenden, den wahren menschlichen (Engel-)werten.

Es lag in der Natur des Themas, dass hier nicht nur über und für unsere Kinder geschrieben wurde, sondern ebenso oft wir, die Erwachsenen, angesprochen wurden. Das ist kein Widerspruch, da ja wir es sind, die unsere Kinder erziehen. Zumindest sollte es so sein...

Mich hat dieses Buch jedenfalls beim Schreiben sehr berührt, häufig musste ich längere Pausen einlegen, weil mich vieles sehr erschütterte, und trotzdem wünsche ich mir, dass es euch beim Lesen ähnlich ergeht.

So schließe ich mich den Schlussworten der Geistigen Welt an und sage:

„Gebt unseren Kindern und damit der ganzen Welt das Lachen zurück!"

In Liebe und tiefer Dankbarkeit,

„Die, die zwischen den Welten vermittelt"
**Hanne Reinhardt**

Hanne Reinhardt
**Wunderwerk Mensch**
**Engel des Lichts**
256 Seiten, A5, broschiert, ISBN 978-3-938489-42-0

Wer oder was ist der Mensch? Sind wir wirklich nur auf der Welt, um zu arbeiten, zu essen, zu streiten oder zu lieben? Oder verbirgt sich hinter der Fassade Mensch etwas so Großartiges, dass es uns den Atem verschlägt, wenn wir es erfahren? Die Autorin, selbst ein Channelmedium der Geistigen Welt, vermittelt behutsam eine völlig neue Sichtweise des Menschseins mit all seinen Aspekten und zeigt auf, dass alles, auch der Mensch, reine Energie ist. Zahlreiche neue Sichtweisen und Hilfen werden angeboten, wie man sich die Energien zunutze machen kann. Ebenso werden die Gesetzmäßigkeiten zwischen Himmel und Erde ausführlich erklärt. Am Ende wird allen eine ungemein tröstliche Botschaft zuteil.

Hanne Reinhardt
**Du bist der Meister!**
**Die Wunder der Neuen Energie**
280 Seiten, A5, broschiert, ISBN 978-3-938489-65-9

Hanne Reinhardt enthüllt Schritt für Schritt die Lehren der Neuen Energie und vermittelt uns ungeahnte Möglichkeiten. Zahlreiche Beispiele aus dem zwischenmenschlichen Leben, der Politik und der Religion führen uns vor Augen, was all die überlieferten und festgefahrenen Glaubenssätze und Strukturen aus uns in Wahrheit machen: Sklaven! Aber, tröstet uns die Autorin, das Kapitel der Sklaverei und der damit verbundenen Verdummung der Menschheit ist nun endlich abgeschlossen. Die Neue Energie, die mit all ihren Segnungen JETZT hereinkommt, um der Abhängigkeit ein Ende zu machen, stellt jeden von uns vor die Wahl: Sklaverei oder Freiheit. Wofür entscheiden Sie sich?

Kornelia Wöllner
**Erwachen in Liebe**
**Befreiung für die Menschheit**
352 Seiten, A5, gebunden, mit Leseband
ISBN 978-3-938489-87-1

Die Autorin hilft zu erkennen, dass wir in einer Illusion der Trennung von unserem wahren Selbst leben. Indem wir uns diese Illusion zuerst bewusst machen, um sie dann fühlen zu können, ist Erlösung möglich – das Erwachen. In unserem Prozess des Aufstiegs in eine neue Seinsdimension steht uns eine gigantische friedliebende Kraft zur Seite, die „Galaktische Förderation des Lichts", die uns Menschen am Ende der alten Zeitrechnung und mit Beginn des neuen Zeitalters – im Jahre 2012 – in Liebe aufnehmen wird. Mit vielen praktischen Beispielen, wie sich diese Informationen im Alltag umsetzen lassen, damit wir ein Leben in Fülle und Gesundheit führen können.

Michaela Ghisletta
**Die Regenbogenkinder**
**Lichtwesen der Neuen Zeit**
152 Seiten, A5, broschiert
ISBN 978-3-938489-82-6

Dieses Buch soll uns Erwachsenen ermöglichen, die Kinder der Neuen Zeit besser zu verstehen und sie in ihrer wundervollen Energie zu unterstützen. So erfahren wir, wie sich die „Gaben" dieser Kinder äußern und wie wir ihnen helfen können, diese im Alltag unserer Gesellschaft zu integrieren und zu leben. Unsere Kinder sollen in unserem Schulsystem nicht untergehen, und vor allem nicht die Verbindung zur Geistigen Welt verlieren, denn der Kontakt ist für sie von großer Bedeutung. Konkrete Beispiele über das Verhalten der Kinder und Aussagen und Erfahrungen von Eltern helfen, sie besser zu verstehen und sich als das wahrzunehmen, was sie sind: Kinder des Lichts.
Erwachsene „Kinder der Neuen Zeit" schildern ihre Erfahrungen mit ihren Gaben und die Reaktionen von Eltern und Schule darauf.

Ava Minatti
**Die Kinder der Neuen Zeit**
**Strahlende Funken des Lichts**
196 Seiten, broschiert,
ISBN 978-3-934254-23-7

Immer mehr Kinder werden weltweit geboren, die bereits mit einem neuen Bewusstsein zur Welt kommen und somit Verhaltensweisen an den Tag legen, die „anders" sind. Ava Minatti, selbst Mutter von zwei "neuen" Kindern, erzählt von ihren persönlichen Erfahrungen in der Schwangerschaft, bei der Geburt und im Alltag mit diesen Kindern und bietet viele praktische Anregungen, Übungen und Meditationen. Mit Botschaften aus der geistigen Welt, u.a. von Engeln und des Aufgestiegenen Meisters Hilarion.

Laura Bootsch
**Gegen den Sturm**
**Mein Weg als Indigokind**
296 Seiten, broschiert
ISBN 978-3-938489-40-6

Begriffe wie Indigokinder, Kinder des Lichts, Sternenkinder oder Kinder der Neuen Zeit sind mittlerweile nichts Neues mehr, und so war es nur noch eine Frage der Zeit, bis sich ein Indigokind selbst zu Wort meldet (und keine Wissenschaftler, Pädagogen oder Psychologen). Die Autorin beschreibt ihren Weg und geht auf Themen ein wie Positives Denken, Christus-Bewusstsein, die Umwandlung der Angst in Liebe und erzählt von einem bewusstseinsverändernden Erlebnis, das bei ihr keinen Zweifel mehr an der göttlichen Existenz zulässt. Durch die Schilderung persönlicher Erfahrungen mit der unsichtbaren Welt und die Gespräche mit ihrem Schutzengel und Geistführer Lalain gewährt sie uns einen Einblick in ihre Seele.

Ava Minatti
**Avalon und der Artusweg**
**Altes Wissen für die Neue Zeit**
376 Seiten, gebunden, mit Leseband
ISBN 978-3-938489-93-2

Hörst du den Ruf? Siehst du, dass sich die Nebel zu lichten begonnen haben? Und es Zeit geworden ist, nach Hause zurückzukehren? Zurück nach Avalon? Avalon ist ein Symbol für die Fünfte Dimension. Der Artusweg bezeichnet den Weg dorthin. Beides ist untrennbar miteinander verwoben. Die Legenden um den Heiligen Gral, die Tafelrunde, König Artus, die magische Apfelinsel, Morgana und Merlin haben auch heute nichts an Aktualität und Gültigkeit verloren. Hier übermitteln diese dir das alte Wissen, damit du es im Hier und Jetzt integrieren und leben kannst. Erlebe eine intensive Reise zu dir selbst, zu deinen Wurzeln, zu deinem wahren Wesen. Das Licht, die Liebe und die Weisheit von Avalon heißen dich willkommen. Du wirst erwartet. Sei gesegnet!

Eva-Maria Ammon
**Maria Magdalena – Jetzt rede ich!**
428 Seiten, gebunden, mit Leseband
ISBN 978-3-938489-99-4

Noch ein Buch über oder von Maria Magdalena? Gibt es nicht bereits genügend davon? Ja! Es gibt mehr als genug davon. Und: Nein! Dieses hier fehlt noch, denn hier schreibt Maria Magdalena selbst ihre ganz eigene Geschichte. Erfahre sie ganz neu, als die große Göttin, Ehefrau, Lehrerin und Mutter, die sie in Wahrheit war, ist und bleiben wird. Magdalena schildert schonungslos offen und detailliert ihr Leben und Sein mit Jeshua. Ihr Lieben, ihren Zorn, aber auch ihr Leiden.
*„So vieles sagt und schreibt ihr von mir. Ihr spekuliert, ihr recherchiert in eurer mangelhaften Geschichtsschreibung, ihr channelt mein Leben, meine angeblichen Lehren, und doch ist alles, was bisher geschrieben wurde, nicht einmal die halbe Wahrheit.*

Ines Witte-Henriksen
**Lady Rowena – Die Leichtigkeit der Seele**
176 Seiten, broschiert
ISBN 978-3-938489-95-6

Der rosafarbene Strahl der Liebe strahlt in das Herzchakra ein, um es in seiner Liebesfähigkeit auf Erden zu bestätigen, damit die Saat der Liebe im Herzen aufgehen kann. In dem Maße, wie der Mensch lernt, sich selbst zu lieben und seine Seele zu achten, ist er fähig, die Liebe der Göttlichen Quelle aufzunehmen und in sein Leben fließen zu lassen. So lädt dieses Buch ein, Masken und Mauern fallenzulassen, um der eigenen Seele wieder näherzukommen. Lady Rowena fördert die Vernetzung der Sinne mit dem Herzen und verbindet das Fühlen mit der Seele. Sie erinnert daran, dass wir in jedem einzelnen Moment unseres kostbaren Lebens eine neue Wahl treffen können. Möge es eine Wahl sein, die aus der Liebe zu sich selbst geboren ist.

Paulette M. Reymond
**Ashtar Sheran**
**Willkommen in der Kosmischen Familie**
200 Seiten, broschiert, ISBN 978-3-938489-97-0

„Ich, Ashtar Sheran, bin mit dem Kosmos seit Anbeginn der Zeit in Liebe stark verbunden. Meine Aufgabe ist es, dem Licht seinen Platz einzuräumen und die Erde und ihre Menschen in den Aufstieg in die Fünfte Dimension zu führen. Nehmt Kontakt auf zu euren Sternengeschwistern. Sprengt eure Begrenzungen und nehmt euer multidimensionales Erbe an! Wir sind alle miteinander verbunden und verwoben und kreieren gemeinsam den neuen Himmel und die neue Erde. Jedes Wesen ist in diesen großartigen Reigen eingebunden und leistet das seine für das Ganze. Ihr seid also Schöpfergötter im Einsatz! Die Liebe ist die Quintessenz der ganzen Schöpfung. Denn wäre die Liebe nicht, würde sich der Kosmos auflösen!“

Margit Steiner
**2012 hat gestern begonnen**
**Selbsteinweihung für den Aufstieg**
120 Seiten, gebunden, mit Leseband
ISBN 978-3-938489-90-1

Schon seit einiger Zeit geistert das Jahr 2012 durch die Energiearbeit. Für die Autorin selbst ist 2012 keine Jahreszahl, sondern ein Energieereignis, das längst begonnen hat. Durch die Prozesse der Selbsteinweihungen schaffen wir den Energieraum, den wir für unseren Aufstieg brauchen und unterstützen so unsere körperliche, geistige und seelische Entwicklung. Durch die einzelnen Übungen und Weihen ist wird die Transformationen in Gang gesetzt, die sich im Alltag durch unsere Handlungen verstärken. Heilung geschieht sozusagen „von selbst“, da jeder – immer und überall – alleine an sich und für sich arbeiten kann.

Sabine Skala
**DNA – die lichtvolle Spirale in uns**
**Kosmische Informationen der Galaktischen Förderation**
152 Seiten, broschiert
ISBN 978-3-938489-94-9

Die Galaktische Föderation übermittelt uns wichtiges Wissen über unsere energetische DNA und erklärt uns das Zusammenspiel zwischen der DNA, unserer Seele, unserem Körper, der göttlichen Quelle und der Außenwelt. Wie wirken äußere Faktoren auf unsere DNA, und welchen Einfluss haben sie auf unser Leben? Was passiert mit Informationen, die wir empfangen? Wie wirken sich zwischenmenschliche Beziehungen auf unsere DNA und unser Sein aus? Wie können wir unsere DNA stärken? Der Galaktischen Föderation ist es sehr wichtig, dass wir mehr über uns wissen, achtsamer mit uns und unserer Umwelt umgehen und uns bewusst werden, welchen äußeren Einflüssen wir ausgesetzt sind.